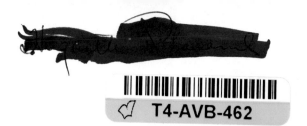

EMPORTÉS PAR LE COURANT

DU MÊME AUTEUR

Si on mettait le feu, *épuisé*

Cœur blessé, espère!
  Éditions Le Renouveau, *épuisé*

Du vent plein les voiles
  Éditions Le Renouveau, *épuisé*

Jeunes, amour et sexualité
  Éditions Le Renouveau/Novalis

Ma blessure est tendresse
  Éditions Le Renouveau

Chemins d'avenir
  Éditions Le Renouveau/St-Paul

Couverture
  Conception: Robert Paquet
  Photo: Kathy Paradis

Photocomposition et mise en page
  Imprimerie Le Renouveau

Éditeurs:
  Les Éditions Le Renouveau Charlesbourg inc.
  1645, 80ᵉ rue Est, C.P. 7605
  Charlesbourg, Qc G1G 5W6
  (418) 628-3445

ISBN: 2-89254-026-7

Dépot légal: *1ᵉʳ trimestre 1994*
  Bibliothèque Nationale du Québec
  Bibliothèque Nationale du Canada

Christian Beaulieu

EMPORTÉS PAR LE COURANT

Les Éditions Le Renouveau Charlesbourg inc.

MISE EN ROUTE

«Si tu savais le don de Dieu!» (Jn 4,10)
«Seigneur donne-moi de cette eau
pour que je n'aie plus soif
et que je n'aie plus à venir
puiser ici» (Jn 4,15)

UNE SPIRITUALITÉ EN MOUVEMENT:
L'EAU DE SOURCE QUI CHERCHE SON COURS...

En chacun de nous, il y a une source: *«Si tu savais le don de Dieu»* (Jn 4,10). Une source intarissable! Qui a su découvrir les profondeurs des sources de son baptême! C'est à perte de vue! Personne n'en fera le tour. «L'océan a moins d'eau que ton cœur a d'amour» dit le poète.

Hélas la source est bloquée, scellée, bouchée! Et l'eau de source ne coule pas comme elle devrait. Elle se perd en chemin: quel gaspillage d'énergies divines! La source est obstruée ou exagérément canalisée. La fontaine est ensablée. Alors une grande partie du terrain n'est pas irriguée. Les sources sont à débloquer. Les pierres qui obstruent l'entrée de la source doivent être déplacées. En effet, la vie, l'amour, l'Esprit ne se rendent pas comme ils devraient.

Longtemps cette *eau de source cherche son cours* en nous. Timidement, mais obstinément et intarissablement, elle se fraie un chemin bon gré mal gré. C'est ce que nous constaterons dans la mise en route de ce volume. Oui, nous verrons comment le filet d'eau cherche son chemin, comment le filet veut devenir rivière; de façon lente et incertaine, mais déterminée et assurée.

Ce sera notre chapitre I: L'EAU DE SOURCE QUI CHERCHE SON COURS... Voilà *une Bonne Nouvelle pour les jeunes d'aujourd'hui...*Nous y découvrirons une *spiritualité en mouvement:* du mouvement de l'Esprit, du courant de la Vie qui veut nous emporter on ne sait où.

C'est ce qui nous arrive à chacun de nous un jour ou l'autre. Nous vivons la Rencontre de Jésus. Quelle découverte! Mais cette expérience *de Dieu* ne se vit pas toujours en douceur. Elle arrive souvent comme *un tremblement de terre* qui renverse les pierres, fait éclater les digues, pulvérise les rochers, fait tout voler en éclats. C'est une *véritable tempête* sur la mer tranquille de nos vies. Voilà que sont détruits les canaux existants et que coule l'eau comme elle n'avait jamais coulé! L'ancienne disposition des pierres et des canaux, établis avec soin depuis lontemps se perd, se défait pour faire place à du nouveau.

Prenons l'exemple des jeunes. Pour certains, ils ont décroché. Ils ont pris leur retraite, plier leurs filets. Tout à coup, une voix se fait entendre: *«Quittez le rivage. Avancez un peu plus loin».* Un appel est lancé à chacun personnellement: *«Avance en eau profonde et jette les filets à la mer pour la pêche».* Une récompense est assurée: *«Et ils prirent une telle quantité de poissons, que leurs filets se déchiraient»* (Lc 5,6).

UNE NOUVELLE SOURCE DE SPIRITUALITÉ: UNE PLONGÉE DANS L'OCÉAN DE L'AMOUR INFINI...

Malgré tous ses conflits, ses difficultés, le nouveau converti, le croyant en cheminement ou le spirituel chevronné, — comme tout amoureux —, doit réussir tant bien que mal à se ménager un espace de paix où refaire ses forces pour ne pas craquer en cours de route. Malgré toutes ses activités, ses découvertes enivrantes et les épreuves traversées, il sait maintenant ouvert un canal de communication avec la source. À chaque instant, il peut puiser et boire à son propre puits, à cette spiritualité!

Ce sera notre chapitre II: UNE PLONGÉE DANS L'OCÉAN DE L'AMOUR INFINI. Voilà *une Bonne Nouvelle pour les croyants!* Apprendre à puiser à chaque jour à cette *nouvelle source de spiritualité* est vital. La nécessité de revenir à nos sources, aux sources de notre baptême, s'impose toujours. Nous laisser d'abord évangéliser est toujours de mise.

Voilà la source où Paul s'abreuvait! Nous verrons comment chacun peut boire à cette même source, à son propre puits. Comme Jésus l'a fait pour la Samaritaine: en indiquant la source au-dedans d'elle. *«Celui qui boira de l'eau que je lui donnerai n'aura plus jamais soif; au contraire, l'eau que je lui donnerai deviendra en lui une source débordante en vie éternelle»* (Jn 4,14).

Pour apprendre à nager, dans cet Océan d'Amour infini, pas de cours par correspondance! Voulez-vous vous enivrer et être désaltérés? Alors rien de mieux que d'en faire votre propre expérience: venez et plongez dans la source! *«Venez et vous verrez»* (Jn 1,38). Alors des fleuves d'eau vive jailliront de vos vies! (Jn 7,38)

Une eau pure, débordante jaillit du sous-sol de notre vie, de notre *très-fond,* de nos profondeurs et en recouvre une bonne partie. Alors pourquoi en rester là, à côté de cette source, à boire des bouteilles d'eau importée? Quel est notre problème à boire des bouteilles d'eau distillée alors que nous avons l'océan à notre portée?

Dans ce chapitre, invitation nous est faite à boire à grands traits à même la source. Nous verrons comment chacun peut boire à cette source même, à son propre puits.

UNE SPIRITUALITÉ DE LIBÉRATION POUR NOS AMOURS EN CROISSANCE: COMME LES EAUX D'UNE RIVIÈRE EN CRUE AU PRINTEMPS...

L'amour, disions-nous, a sa source en Dieu. Or Dieu est un océan d'amour infini qui, en refluant, s'écoule dans les rivières de nos amours que nous sommes tous. Avant de plonger dans cet Océan infini d'Amour, de façon définitive par la mort, c'est l'océan qui nous devance et entre dans le lit trop étroit de nos amours. Pas surprenant que le lit de petites rivières déborde alors et que cela provoque, remue-ménage, changement, boulversement... Pourquoi s'étonner alors que, *comme les eaux d'une rivière en crue au printemps...,* il y a débordement.

«Que d'obstacles barrent la route à traverser, que de pierres bloquent la source à désobstruer, que de montagnes sur le chemin à déplacer, que de nuits que de jours...» C'est ce chemin de nos amours, avec ses hauts et ses bas, avec ses virages doux ou abrupts, que nous sommes invités à mieux découvrir.

Ce sera notre chapitre III: COMME LES EAUX D'UNE RIVIÈRE EN CRUE AU PRINTEMPS... Voilà une Bonne Nouvelle pour la croissance de nos amours. Nous puiserons à cette spiritualité de libération pour nos amours en effervescence, en crue.

Quand l'eau de nos amours nous monte jusqu'aux chevilles, aux genoux, aux reins... passe encore! Mais quand l'eau monte, et monte encore... et que nous en avons jusqu'aux cou et par dessus la tête... alors c'est un torrent infranchissable! Et pour traverser de telles profondeurs de nos amours, il nous faudrait plonger: *«Il m'aurait fallu nager...»* (Ez 47,5).

Nous verrons donc le parcours de tout amour: le temps d'attente, le moment des fiançailles, les épreuves sur le chemin, nos tombées en amour et nos montées... Nous explorerons les chemins les moins fréquentés et que nous voudrions tant éviter: le passage obligé au désert, les temps de solitude préludes à la communion, les moments d'exil... Nous regarderons pourquoi attacher nos amours par les liens du mariage, comment revivre de nouvelles fiançailles après des déceptions, travailler aux dépistages de nos mines explosives...

Nous verrons la rivière de nos amours couler au dessus des champs, repérable à vue d'œil; tout à coup, se faire rivière souterraine et ainsi échapper à la vue, au premier coup d'œil du moins.

UNE SPIRITUALITÉ DU CONFLIT: QUAND LA FORCE DU COURANT CREUSE LE LIT DE NOS CŒURS

«Il en est du Royaume comme une source souterraine de la Vie — l'incessante, la frémissante — qui cherche de toutes ses forces, entre les pierres, la brèche où jaillir. Et ce ne sont ni nos pierres, ni nos erreurs, ni nos peurs qui vont la retenir. Vous verrez bien!

Y aurait-il au cœur même de ces cassures et brisures, des brèches par où l'eau de l'Esprit pourrait se faufiler pour une nouvelle espérance? Ne seraient-elles pas des chances pour l'Esprit? En bref, s'il nous était demandé d'accepter et de vivre pleinement l'invitation du Seigneur: *«Ma puissance se déploie dans la faiblesse».*

Voilà les rivières de nos amours sous les glaces. Comme les rivières enfouies sous d'épaisses couches de glace se défont et provoquent les débâcles au printemps, ainsi quand nos cœurs et nos amours prennent vie sous les puissants courants de l'Esprit, il leur arrive de connaître des tourments et des combats. Et la poussée de vie qui renaît au printemps se fraie d'abord difficilement un chemin. Mais par la suite, la Vie déborde. Alors toutes les vannes de l'Esprit seront ouvertes!

Dieu est un fleuve immense, un Océan d'Amour infini, sans fond. En entrant dans nos rivières, il provoque des débordements. L'origine du conflit réside dans la lumière même de Dieu qui irradie nos vies. D'où vient qu'un jour ou l'autre le conflit éclate? Tout semble vouloir craquer. Tout veut s'élargir. C'est le lit de la rivière qui est en train de s'élargir.

Ce sera notre chapitre IV: QUAND LA FORCE DU COURANT CREUSE LE LIT DE NOS CŒURS. Voilà *une Bonne Nouvelle pour nos situations de fragilité, de souffrance.* Nous y rencontrerons *une spiritualité du conflit.*

Dans le miroir de la vie de Pierre, de Paul et des autres, nous nous reconnaissons tous. Nous examinerons de plus près ces exemples de vie: saint Pierre et Paul, Aldo Moro, les handicapés... pour voir comment chacun peut transformer le conflit en source de spiritualité. *«Car lorsque je suis faible, c'est alors que je suis fort»* (2 Co 12, 10) témoigne saint Paul. *«Ma grâce te suffit; ma puissance donne toute sa mesure dans la faiblesse»* de lui confirmer son Seigneur.

Cette souffrance pourtant n'est pas le râle d'un mourant, mais bien la douleur de l'accouchement (Rm 8, 22). Nous y reviendrons.

UNE SPIRITUALITÉ DE FÉCONDITÉ:
COMME UN FLEUVE IRRIGUANT LES VALLÉES...

L'expérience de la route de Damas a désobstrué, chez Paul, la source intérieure et permis à l'eau de jaillir pour former plusieurs ruisseaux. Et depuis ce jour, sa vie coule comme un fleuve d'eau irriguant les vallées...

Croyants vivant une époque de mutations inouïes, nous sommes devant du jamais vu! Invités à inventer une œuvre inclassable. Nous sommes provoqués à inventer de nouveaux discours. Réjouissons-nous s'ils sont un peu inclassables! Car ils témoignent de l'effort fourni pour parler dans notre temps.

Ce sera notre chapitre V: COMME UN FLEUVE IRRIGUANT LES VALLÉES... Voilà *une Bonne Nouvelle sur l'avenir de nos communautés chrétiennes exposées au grand vent de l'histoire.* Nous répondons à l'appel urgent de *la nouvelle évangélisation..* En fait, pas de spiritualité véritable sans rayonnement, sans fécondité! Que serait la spiritualité qui ne serait don de sa vie et engagement à bâtir un nouveau monde!

Comment réinventer de nouveaux mots pour parler à un monde nouveau? Comment exprimer la foi dans l'aujourd'hui de notre société?

Bâtir un avenir quelqu'en soit le prix dans un monde désenchanté! Dans un monde désenchanté, des croyants, des parents, des jeunes redisent à haute voix qu'ils sont capables de refuser la fatalité, de bâtir un avenir, de s'ouvrir aux perspectives peut-être un peu folles d'un idéal... Aujourd'hui comme toujours, Dieu ne peut se dire à ceux et celles d'aujourd'hui que par la réponse que ses témoins lui donnent.

La spiritualité ne passe pas par les câbles à haute tension, loin des maisons, mais par les fils du réseau domestique, cachés dans les murs des expériences humaines: l'amitié, l'aide, la lutte, le conflit, la souffrance, les tensions, l'amour... Elle passe le conflit des générations, les bris de communication, les refilages, les «breakers» qui sautent, la communication qui se refait, les pardons qui se donnent, les blessures qui se guérissent...

Sur le passage de ces courants d'eau vive que sont les témoins, la vie se met à bondir, l'eau fade devient vin pétillant, la source s'anime dans les corps morts.

Nous suivrons le parcours de l'eau de source de nos amours qui a trouvé son chemin. D'un simple filet d'eau des débuts, — du baptême de nos amours —, le filet s'élargit pour devenir une rigole... C'est la confirmation de nos amours. Mais cela ne suffit pas non plus! C'est un ruisseau, une rivière que nous sommes appelés à devenir... Comme les eaux d'une rivière en crue au printemps...

Nous déborderons du lit trop étroit du cours d'eau où nous nous sommes toujours maintenus, pour devenir fleuves où nous alimenterons les vallées. En attendant de devenir océans... Emportés par le courant de l'amour infini, par l'Esprit.

JUSQU'À QUAND?

Jusqu'à quand Seigneur... m'oublireras-tu toujours?
Jusqu'à quand me cacheras-tu ta présence?
Jusqu'à quand me mettrai-je en souci
La chagrin au cœur chaque jour?
Jusqu'à quand vivrai-je dans la tourmente
Avec cette impression de perdre pied?

Regarde, réponds-moi Seigneur mon Dieu.
Donne lumière à mes yeux
Ne me laisse pas dans le noir.
Je suis si las, si fatigué!

J'ai besoin d'amour
J'ai besoin de ton Amour
Et je voudrais de Toi, j'espère en Toi.
J'ai confiance en Toi.

Donne-moi la force de vivre ma vie,
Et demain, à nouveau, mon cœur chantera
Les merveilles de ton amour...

Et le Seigneur de te répondre:
«J'écoute ton cri
N'aie pas peur».

CHAPITRE I

LA SOURCE QUI CHERCHE SON COURS...

«*Éloignez-vous un peu du rivage.*
Prenez la mer. Passez sur l'autre rive.
Allez au large. Jetez les filets et vous prendrez!

— *Nous avons peiné toute la nuit sans rien prendre;*
mais sur ta Parole, nous jetterons les filets.

— *Ils le firent et capturèrent une grande quantité de*
poissons; leurs filets se déchiraient».

(Lc 5,3-6)

Une spiritualité en mouvement:
Une Bonne Nouvelle pour les jeunes d'aujourd'hui!

L'APPEL DES PREMIERS DISCIPLES
LA PÊCHE MIRACULEUSE.

Or, un jour, la foule se serrait contre lui à l'écoute de la parole de Dieu; il se tenait au bord du lac de Gennésareth.

Jésus vit deux barques qui se trouvaient au bord du lac; les pêcheurs qui en étaient descendus lavaient leurs filets.

Il monta dans l'une des barques, qui appartenait à Simon-Pierre, et demanda à celui-ci de quitter le rivage et d'avancer un peu; puis il s'assit et, de la barque, il enseignait les foules.

Quand il eut fini de parler, il dit à Simon: «Avance en eau profonde et jetez vos filets pour attraper du poisson». Simon répondit: «Maître, nous avons peiné toute la nuit sans rien prendre; mais, sur ta parole, je vais jeter les filets».

Ils le firent et capturèrent une grande quantité de poissons; leurs filets se déchiraient. Ils firent signe à leurs camarades de l'autre barque de venir les aider; ceux-ci vinrent et il remplirent les deux barques au point qu'elles enfonçaient.

À cette vue, Simon Pierre tomba aux genoux de Jésus en disant: «Seigneur, éloigne-toi de moi, car je suis un pécheur».

C'est que l'effroi l'avait saisi, lui et tous ceux qui étaient avec lui, devant la quantité de poissons qu'ils avaient pris; de même Jacques et Jean, fils de Zébédée, qui étaient les compagnons de Simon-Pierre. Jésus dit à Simon: «Sois sans crainte, désormais ce sont des hommes que tu auras à capturer».

Ramenant alors les barques à terre, laissant tout, ils le suivirent. (Luc 5,1-10)

VOULEZ-VOUS ÊTRE DES SAINTS: POURQUOI PAS VOUS?

J'entrais à peine dans la vingtaine quand je fis la rencontre d'un «être de feu» qui a boulversé ma vie. Le père Henri Roy était un de ces hommes d'une espèce rare dont on dit: «Quand vous avez rencontré un tel être vous avez vu Dieu». À la rencontre de tels témoins de Dieu, comme au croisement du fer de deux épées, le feu en jaillit. Vous ne pouvez plus être les mêmes: il y a un *avant* et un *après*. Vous êtes à jamais marqués au fer rouge, vous en portez les marques à chair vive: à la vie, à la mort. Pour parler de cette identité, la Bible nous compare à des buissons ardents: ces brasiers d'amour qui brûlent sans jamais se consumer.

«Qui sommes-nous? Quelle est notre véritable identité? D'où venons-nous? Où allons-nous? À quoi sommes-nous appelés? Qui sommes-nous en train de devenir?»... Qui n'est pas à la recherche de sa véritable identité! Chacun le pressent, il n'est pas encore né. Il est en devenir, en cheminement; il n'est qu'à l'état embryonnaire. Nous sommes appelés à une vocation qui nous dépasse complètement. Dieu a des vues grandioses sur chacun de nous. En répondant à ses désirs sur nous, nous nous réalisons.

Ce n'est que lorsque nous serons saints que nous serons nous-mêmes. C'est la seule aventure qui vaille la peine, qui en vaut le coup, son pesant d'or. «La seule erreur dans une vie, c'est celle de ne pas vouloir devenir un saint». Tout le reste est en vue de cela. Quand j'ai rencontré le père Roy, sa seule question: «V*eux-tu être un saint?*» Puissiez-vous vivre une telle rencontre dans votre vie! Quelle révélation!

«*Vous êtes des saints... vivez donc!*» (Ep 5, 8) de nous lancer saint Paul. Hélas, nous avons malheureusement cantonné la sainteté dans la sphère morale. Le mot «sainteté» est alors réservé aux hommes et femmes qui se signalent par leur vertu héroïque. Il semble présomptueux de prétendre à la sainteté. C'est parce que nous ne nous considérons pas comme des saints que nous ne pouvons pas non plus agir comme des saints.

Nous sommes créés selon le modèle de Dieu, *«à son image et à sa ressemblance»*. Ce n'est pas une mince affaire! *«Les bien-aimés du Père»!* Ne lui ressemblons-nous pas de quelque façon? N'en portons-nous pas des marques indélibiles, le caractère ineffacable? N'avons-nous pas ses airs, ses pensées, sa parole, son accent, ses yeux? Nous sommes tatoués: «Parole du Bien-aimé: que mon nom soit gravé dans ton cœur, qu'il soit marqué sur ton bras» (Ct 8,6). Nous portons le paradis en nous.

Henri de Montherlant confiait naguère à un de ses amis: «Qui a bien regardé le monde s'aperçoit qu'il n'existe que deux choses: ou le suicide, ou Dieu...» Quelques semaines plus tard, le célèbre écrivain choisissait le suicide... Pourquoi ne choisit-il pas Dieu? Avait-il essayé de le rencontrer? Quelqu'un lui en avait-il parlé? Je ne sais pas. Une chose est sûre: «Une solitude déchirante habitait son âme créée pour une Présence. Face à l'épreuve, il se sentit brisé, seul pour lutter contre le mal, incapable de combler le vide intérieur qui le tourmentait et le consumait». Alors il s'en est allé...

Françoise Sagan, écrivain célèbre, a beaucoup écrit sur la solitude. Pour elle, c'est le mal du siècle. Mais alors, comment s'en sortir? «Le seul remède c'est d'aimer quelqu'un, de partager sa vie... tout le reste est faux-semblant...Et ça dure le temps que ça dure... ajoute-t-elle désespérée. Et notre âme se retrouve après, essoufflée, demandant grâce, pleine de bleus!» Une présence lui manquait.

Thomas d'Aquin, qui a l'habitude de peser ses mots, n'hésite pas à écrire: «Le Fils unique de Dieu, voulant nous faire participer à sa divinité, a pris notre nature afin de diviniser les hommes, lui qui s'est fait homme». Nous sommes de nature divine: participants à la nature divine! Nous avons de qui tenir! *«Vous êtes des dieux»* (Jn 10,34-35). Par la toute-puissance aimante de Jésus!

Nous sommes faits d'amour, formés et conçus dans son amour. Nous sommes de la bonne étoffe! Pas n'importe quel tissu! Tissés de la même étoffe que Dieu: d'étoffe divine. Avec son sang dans les veines! C'est la même sève, la même vie qui court dans le tronc et dans les branches. «Vous êtes la vigne, je suis la sève». Les mystiques ont souvent exprimé l'unité entre l'homme et Dieu par l'image du fer qui lui-même est devenu feu. Où est le fer, où est le feu? Appelés à être feu!

Mais pour répondre à cet appel, les jeunes cherchent des modèles. Et qui les jeunes vont-ils suivre aujourd'hui? Certains produisent sur nous un drôle d'effet: enthousiasme, provocation. Ils nous fascinent, emballent, interpellent. Et on a le goût de se lever, de marcher à leur suite. On les suivrait partout... On irait au bout du monde avec eux. On déplacerait mer et monde pour les voir. Avec eux, on se contenterait de vivre d'amour et d'eau fraîche.

Pourquoi les jeunes se levaient-ils et laissaient-ils tout pour suivre Jésus? Pourquoi les gens l'écoutaient-ils et se levaient-ils des morts à sa Parole? Ils étaient impressionnés à son contact. Un jour, des policiers ayant été envoyés pour l'arrêter, revinrent bredouilles. Devant les reproches du chef de police sur leur inefficacité, leur réplique fut très simple et nette: *«Jamais un homme n'a parlé comme cet homme»*.

SOUFFREZ-VOUS DU COMPLEXE DE JONAS?
LE REFOULEMENT DU DIVIN DANS UNE VIE

Quand le célèbre psychologue Maslow enseignait à l'université, une des premières questions qu'il posait à ses élèves: «Voulez-vous faire des saints?» Question qui, à coup sûr, déclanchait un fou rire dans la classe. «Pourquoi ne seriez-vous pas un futur Martin Luther King, un autre docteur Schweitzer, un John F. Kennedy, pourquoi pas? Si ce n'est pas toi, qui ce sera?» Qui désire être une Mère Térèsa, un Gandhi, un Oscar Romero, un Terry Fox...? Qui parmi vous sera un conducteur d'hommes, un champion des causes perdues, un rebâtisseur de planète? Qui d'entre vous aspire à être un saint, une sainte?

«Le crime ne paie pas» ont répété des éducateurs. Mais qui t'a répété que la noblesse d'un cœur refoulé est le pire des crimes? Qui t'a dit que le refus de répondre à ta vocation divine, à ta mission fondamentale atrophie ton être au point qu'il peut le rendre anorexique. Selon Victor Frankl, célèbre psychiâtre: «C'est le fait d'avoir une tâche à accomplir qui rend toute personne irremplaçable et donne à sa vie une valeur unique».

Comme l'a écrit Abraham Maslow, s'inspirant des Écritures Saintes: «Nous avons tous du potentiel inemployé. Nous jouissons tous intensément de possibilités quasi divines que nous découvrons à certains moments privilégiés». N'est-ce pas aussi ce que l'Évangile avait enseigné bien avant lui? En chaque croyant est déposé d'étonnants pouvoirs: celui de déplacer des montagnes, d'opérer des miracles, de ressusciter des morts, de marcher sur les eaux, de pardonner soixante dix-sept fois sept fois... La puissance de l'Esprit-Saint répandue en nos cœurs nous donne la possibilité de réaliser tout ce potentiel.

Pensez à Jonas. Dieu lui avait commandé de se rendre dans une ville de perdition, où le péché ne faisait que s'aggraver, pour les inviter au repentir et à changer leur cœur: «Va à Ninive». Mais Jonas refusa la mission divine qui lui était demandée et s'enfuit en direction totalement opposé: «Il s'enfuit vers Tarsis loin de la présence du Seigneur». Et pourquoi fuit-il si obstinément? Non pas par paresse, ni par manque d'héroïsme. Mais c'est la peur qui le fait fuir. Peur d'une mission qui le dépasse infiniment, peur de ne pas être à la hauteur de la situation, peur du prix à payer pour l'accomplissement d'une telle tâche!

Descendu à un port de mer, embarqué sur le navire qui le conduit en direction tout à fait opposée à sa destination, il descend au fond de la cale du navire et s'endort profondément. Voilà l'image de la régression infantile: de ces éternels adolescents qui voudraient tant retourner au sein maternel, dans l'utérus béatifiant, où ils étaient portés et couvés, à l'abri des combats de la vie. Mais voilà que la fuite de Jonas provoque une immense tempête sur la mer où risquent de sombrer tous les matelots qui naviguent avec lui. Voilà les conséquences graves d'un refus de répondre à sa mission!

Désespérés, les marins réveillent le fautif en lui criant: «D'où viens-tu? Quel est ton nom, ton peuple, ta mission? Quel est le Dieu que tu fuis? Ne te rends-tu pas compte que c'est toi qui provoque la tempête en refusant ton appel, en étouffant la voix de ton Dieu. Alors prie-le, réponds-lui, retourne à ta mission, peut-être la mer se calmera-t-elle et serons-nous sauvés». Ce n'est qu'au moment qu'il se fit jeter à la mer, en plein cœur de sa mission, que tout rentra dans l'ordre. C'est là que la baleine le saisit et l'enfonça dans le fond de la mer, d'où il sortit après trois jours et trois nuits, enfin libre pour accomplir sa mission.

Que de gens souffrent du complexe de Jonas! Ils ont refusé un appel à une mission unique et spéciale. Ils ont étouffé au fond de leur cœur une voix divine qui les a appelés à l'âge de l'appel, au moment des grands tournants de la vie de l'adolescence. Étouffée, cette voix ne cesse de les interpeller. Tourmentés qu'ils sont par ce refoulement du sublime, du divin en leur vie — bien plus dramatique que le refoulement de la sexualité — quels divertissements n'inventeraient-ils pour se distraire de l'essentiel?

Oserais-je ici dire tout haut ce que je pense tout bas? Vais-je risquer de m'avancer pour dire ce que je crois réellement? Ce refoulement du sublime, cet étouffement du spirituel, ce refus du caractère sacré de toute vie et de sa mission divine, me semble être la cause du désarroi, de la tourmente dans laquelle se débat la jeunesse actuelle. Ne serait-ce pas même son drame crucial? Le drame des adolescents ne serait-il pas avant tout un drame spirituel? Ne serait-ce pas aussi, en bonne partie, l'explication de leur fuite dans les drogues, les consommations, les divertissements sous toutes ses formes?

En refusant de parler de Dieu aux jeunes, nous les avons laissés en proie à leurs démons. En leur bloquant l'eau pure de la Parole, ils ont couru vers les eaux salées qui, au lieu d'étancher la soif, la creusent bien davantage. «Une parole de vérité pèse autant que le monde» s'est exclamé Soljenitsyne, dans son fameux discours du prix Nobel. Qui va leur annoncer cette Vérité?

Il m'arrive aussi de me demander si, dans nos églises, nos cours de religion, nos mouvements, on propose encore aux jeunes l'extravagance, l'inconcevable, l'irréalisable? Quels jeunes ne seraient pas fascinés par une certaine folie, par l'originalité toute crue, par les voies extraordinaires? L'appel au dépassement de l'Évangile, le combat pour les causes justes sont depuis toujours fascinants pour la jeunesse. Pourquoi avoir si peur de leur proposer? Et qu'on se garde bien de leur prédire l'avenir! Qu'on les invite plutôt à l'inventer ensemble.

LES METTRE AU DÉFI: ALLEZ AU LARGE!

Une grand-maman témoignait déjà que la foi n'était pas de croire que Dieu existait: pour elle, c'était la chose la plus normale au monde. Mais la foi c'était de croire que chacun de nous existe pour Dieu. Alors il fait sa mise sur chacun comme un trésor unique au monde dont il espère de tout son être que le meilleur en sortira. Alors on est capable de tout. «Croire, refuser la nuit; croire, comme on pousse un cri, un immense oui à la vie!» de lancer Patrick, un de ces jeunes qui a entendu l'appel.

La jeunesse, par le meilleur d'elle-même, cherche un défi. Il y a d'énormes possibilités qui dorment au fond de nos jeunes. Il suffirait peut-être de faire confiance. Cette capacité de rebondissement de la foi, y croyons-nous? Misons-nous sur elle? Le défi est lancé. La balle est dans notre camp. À nous de jouer.

Ne sommes-nous pas en pleine crise de la foi? Mais ce n'est pas la foi religieuse qui est en cause seulement, mais la foi tout court. En effet, il est difficile pour les jeunes de croire aux adultes, à la société, à l'avenir, et donc en eux-mêmes. Voilà pourquoi il n'est pas facile non plus de croire en Dieu. Comment ne pas voir là le problème spirituel des jeunes en son fond!

La confiance fait problème. À qui se fier? Quand les promesses ne sont pas tenues. Quand la parole donnée est reprise. Quand les contrats peuvent être cassés à la moindre difficulté. Quand il n'y a plus rien de sacré... En qui peut-on avoir confiance? Entourés d'adultes de plus en plus nombreux pour qui rien n'est sacré, alors pourquoi, comment les jeunes s'appuiraient-ils sur du sacré?

Oui avant d'être une crise de la foi religieuse, la crise actuelle des adolescents est une crise de la foi tout court, un manque de confiance? Sur quoi peuvent-ils se fier de façon sûre et certaine? Quel avenir est possible là où l'on ne croit en rien, ni en personne? Vers quel monde allons-nous sans foi? Comment vivre une vie, un monde où il n'y a plus de valeurs sûres, de promesses assurées, de paroles éternelles? Prendre le taureau par les cornes s'impose donc! Provoquer un sursaut de confiance est vital.

Jésus ne nous a-t-il pas donné l'exemple de cette confiance en particulier dans l'appel de ses premiers disciples: c'étaient des jeunes pour la plupart. Cela est raconté en Luc 5, 1-11, le récit de la pêche miraculeuse. Les jeunes pêcheurs, découragés par les conditions pénibles de la pêche qui était pire que jamais, avaient démissionné. Après «une nuit sans rien prendre», eux aussi comme les jeunes d'aujourd'hui avaient «décroché». La fatigue les avait donc gagnés, l'usure les avait minés et ils avaient accroché leurs filets (Lc 5, 2).

Et Jésus les interpella: «Pourquoi vos barques sont-elles attachées au rivage? Pourquoi passez-vous votre temps à réparer les filets déchirés de vos cœurs? Pourquoi être crampés à vos habitudes? Coupez les amarres, quittez le rivage et avancez au large. Pourquoi la pêche ne serait-elle plus possible? Jetez les filets à nouveau! Regardez plus loin, visez plus haut! Si vous ne partez pas, vous n'éprouverez jamais les joies de la haute mer» (Lc 5, 3).

Oui retentit encore aujourd'hui aux jeunes l'ordre du Seigneur à Simon-Pierre: «Avance au large» (Lc 5, 4). Celui qui n'a pas largué les amarres, pris le large, cinglé les voiles, que sait-il du secret exaltant de la haute mer, de la sensation de ne s'appuyer sur rien, de la joie de n'être sûr que de l'océan? Que sait-il du bonheur grisant de marcher sur les eaux, celui qui ne s'est jamais jeté à la mer? Que peut-il éprouver des sensations fortes de voir les filets gonflés de poissons, de les voir s'étirer au point de déchirer, — comme le cœur lui glonfle et veut lui fendre à force d'aimer —, s'il ne jette plus à la mer le filet, s'il ne prend plus de risque?

Encore aujourd'hui Dieu a besoin d'hommes et de femmes qui répondent à l'appel et lancent les filets: «Je suis à la recherche de yeux d'adultes pour s'émerveiller; de bras d'adultes pour accueillir; des pieds d'adultes qui s'ajusteront aux pas parfois trop lents ou trop vites des jeunes; de cœurs d'adultes pour aimer sans mesure. La moisson est abondante, les ouvriers en demande». Alors qui répondra?

Quand on a quinze ans, on a besoin de croiser des vingt ans qui donnent le goût d'avoir cinq ans de plus..., des quarante ans qui donnent le goût de devenir adulte..., des soixante-dix ans qui donnent l'audace de ne pas craindre la vieillesse. Quand on a la vie devant soi, notre cœur jeune cherche instinctivement des croyants qui vous enivrent par leur goût de vie, par leur folle audace de foncer dans la vie, emportés par le vent de l'Esprit.

Mais où les jeunes vont-ils rencontrer ces adultes? Où sont les croyants enivrés et débordants de vin nouveau qui donnent le goût de croire? Où sont les parents qui les entraînent dans leur goût d'être père ou mère, les militants souriants, les prêtres toujours ruisselants de l'onction sacerdotale, «dont le Seigneur renouvelle leur jeunesse comme celle des aigles à chaque matin»? Où sont les adultes fous de leurs jeunes? En vous croisant, certains jeunes peuvent-ils avoir la certitude que vous êtes «fous» de lui, d'elle?

Nous marchons sur des terrains minés: saurons-nous désamorcer ces bombes où les plus fragiles des nôtres risquent, en s'y aventurant, d'y laisser le meilleur d'eux-mêmes? Saurons-nous dire aux nôtres qu'ils ne se battent pas pour rien, que leurs peines ne sont pas vaines, que la victoire est assurée d'avance, qu'ils passeront à travers?

PAR UN LONG CHEMIN VERS TOI: LE PÈLERINAGE CHRÉTIEN

On raconte qu'un jour un jeune moine alla trouver un bon vieux père du désert et lui demanda: «Père, toi qui as une si grande expérience, explique nous pourquoi tant de jeunes moines viennent dans le désert, pour trouver Dieu, mais pourquoi ensuite tant d'entre eux repartent! Comment se fait-il que si peu persévèrent?» Alors le vieux moine répondit: «Voyez-vous, il en va comme d'un chien qui court après un lièvre, en aboyant. Beaucoup de chiens, l'entendant aboyer et le voyant courir, le suivent. Or, un seul voit le lièvre: très vite, tous ceux qui courent uniquement parce que le premier court, s'essouflent et s'arrêtent. Seul celui qui a le lièvre devant les yeux continue jusqu'à ce qu'il le rejoigne». En d'autres mots, le vieux moine dit que seul celui qui a vraiment mis les yeux sur le Seigneur, sait vraiment qui il suit et que ça vaut la peine de le suivre.

Nous aussi, séduits, nous nous sommes mis en route, en regardant en avant, Quelqu'un qui nous entraînait. Si nous partons c'est que nous sommes à la poursuite de Quelqu'un. Si nous partons, c'est qu'ici quelque chose nous manque. Si nous partons, c'est *un-je-ne-sais-quoi* qui monte au fond de notre être chrétien, original et neuf comme au matin de la première création quand tout sorti des mains toutes chaudes du Créateur. Si nous partons, c'est que nous ne pouvons plus attendre et qu'une force inexplicable nous jette vers l'aventure. Si nous partons c'est que nous sommes à la recherche d'une patrie.

Tout homme est à la recherche d'une patrie. Quelque visage qu'elle ait, celle d'ici bas ne peut pas lui suffire, et c'est vrai que, depuis la perte du paradis, la seule noblesse de l'homme est de n'être pas satisfait. Est-il possible que nous soyons demeurés si longtemps aveugles, insensibles à cette attraction irrésistible qui draine tout d'un coup le monde et notre cœur?

Hélas la plupart répriment cette évidence qui leur fait peur; ils ne bronchent pas, ils ne s'ébranlent pas: seul le regard exercé pénètre leur fausse stabilité et y lit la fustration qui les ronge, le ressentiment qu'ils refoulent. Par une sorte de compensation fébrile, ils s'attachent à cela même qui constamment les déçoit. Ils étreignent leurs pauvres amours et leurs misérables avoirs; ils se vengent sur eux-même de n'être pas partis en se faisant les esclaves de ce qu'ils n'ont pas quitté.

Oui, l'heure est venue, une voix même nous fait comprendre: «Il faut partir et te mettre en route, t'en aller, ou alors rentre, dors et meurs, tu n'es plus quelqu'un». Celui qui part, rompt avec son esclavage; il a brisé le cercle de ses habitudes et trouve le destin devant lui comme la promesse d'une route indéfinie. «Sur ma couche, la nuit, j'ai cherché celui que mon cœur aime. Je l'ai cherché, *mais ne l'ai point trouvé. Je me lèverai donc et parcourrai la ville. Dans les rues et sur les places je chercherai celui que mon cœur aime*» (Ct 3,1-2).

Voilà le chercheur de Dieu embarqué dans une aventure qui n'a pas de fin. Le vrai pèlerin se rend disponible.

Il s'offre sur la route comme une proie au Dieu qui le guette. Pour être plus léger de corps et d'esprit, il s'embarrasse de peu d'accessoires. Il est prêt à laisser à la consigne ce qui n'est pas nécessaire à l'exploration de la terre promise: bagages inutiles, routes secondaires, haltes routières. Il opte pour les raccourcis: même s'ils sont plus exigeants. Il rumine la parole de Pierre: «*Très chers, je vous exhorte comme étrangers et pèlerins, à vous abstenir des désirs charnels qui font la guerre à l'âme*» (1P 2,11).

Être pèlerin, croyant, c'est une créature qui s'offre toute entière au vent de la Bonne Nouvelle, à la force de l'océan. En son cœur a retenti l'appel: «M'aimes-tu?» «Alors suis-moi quoiqu'il en coûte»! La réponse à cette invitation, n'est pas autre chose que de s'exposer devant Dieu: à la fois au sens où l'on expose et explique son cœur à son ami, et au sens où l'on s'expose et s'offre au rayonnement de la Face divine. Tout ce qu'il entreprend n'est que pour être plus vulnérable.

À découvert, irrémédiablement exposé: le corps au vent et l'âme à Dieu. Il n'est plus question de nous cacher: il faut être ce que nous sommes, et l'être devant Dieu. Épreuve plus redoutable que celle du feu, de la soif ou de l'abandon à la nuit du désert! Mais aussi libération! Ce que nous sommes, nous ne le savons guère. Mais nous savons désormais que notre Dieu le sait, et cela nous suffit. Nous lui faisons une éperdue confiance.

Alors la Bonne Nouvelle lui pénètre par les yeux, par les pieds, par le cœur, par l'esprit; la parole divine lui mord le visage avec la brise, jaillit dans ses profondeurs comme une eau, plus vive que celle qui chante dans les torrents des montagnes. Ce bonheur, cet Amour circule dans ses membres comme la sensation étrange d'une bienheureuse et définitive morsure, une brûlure à l'âme qui vous emporte. Alors votre vie est donnée, et la vraie vie est en train d'être gagnée. Il n'y a pas de plus grand bonheur.

Sommes-nous prêts pour une telle aventure? Pourquoi toujours remettre à plus tard? L'insatisfaction et la frustration se lisent dans tant de yeux, surtout chez les jeunes.Ne les entendez-vous pas vous dire: «La vie, c'est autre chose que cela». Nous sommes faits pour plus que cela. Qui va nous parler de l'autrement, de l'au-delà de tout? Ne sont-ils pas sans le savoir, à la recherche de Quelqu'un? Pourquoi n'y aurait-il pas pour eux aussi une Rencontre sur le chemin de Damas qui se prépare?

PAUL DE TRASE, L'ARDENT CONVERTI: SA CHUTE SUR LE CHEMIN DE DAMAS

À 28 ans, Paul avait du pouvoir et du prestige. Il était un juif pratiquant impeccable. Il s'était donné comme mission de mener la vie dure aux chrétiens qui le menaçaient dans ses fausses sécurités. Pourtant, il avait vu Étienne donner sa vie! Et quand on donne sa vie, on donne tout. En ce temps-là, comme aujourd'hui! Et cela fatiguait le jeune fougueux qu'était Paul de Tarse. Voilà donc Paul tourmenté, dans un profond dilemme! Qui avait raison: Étienne ou Paul? Voilà pourquoi il excerçait une telle violence pour tout ce qui portait le nom de chrétien.

Paul cherchait à étouffer la voix d'Étienne et des chrétiens. Qui sait; peut-être voulait-il étouffer la voix de sa propre conscience! En persécutant les chrétiens, Paul se fuyait et cherchait à fuir Dieu, jusqu'à ce que Dieu le saisisse et le renverse sur la route de Damas. C'est à ce moment-là que le témoignage d'Étienne finit par porter fruit et que la grâce le visite. Voyons le processus de sa conversion. Quatre mots nous aideront à mieux le suivre: la chute, l'aveuglement, le saisissement, la communauté.

La chute! Sur la route, chemin faisant, tout à coup, Jésus s'est imposé à Paul et l'a renversé (Ac 9,4). Dieu intervient, sans crier gare. Sans lui demander la permission. Le voilà arraché au monde où il vivait et en lequel il avait placé toutes ses assurances et miser le gros lot. Cela n'est pas de tout repos. Cela se passe sur le chemin, aux environs de Damas. Et depuis, il ne peut plus s'en défaire. Il l'a vissé à l'âme, à la jointure de son être.

Sur la route où il est tombé, ébranlé, Paul se sent appelé par son nom. Il entend une voix: *«Tombant à terre, il entendit une voix: Saoul, Saoul, pourquoi me persécutes-tu?»* (Ac 9,4).

Le voilà totalement dérouté: un revirement total. Il s'était monté de très hauts échaffaudages pour se faire valoir aux yeux de Dieu. Tout son système protecteur tombe en mille miettes. Et le voilà qu'il tombe de très haut: «il descend de ses grands chevaux». Tout était en morceaux: en somme tout ce qu'il avait appris et vécu depuis son enfance! Son monde s'écroulait.

Comme Jérémie, Paul pouvait dire: *«Tu m'as séduit, Seigneur, et je me suis laissé séduire: tu m'as maîtrisé, tu m'as jeté par terre»* (Jr 20,7). Maîtrisé, il se rend! Le chasseur a été atteint, victime de sa chasse. C'est à cause de cette image de la chute qu'on dit souvent que Paul est «tombé de cheval». Il n'y a pourtant pas de cheval dans le récit de la conversion de Paul. Il n'y a qu'une chute, mais une chute bien plus lourde de conséquences qu'un accident de cheval!

L'aveuglement! Soudainement une lumière l'enveloppa de son éclat (Ac 9, 3). Lumière plus brillante que n'importe quelle source d'éclairage au monde! Une lumière si puissante que Paul en est aveuglé. C'est comme un coup sur la tête: il en est comme un coup de foudre, qui dans un éclair, tranche votre vie en deux. Comme Ézékiel, Paul est précipité au sol en voyant la lumière de la gloire du Seigneur (Ez 1, 27-28).

L'aveuglement! Cette expérience de la bonté de Dieu est si éblouissante que Paul en reste aveugle! Elle dépasse l'idée qu'il se fait de Dieu et cela provoque la rupture. Il ne place plus sa confiance dans l'observance de la loi, mais dans l'amour de Dieu pour lui (Ga 2,20-21; Rm 3,21-26). «Ma vie présente dans la chair, je la vis dans la foi au Fils de Dieu qui m'a aimé et s'est livré pour moi» (Ga 2, 20). Pour un coup sur la tête, c'en est tout un! Finie alors sa façon faussée de voir la vie, la religion! C'est un virage complet. Il n'a désormais plus d'yeux pour son monde, mais pour le monde de Dieu.

Trop c'est trop! Il en a eu plein la vue. Qui d'ailleurs supporterait une telle Lumière venue d'en haut? Il en est complètement ébloui. Et pour que la Lumière éblouissante du Seigneur prenne la relève de ses petites lumières qui le conduisent nulle part, il en perd ses moyens. Sous les lignes de transmissions à très haut voltage, les petites ondes de nos postes émetteurs s'embrouillent. Quand un trop fort courant électrique traverse des fils trop étroits, les fusibles en sautent.

Un saisissement! Cette image aussi est de Paul: Il dira: *«Je fus saisi!»* (Ph 3,12). *«Je poursuis ma course pour tâcher de saisir, ayant été saisi moi-même par le Christ».* C'est comme si Dieu se tenait derrière Paul, un lasso à la main, et que tout à coup, il le saisissait et le jetait par terre.

Chute, aveuglement, saisissement, gestes, ou communauté: Ces images parlent d'elles-mêmes. Elles laissent transparaître quelque chose de ce que Paul a vécu.

Elles suggèrent une rupture et révèlent l'échec du système d'après lequel il vivait.

Un geste ou plutôt des gestes! Des mains, des bras, des démarches, des paroles entendues, des yeux qui l'entourent... Il faut ici rappeler une chose très importante. L'expérience que Paul fait de Jésus n'est pas tombée du ciel, elle résulte de la médiation de personnes bien concrètes: Ananie d'abord et beaucoup d'autres amis et amies par la suite... Oui une communauté pleine de sollicitude l'entoure, une Église le met au monde. Une spiritualité vraie n'est pas un ensemble de belles idées à méditer, mais l'expérience concrète de Dieu et de Jésus dans la communauté et dans la lutte d'un peuple.

UNE SPIRITUALITÉ EN MOUVEMENT: LA SOURCE QUI CHERCHE SON COURS

Paul est comme un voyageur qui aurait pris un autobus en pensant qu'il le conduirait jusqu'au terme de son voyage. Mais voilà que l'autobus s'arrête et que le chauffeur crie: «Dernier arrêt! Tout le monde descend!» L'autobus est arrivé à destination, mais pas le voyageur. Paul a dû descendre. Sans avertissement, il se retrouve seul, désorienté, perdu au milieu du chemin, dans les environs de Damas.

L'entrée de Jésus ne s'est pas faite pacifiquement. Ce ne fût pas une entrée en douceur sur la scène du monde nouveau qui l'attendait, mais une entrée en scène dramatique. Il y a un avant et un après. Ce fut plutôt une violente tempête. La Bible emploie diverses images pour décrire ce qui se passe alors: tremblement de terre, écroulement de terrain, mort, naissance. En rencontrant Jésus, Paul a tout trouvé. Du *rien* de Paul, naît le *tout* de Dieu! *«Hors de moi, vous ne pouvez rien faire»* (Jn 15,5). *«Je puis tout en Celui qui me rend fort»* (Ph 14,13). *«Je n'ai rien voulu savoir d'autre que Jésus-Christ»* .. Il vient au monde!

Le nouveau-né! L'image est de Paul lui-même, qui dit: *«En tout dernier lieu, il m'est apparu à moi aussi, comme à l'avorton, au petit dernier» (1 Co 15,8).* Sa naissance au Christ n'a pas été normale. Dieu l'a fait naître de force. Paul a été arraché à son monde, comme un bébé tiré avant terme du sein de sa mère. Avec les forceps! Ce jour, même Paul fut baptisé. Ce fut une plongée phénomenale dans les eaux de son baptême. Ce fut son baptême, non pas de l'air, mais dans l'amour: une plongée dans l'océan infini d'amour du Père. Il ne sera jamais plus le même. C'est un homme changé, tout autre, illuminé. Désormais, il est revêtu d'un nouveau vêtement, d'un habit tout neuf: la robe blanche de son baptême. Désormais, c'est à cette source qu'il puisera pour s'abreuver.

La chute sur la route de Damas est la ligne de partage des eaux. La vie de Paul se divise en deux: avant et après cet épisode. Le Dieu d'avant est avec lui après. Dieu, plus grand que la rupture, assure la continuité. Dieu écrit droit avec des lignes courbes. Désormais Paul ne peut plus compter sur ce qu'il fait pour Dieu, mais seulement sur ce que Dieu fait pour lui.

Pour Paul, Jésus n'est pas seulement une idée qui l'éclaire, ou une force qui le pousse. C'est une Personne très réelle, qui lui révèle le visage du Père, le sens de la vie, la valeur du frère, le projet de Dieu, sa propre mission, et qui l'encourage à avancer et à se battre par sa Présence gratuite, amoureuse et exigeante.

COMME UN OISEAU DÉPLOYANT SES AILES:
LE TEMPS DE SE FAIRE UN CORPS DE GLOIRE

Prenons un exemple. Vous suivez la course vertigineuse d'un oiseau en plein vol. Voilà que tout à coup, poussé par une force insoupçonnée, il est emporté par un instinct de vie inimaginable qui le pousse toujours plus haut. Il pique en plein ciel et entre dans les nuages où vous le perdez de vue.

Qui oserait croire que l'oiseau qui s'élance dans le ciel, et qu'on perd de vue parce qu'il vole trop haut n'existerait plus? N'est-il pas plus lui-même, en sa pleine réalisation, quand il vole ainsi dans les hauteurs où on le suit plus, que lorsqu'il se traîne dans les baisseurs où on risque de l'attraper et le retenir.

L'oiseau déployant ses ailes, virevoltant dans le ciel en mille prouesses, est plus lui-même —, même invisible à l'œil nu —, que blotti dans son nid! Même s'ils ne sont plus visibles à l'œil nu, les nôtres et nos amours n'en sont pas moins vivants, parfois plus que jamais. Mais à cette hauteur, — ou à cette profondeur, — ce n'est pas à première vue qu'on les découvre. Cela ne saute pas toujours aux yeux. Du fait que cette présence nous soit insaisissable «ineffable», en est-elle pour autant imaginaire ou irréelle?

L'oiseau reste en son nid, — comme la larve en sa chrysalide —, le temps de se faire des ailes. Pourquoi l'homme ne passerait-il pas ici, en son aventure terrestre le temps de se faire un *corps de résurrection? «Jésus Christ transformera notre corps de misère en un corps semblable à son corps de gloire»* (Ph 3,21).

N'est-ce pas là, en effet, ce temps qu'il lui faut, où s'opère cette aventure temporelle, le temps de se composer l'étoffe de ces organes d'éternité... Bref! notre *corps résurrection.* Mais pour cela, le voile doit se déchirer: Pourquoi?

Comment voulez-vous que le corps de chair tienne le coup sous l'impact, sous les coups que le corps de gloire qui l'habite déjà? Ce dernier se sent à l'étroit dans la chair mortelle et veut prendre toute sa place. Arrive un jour où notre corps de chair n'a plus sa place. Un autre corps plus subtil, plus agile prend la relève, *un corps de gloire.* Et comment voulez-vous que la vie physique, matérielle, charnelle tienne le coup sous le choc de la vie éternelle, que l'humain tienne le coup au divin? Comment une rivière ne se sentirait-elle pas à l'étroit si le fleuve décidait de lui entrer dedans et lui élargir les bornes. Et à plus forte raison, quand le fleuve est envahi par l'océan? Comment supporterait-il un tel contre-coup?

Le corps spirituel nous est donné comme une graine semée dans le corps physique qu'on a. Et l'un pousse sur l'autre comme un vêtement neuf. Sous notre enveloppe charnelle, plus matérielle et superficielle, nous porterions un autre vêtement, plus subtil et intérieur, qui tire et pousse sur la couche du dessus. Sous la poussée et la pression de ce vêtement glorieux intérieur, qui avec le temps prend de plus en plus d'ampleur, le vêtement du dessus, le corps physique, déchire peu à peu. Enfin, sous le coup d'assaut du *corps de gloire* — au moment de la mort — le corps de chair est déposé et le corps glorieux est enfin libre. Cette image est empruntée à Saint Paul (1 Cor 15, 35).

Que perd donc le corps qu'on a sombré dans la mort? Sinon son pouvoir perceptif et ses fonctions biologiques. Il échappe de ce fait au monde sensible, à ses misères, à ses obstacles et à ses limites pour être enfin, sans contrainte, ce qu'il est par nature, l'épanouissement d'une vie personnelle. Il peut alors reconnaître avec saint Paul:

«La mort m'est un bien» (Ph 1, 21).*«Ce que tu sèmes ne prend vie qu'à condition de mourir.»* (1 Co 15,36).

Il convient donc semble-t-il, de rectifier notre conception classique de la mort biologique; elle ne devrait plus apparaître comme le dernier épisode, angoissant et tragique, d'une aventure sans lendemain. Elle devrait perdre son caractère absurde et obscur de retour au néant, pour appaître comme un «autrement» radical, «une naissance nouvelle et définitive à la vraie vie», comme la copie d'un laborieux brouillon en somme, un «passage» du vestibule spatio-temporel à notre demeure d'éternité.

N'y aurait-il d'autre vie que celle de nos perceptions et de nos fonctions animales? Très raisonnablement, tout porte à croire qu'au-delà de la tombe, l'homme subsiste en son corps propre: le corps propre et parfaitement habité, croyons-nous, a subsisté dans un monde de présences, voire à communier à des esprits non incarnés comme sont les anges et Dieu lui-même. On peut bien affirmer, d'expérience, que nos morts n'existent plus comme on les a connus, mais rien ne nous autorise à penser qu'ils ne sont plus. Ils ont quitté, ou perdu le corps qu'ils avaient; que savons-nous du corps qu'ils sont devenus?

> *«Je croyais que mon voyage touchait à sa fin, ayant atteint l'extrême limite de mon pouvoir, que le sentier devant moi s'arrêtait, que les provisions étaient épuisées et que le temps était venu de prendre retraite dans une silencieuse obscurité. Mais je découvre que ta volonté ne connaît pas de fin en moi. Et quand les vieilles paroles expirent sur la langue, de nouvelles mélodies jaillissent du cœur. Là où les vieilles pistes sont perdues, une nouvelle contrée se découvre avec ses merveilles.»*

Rabindranath Tagore

TRANSPORTÉS PAR LE PUISSANT COURANT DE LA VIE: QUAND LE FLEUVE DEVIENT OCÉAN

Quand j'étais petit garçon, j'aimais beaucoup me promener sur le bord du fleuve. Quelle source d'inspiration, de méditation! Parfois, je m'arrêtais; là debout fixant les yeux vers la mer, en direction de l'océan, je contemplais. Plongé dans le courant de mon imagination vagabonde, je rêvassais. Et je me surprenais à imaginer l'océan en train de refluer et d'entrer dans la mer. Sous l'effet d'un revirement si puissant, d'un courant si débordant et si généreux, alors j'imaginais la mer se mettre à monter et tout transporter par un puissant raz-de-marée.

Et j'imaginais la mer porteuse de vie, grosse de vie, gonflée comme une femme enceinte, se mettre elle aussi à remonter le courant et envahir le fleuve... Et je me mettais à imaginer le fleuve gonfler, gonfler, et déborder. Et je me demandais ce qui pourrait bien arriver alors à mon île. Et j'avais tellement peur qu'elle disparaisse, noyée, emportée par courant.

Bien sûr comme «le fou de l'île» de Félix Leclerc j'aurais voulu attacher mon île pour la retenir et l'empêcher de partir à la dérive. Mais ce serait peine perdue. Emportée par l'océan, elle aurait certainement été engloutie. Au fond tout ne doit-il pas un jour être balayé par les grands vents, être emporté vers les grands larges, au moment des grandes marées? Ne serait-ce pas cela la mort, la vie, la foi, l'amour?

De quoi les mourants meurent-ils? On peut remarquer en général deux façons de quitter la vie, pour les uns la mort est causée par la maladie, par les accidents de la vie, pour d'autres, bien qu'ils meurent également de maladie ou par l'effet du déclin de l'âge, ce n'est point ce qui leur arrache la vie. C'est le courant de la vie qui les amène; ils meurent de leur belle mort.

Pour eux, c'est un transport d'amour, plus élevé que les précédents, plus puissant aussi et plus fort. Ce sont les spasmes de la vie qui se font sentir. Ce sont les contractions de quelqu'un qui veut enfin naître. Nous ne sommes pas encore nés, notre naissance n'a pas encore eu lieu. Nous ne sommes encore qu'à l'état embryonnaire, comme quelqu'un qui n'est pas encore au monde, il nous tarde de vouloir naître. «Je meurs de ne point mourir d'amour», s'exclamait déjà Thérèse d'Avila. «Que se déchire enfin la toile» de s'écrier Jean de la Croix.

Ces personnes meurent dans des transports sublimes et au milieu des assauts délicieux que leur livre l'amour. Tel le cygne qui chante avec plus de douceur lorsqu'il va mourir... Les fleuves d'amour de cette âme livrée à l'amour sont sur le point d'entrer dans l'océan; et ils sont si larges, si abondants qu'ils ressemblent à des mers.

La mort, c'est le dernier coup, l'assaut fatal, triomphal, que la vie donne pour enfin sortir de cet espace trop étroit dans lequel on est prisonnier. La mort, cela ressemble au fœtus dans le sein de la mère. Comme le fœtus qui à l'étroit se débat dans le sein de la mère pourrait se demander: «Pourquoi ai-je de si belles mains si je ne peux pas m'en servir? Pourquoi de si grandes jambes si je ne puis marcher, sauter, danser?

Pourquoi des yeux perçants si je ne puis plonger dans les profondeurs de l'âme. Ainsi se creuse son désir de vouloir sortir à tout prix de cet espace devenu trop étroit pour lui.

«Romps enfin le tissu de cet assaut si doux!» voudrions-nous redire avec Jean de la Croix. «L'âme, affirme ce dernier, n'a de désir qu'à l'égard de son Bien-Aimé... Elle vit dans l'espérance et, par conséquent, elle sent un vide qui demande à être comblé. Elle pousse donc «des gémissements» suaves et délicieux, à proportion de ce qui lui manque encore pour atteindre «l'adoption parfaite des enfants de Dieu, cette absorption dans la gloire» où son appétit trouvera enfin le repos»

Peut-être saint Jean de la Croix pensait-il à la mort de la grande Thérèse d'Avila, mais tous les saints ne meurent pas de façon aussi glorieuse! Il y a des personnes pour qui la mort semble être un choc brutal, où on leur prend et arrache la vie. Il en est d'autres à qui rien, ni personne ne peut leur prendre la vie, car jour après jour, tout au long de leur histoire, ils l'ont livrée par amour. «Aimer c'est tout donner et se donner soi-même» de dire si bellement la petite Thérèse. Que la mort soit crucifiante ou glorieuse, l'important est de nous préparer dans l'amour à ce dernier moment de notre existence terrestre.

Quelle différence entre ces deux façons de mourir! Pour les uns, c'est la mort qui donne ses derniers coups comme pour leur arracher la vie; pour les autres, c'est la vie qui fait des prouesses pour les arracher à la mort. Pour les uns, c'est la mort qui semble venir leur voler la vie; pour les autres, c'est la vie qui vient leur voler leur mort. Pour les uns, c'est la mort qui semble avoir raison d'eux; pour les autres, c'est la vie qui fait des siennes et qui vient les arracher aux griffes de la mort.

À nous de choisir notre façon de mourir pour notre corps qui a grandi. Et pour réussir sa sortie de cette vie-ci, en beauté, la vie déchire l'enveloppe pour que libéré du cocon, l'entrée ne soit pas ratée. C'est au prix du corps que vient la vie!

Ainsi au moment de la mort, comme l'enfant sur le bord de naître, l'âme se sent à la frontière de l'autre vie. Il ne lui manque plus grand-chose pour atteindre l'autre rive. «Passons sur l'autre rive. Allons ailleurs» de lui redire doucement Jésus. Au dernier moment, comme le fœtus à la veille de sortir de l'enveloppe qui le retient, la vie pousse pour pouvoir enfin déchirer le voile et passer de l'autre bord, et enfin se tenir sur le versant de la vie. Nous voilà enfin passés: des ténèbres à la lumière, de l'aube au grand jour!

DES CORPS PLUS VIVANTS QUE JAMAIS!
EN ANGE DE LUMIÈRE? PAS QUESTION!

On raconte qu'une mère venant de perdre son fils reçut ce mot de consolation: «Votre fils se trouve maintenant au ciel, près du Seigneur. Il est heureux et chante la gloire de Dieu». À sa lecture, la réaction fusa immédiate: «La belle occupation pour un enfant de vingt ans!». Cette mère avait raison de refuser une vision du ciel qu'elle comprenait de manière trop terre-à-terre!

Comme elle est à propos la réflexion de cette mère qu'on voulait consoler à bon compte. Mais la question demeure. Comment nos disparus vivent-ils après? Et comment les morts ressuscitent-ils? Revivent-ils dans un corps ou non?

La foi nous assure que les nôtres ressusciteront. Dans le symbole des Apôtres, dans son credo, chaque chrétien professe: «Je crois à la résurrection de la chair». Nous passerons donc l'autre côté en «communion des saints», en présence d'une phalange indescriptible de ressuscités. 144,000. Imaginez! Comment y serons-nous présent? Avec un corps ou non? Et si oui avec quel corps?

Est-ce un corps agile, pénétrable, rayonnant? Comment imaginer une chose pareille? Est-ce une communion physique et spirituelle immédiate avec l'univers, de sorte que la terre devient une partie structurale de l'ensemble corps-âme?

Mais, dira-t-on, cette question posée à saint Paul est toujours la nôtre. Comment répondre? Comment décrire ce que l'oeil n'a point vu (1 Co 2,9)?

À la fin de notre parcours sur la terre ici-bas, quand la crue des eaux de la Vie nous emportera, comment entrerons-nous dans l'autre vie? Quand l'océan de l'Amour transformera nos petits cours d'eau en fleuve débordant, quels lits creusés pourront contenir une telle effervescence? Comment nous retrouverons-nous dans l'autre versant invisible de la vie?

Certains imaginent, au bout du voyage, déposer leur «frère âne» comme un gêneur dans leur marche pour mieux répondre à l'appel du grand large. Comme une fâcheuse monture, endurée trop longtemmps déjà, dont on se défait et qu'on oublie à jamais pour permettre au héros en herbe d'avancer plus librement vers la céleste patrie, dans l'au-delà ils se croient enfin libres de leur corps dont ils se seraient débarassés pour l'éternité!...

«Mais pourquoi faudrait-il se ramasser l'autre bord avec un corps?» se demandent-ils. Quel besoin d'une matière seconde, lourde, opaque, utilitaire et au surplus si ingrate, pour une vie communionnelle, gratuite et immédiate? La main est au service de l'homme; elle n'est pas l'homme. Ainsi de nos sens: ils sont au service de la vie; il ne sont pas la vie. «Alors pourquoi entraînerions-nous ce corps dans la mort?» se posent-ils comme question.

«Ressusciter dans son corps mais pas question», répondent un bon nombre: «Quel prisonnier accepterait de réintégrer sa prison?». Mais pourquoi cette masse qui méprise le corps et le considère comme une lourdeur à se défaire? Pourquoi percevoir le corps comme une guenille dont son âme enfin va pouvoir se dégager à jamais?

Ceux-là risquent de se retrouver l'autre côté avec de petites surprises. Non sans un corps, un visage, un regard..., comme ils le croient et l'espèrent, mais avec un corps plus réel et vivant que jamais... Pas du tout à l'état d'ombres, de chimères, de fantômes comme la plupart l'imagine! Déshumanisés, dépersonnalisés, amaigri..., demembrés, démentibulés, désincarnés comme beaucoup en sont sûrs. Mais allons donc! Sans le corps, nous ne serions que l'ombre de nous-mêmes.

«Et pourquoi un corps?» se demandent d'aucuns. Nous répondrons: pour que chacun reste soi-même, en son intégrité profonde, dans l'unité vivante du Corps mystique qui est ce Royaume du Christ ressuscité.

Qui ne s'est pas imaginé après sa mort, dans un moment provisoire de séparation du corps et de l'âme, dans son âme immortelle vagabondant des années durant, puis enfin rejointe un de ces jours par le corps à la résurrection générale, à la fin de tout..., du moins l'espère-t-on. Mais non, c'est le jour même de notre mort, que nous ressuscitons tout entier. Dans notre être personnel: dans mon corps animé, ou dans mon âme incorporée.

«Oui, j'en ai la certitude je verrai mon Rédempteur dans ma chair» de s'écrier le bon vieux Job. Je me tiendrai debout, libre, éveillé, vivant, avec toute ma personnalité: corps-âme. Sous un autre mode bien sûr: sans peau, ni os, ni viande... «Semé corruptible, le corps ressuscite incorruptible. Semé périssable, il ressuscite éclatant de gloire. Semé dans la faiblesse, il ressuscite plein de force» (1 Co 15, 42-44).

Nos personnalités ne seront pas alors abolies, mais au contraire, accomplies, ennoblies. Nous ne revolerons nullement en éclat; mais rien n'est plus faux, chrétiennement parlant. Pas pour le moins du monde subtilisés, volatilisés, éclatés. Ni démolis, ni abolis, ni détruits, mais transfigurés. Plus consistants que jamais, enfin personnels, comme jamais nous le fûmes. En pleine forme et vivants comme jamais! Plus que jamais aussi reliés à ce monde ci.

Et pas le moins du monde comme des angelots, sur des nuages bleus, comme dans du coton ouetté, bleu ciel délavé... Beaucoup de livres et de films nous suggèrent que nous nous retrouverons l'autre bord «en ange». Mais pour tout l'or du monde, je ne suis pas interessé de me retrouver «en ange» ou en «pur esprit». Privé de ma dimension corporelle, comment ne pas perdre mon identité essentielle? Comment resterais-je moi sans mon corps ou dans un autre corps? La réincarnation ne m'intéresse aucunement. Le grand théologien si renommé, le père Marie-Dominique Chenu, non sans humour, s'exprime ainsi:

> *Tout ce qui épanouit la vie humaine passe par le corps. Je ne serais pas heureux de ressusciter en «ange», en pur esprit. Toutes mes joies, tout mon travail, mon bonheur sont passés par mon corps. Si on me le retire, zut pour ce bonheur! La résurrection signifie pour moi que tout ce que je porte en moi-même, tout ce qui fait ma vie, ma sensibilité, sera épanoui au-delà de toute détresse, au-delà de tout échec. Moi, je dis que s'il ne reste de moi que mes bouquins, ça ne m'intéresse pas. C'est moi, Chenu, qui veux rester vivant, pas mes livres.*

LA JOYEUSE NOUVELLE DE L'AMOUR DE DIEU: BIEN-AIMÉS DE DIEU!

Lors d'un cataclysme majeur où les nôtres se trouvent impliqués, qu'attendons-nous du témoin rapporteur des événements? Qu'il aille vite au plus urgent! «Combien de morts, de blessés, de survivants? Prévoit-on de nouvelles secousses ou d'autres attaques surprises? Certains vont-ils s'en sortir?» Voilà ce que nous voulons d'abord et avant tout savoir. Le rapporteur qui arrive tout essoufflé des lieux du séisme, tout bouleversé de ce qui est en train d'arriver, micro en main, ne commence pas à raconter en détail, méthodiquement la façon dont les événements se sont déroulés du début à la fin, il ne s'attarde pas dans les détails.

Mais allant directement à l'essentiel, en quelques mots, il proclame aussitôt la nouvelle la plus urgente à dire et que tout le monde attend. Si rien encore n'est sous contrôle, il soupire: «Il est loin d'être sûr que tous s'en sortiront. Pour un certain nombre, c'est désespéré. Nous nous attendons au pire...» S'il s'agit d'un cataclysme où tout est maintenant sous contrôle, il lance: «Nous pouvions nous attendre au pire, mais heureusement le cours des événements a changé du tout au tout; nous sommes sauvés».

S'il s'agit de la guerre qui a été gagnée, l'annonceur crie: «*Victoire!*», et si la paix a été conclue, il crie: «*Paix*!» Ceux qui ont connu la seconde guerre mondiale s'en souviennent, à la libération, le mot *«Armistice! Armistice!»* se propagea en Europe, comme un éclair d'une maison à l'autre, de ville en ville, la nouvelle se répandit, comme une traînée de poudre. La foule envahit alors les rues, s'embrassant, les larmes aux yeux, dans l'euphorie, après les terribles années de guerre. Nous avons connu un peu cette exaltation lors du célèbre *«vive le Québec libre»* du général Charles de Gaule.

Pour celui qui a entendu et reçu la nouvelle merveilleuse qu'il est sauvé en Jésus, comment ne s'en ferait-il pas aussitôt le messager? Comment ne se dépêcherait-il pas d'annoncer, en quelques mots, comme ces annonceurs, ces crieurs publics, la plus belle nouvelle qu'il a à publier? Comment ne pas jeter cette nouvelle comme une bombe dans notre monde, pour faire revivre ce moment où l'Évangile «explosa» pour la première fois dans l'histoire, dans toute sa puissance et sa nouveauté.

Deux amoureux sous le choc du «coup de foudre» de l'amour, ne commencent pas par expliquer le contexte sociologique, les antécédents, les chances possibles de durée de leur amour. Non, ils brûlent d'amour! Quand un grave incendie se déclare tout à coup et que les risques de la conflagration sont graves, on crie: *«Au feu! au feu!»*. L'enquête sur les causes viendra plus tard. *«Libre, libre... je suis libre»* crie à tue tête le prisonnier libéré qui avait déjà été condamné à perpétuité à la suite d'une grave erreur judiciaire. Quand aux explications sur les circonstances atténuantes, on en parlera plus tard.

Choisi «pour annoncer l'Évangile de Dieu», saint Paul se comporte de la même façon au début de la lettre aux Romains. Il vient comme le héraut du plus grand événement du monde, comme le messager de la plus splendide des victoires et il se résume: «À tous les bien-aimés de Dieu qui sont à Rome, aux saints par vocation, à vous grâce et paix de Dieu notre Père et le Seigneur Jésus-Christ».

Je vous annonce — veut-il assurer — que vous êtes *aimés de Dieu*. Que la paix a été faite une fois pour toute entre le ciel et la terre! Que vous êtes «sous la grâce», «en état de grâce». Sous le coup de foudre de son amour! «L'amour de Dieu a été répandu en vos coeurs». «Dieu nous aime malgré tout»! «Rien ne peut nous séparer de l'amour de Dieu, même pas nos péchés»!

Si toute la Bible se changeait de parole écrite en parole prononcée, — en personne capable de se dire —, si elle pouvait se dire en une seule voix, cette voix, plus puissante que le fracas de la mer, répercuterait:«Dieu nous aime». Toute la Bible nous assure justement qu'il «est» Amour. Voilà la clef de lecture qui explique tout le reste. L'amour de Dieu est la réponse ultime à tous les «pourquoi» de la Bible, de notre monde: au pourquoi de la création, au pourquoi de l'incarnation, au pourquoi de la rédemption, au pourquoi de la souffrance, au pourquoi de l'histoire du salut...

Dieu nous aime et il nous offre, aujourd'hui même, sa «paix» et sa«grâce» comme fruit de son amour. «Amour», «grâce», «paix»: trois mots qui contiennent tout le message évangélique. Voilà la nouvelle! Et quelle nouvelle! Le message central du christianisme est là dans son essence. Voilà le nœud insécable. Quelle révolution contenue dans ce cœur de l'Évangile, comme dans le noyau de l'atome!

Toute la Bible ne fait que «raconter l'amour de Dieu», elle en est remplie. Son «éternel est son amour» retentit à pleines pages. Et ceci ne se fera que si nous interrogeons la révélation divine. En effet, qui d'autre pourrait nous assurer que Dieu nous aime en dehors de Dieu lui-même?

Comme les amoureux, les libérés, les annonceurs qui dans le feu de l'action, se dépêchent d'annoncer la nouvelle la plus importante, voilà moi aussi, ce que je veux essayer de faire en ces pages. Comme je voudrais vous transmettre le feu! Comme je voudrais vous voir tous emportés par le courant de son Esprit, transportés par le mouvement de la vie qui nous meut avec une telle puissance. Et pourquoi vous aussi ne seriez-vous pas de ces messagers chargés d'annoncer à l'humanité la déclaration d'amour de Dieu! Trouvez-moi donc plus beau métier au monde?

CROYEZ À LA BONNE NOUVELLE!

Croyez à la Bonne Nouvelle!»... Mais quelle Bonne Nouvelle?

La *Bonne Nouvelle,* c'est l'annonce que la source d'eau vive coule et que rien au monde ne l'arrêtera jamais de jaillir, même si elle est bloquée par des pierres sur la route, et — qu'après bien des détours peut-être — elle bondira à coup sûr en vie éternelle.

La *Bonne Nouvelle,* c'est d'avoir cette certitude — et de la faire savoir de toutes les manières imaginables — que tout, même un échec, un divorce, une sexualité déviante ou bloquée en chemin — absolument tout! — peut être le passage ouvert par Jésus vers plus de vie.

La *Bonne Nouvelle,* c'est de redire — sur tous les tons et de toutes les façons — que la vie sur laquelle la mort n'a plus aucune prise, cette vie existe en Jésus Christ Ressuscité des morts.

La *Bonne Nouvelle,* c'est de lancer un grand appel à chacun pour qu'il ne se contente pas de «réussir dans la vie», ni même de «réussir sa vie», mais investisse toutes ses énergies à «se réussir comme vivant».

La *Bonne Nouvelle,* c'est l'annonce que cette toute-puissance de vie qu'est Jésus Ressuscité, est à l'œuvre dans l'univers — au prix de sa vie — quand bien même les évidences les plus contraignantes affirmeraient le contraire.

La *Bonne Nouvelle,* c'est de découvrir — et de faire découvrir à chacun — qu'il ne faut pas avoir peur de regarder le mal en pleine face, même la mort, car elle aussi fait désormais partie intégrante de la vie.

La Bonne Nouvelle, c'est de ne vouloir rien d'autre que la vraie Vie — et cela même au prix de sa propre vie...

FORCE IMPÉTUEUSE

Ô Dieu
Tu nous a créés par le souffle de ton Esprit;
Tu nous as rachetés par le souffle de ton Esprit:
Tu nous sanctifies dans ta sainte Église
par le souffle de ton Esprit.

Pour que nous soyons les hommes de ce souffle,
Pour que notre chair et notre sang,
Pour que notre vie, nos activités et nos souffrances,
ne soient qu'une inspiration
constante du souffle de ton Esprit Saint,
— pas pour nous, non, mais pour le salut du monde —
nous ne sommes pas appelés à nous cacher en toi;
nous ne sommes pas appelés à être dans ton amour.
Pour que tu nous déverses au-dehors,
Pour que tu nous disperses au vent,
Pour que tu nous jettes en rafales
aux quatre coins du monde.

> *Ô Seigneur, il faut venir avec toute ton impétuosité.*
> *Ô Seigneur, il faut venir avec toute ta force.*
> *Ô Seigneur, il faut venir avec toute ta puissance.*
> *Ô Seigneur, fais venir enfin sur nous la Pentecôte!*

C'est pourquoi Seigneur, nous te rendons grâces,
si nous commençons à ressentir ton Esprit
qui mugit et agit,
qui veut nous forcer,
qui veut nous pousser,
et qui fougueusement veut nous emporter!

Seigneur, même si l'angoisse nous brûle,
même si la lâcheté se fait lancinante,
nous t'en supplions:
n'écoute pas notre lâcheté,
prends-nous tout entiers,
prends-nous corps et âme,
prends-nous cœur et esprit!
Prends-nous tout entiers dans ton ouragan sacré,
pour qu'il nous soit donné de souffler,
de répandre et d'allumer
ton saint Amour!

Erick Przywara

CHAPITRE II

UNE PLONGÉE DANS L'OCÉAN DE L'AMOUR INFINI...

— *«Que cherchez-vous?» leur demanda Jésus.*
— *«Maître, où demeures-tu?» reprirent ses disciples.*
— *«Venez et vous verrez».*
— *Ils allèrent donc, ils virent et ils demeurèrent auprès de lui.*
(Jn 1,38-39)

Une nouvelle source de spiritualité:
Une Bonne Nouvelle pour les croyants!

LE SAUT DANS L'INCONNU:
UN COUP D'AUDACE, UN SIGNAL DE DÉPART

Par un beau dimanche après midi, supposons que vous soyez en train de visiter les chutes Niagara. Là, pour animer la foule, se trouve un funambule traversant les chutes sur un fil d'acier. La foule est sidérée, interrogative. Après son premier tour de force, la foule applaudit chaleureusement. Puis il refait son exploit, cette fois la tête en bas, sur les deux mains.

Puis, il monte sur le fil d'acier une brouette avec laquelle il se propose de traverser les chutes d'un bord à l'autre. «Croyez-vous que je peux faire cela devant vous? Avez-vous confiance en moi?» crie-t-il à la foule. Et celle-ci de répondre dans un applaudissement de tonnerre: «Oui, oui, vas-y: nous avons confiance en toi; tu y arriveras sans problème!». Alors, coup de théâtre, le funambule se retourne, vous pointe du doigt et vous interpelle: «Alors vous là-bas, montez dans la brouette si vous avez vraiment confiance».

Le souffle coupé, la respiration haletante, votre respiration va peut-être s'arrêter! Aurez-vous cette audace de la confiance? Pour faire un bond, et un bond de qualité dans notre foi, voilà ce qui est proposé: un saut dans l'inconnu. Mais ne nous fait-il pas peur? Tout grand projet, toute grande aventure s'accompagne d'un coup audacieux: un pas décidé dans le mystère.

La foi, ce sera toujours un bond en avant. Un saut périlleux, oui mais pas dans le vide; mais bien dans les profondeurs du Mystère! Une plongée dans l'océan de l'amour que le Christ est venu nous révéler. En croyant, on fait ce saut par lequel on se trouve tout d'un coup «complètement livré entre les bras de l'invisible», en bienheureuse dépendance de la vérité, découvrant en Dieu ce que, de toutes ses forces, on avait toujours cherché, sans jamais le trouver: «un refuge, une force, un secours dans l'angoisse toujours offert» (Ps 46, 2).

La clef de tout, c'est la foi, la confiance. Pas n'importe quelle sorte de foi! Il s'agit d'une foi toute spéciale. La foi-confiance, la foi-abandon, la foi-lâcher prise. Une voix se fait entendre: «Veux-tu?». Une foi répond: «Père, me voici les mains vides!».

Voilà le coup d'audace dont nous parlions. Il y a de quoi s'étonner, de voir que ceux qui le font soient si peu nombreux. Sa récompense est la «vie éternelle» et le moyen de s'en emparer est d'y croire. Quel geste déterminé et audacieux de la foi! Pour apprendre à nager: pas de cours par correspondance, rien de mieux que de se jeter à l'eau! Ainsi en est-il de la foi. La seule chose qui nous soit demandée c'est de plonger dans ses eaux profondes. Mais nous n'aimons guère plonger: on a peur du vide, de lâcher prise. Le converti suédois Sven Stolpe dit que la foi, c'est de gravir une échelle très haute, et, tandis qu'on se tient tout en haut, d'entendre une voix qui dit: «Saute, je t'attrape!» Celui qui saute, c'est l'homme de foi. Il faut du courage pour croire à son amour et sauter. C'est ainsi que Pierre Van Breemen s'exprime dans son beau volume «*Comme un pain rompu*»:

> Il est assez facile de croire à l'amour de Dieu en général, mais il est très difficile de croire à l'amour de Dieu pour moi personnellement. Pourquoi moi? Il y a très peu de gens qui peuvent vraiment s'accepter eux-mêmes, accepter l'acceptation. En vérité, il est rare de rencontrer une personne qui peut assumer le problème du «pourquoi moi?». Il est impossible de fonder l'acceptation de soi sur sa propre personne, ses propres qualités; un tel fondement s'effondrerait. L'acceptation de soi est un acte de foi. Si Dieu m'aime, je dois moi aussi m'accepter. Je ne pense pas être plus exigeant que Dieu, n'est-ce pas?

Éditions le Renouveau Charlesbourg Inc.,
870, Carré de Tracy Est, C.P. 7605, Charlesbourg,
Québec QC
G1G 5W6
Tél.: (418)628-3445 Fax: (418)624-2277
Courriel: editionsrenouveau.charl@qc.aira.com

Les Éditions le Renouveau Charlesbourg Inc.
désirent vous aviser qu'à la lecture du livre
"Emportés par le courant" vous constaterez que
de petits "Intrus" tels erreurs d'orthographe
et même fautes de frappes parcourent le livre
parce que la période de correction a été tout
simplement oubliée passant directement à
l'étape de l'imprimerie. Nous vous demandons
pardon et souhaitons que vous réussirez à
dépasser ces sources de distractions et
trouverez tout de même votre plaisir à la
lecture du livre. Bonne lecture et excusez-nous.

La direction.

Voilà le commencement de notre foi! C'est le signal de départ, le coup d'envoi, la rampe de lancement. Après cela, rien n'est jamais plus pareil. Il y a un *avant* et un *après*.

Si on vous demandait de raconter votre coup d'audace, quel serait-il? Cela peut être la décision de votre mariage, de vous lancer dans la vie, de mettre un enfant au monde, de donner un pardon, de changer de travail. Là, on a pris son envol... Au départ de tout, il y a un geste courageux de confiance qui fait foi de tout. Mais ce n'est qu'un départ. Le long chemin où le pèlerin de la foi s'engage à marcher s'ouvre devant lui.

Il s'agit de signer un chèque en blanc au Seigneur pour qu'il fasse de nous ce qui lui plaîra. Signer le chèque en blanc revient à lui donner notre «oui» à toute chose, comme Marie qui répondit: *«Qu'il me soit fait selon ta Parole»*.

De même que l'argile s'abandonne totalement entre les mains du potier pour devenir un vase nouveau, de même nous devons nous remettre entre les mains du Seigneur pour qu'il fasse de nous des créatures nouvelles, à son image et à sa ressemblance. Si notre abandon n'est pas inconditionnel, il ne sert à rien.

Imaginons ce que nous ferions si un jour nous recevions, dans une boîte — par un expert notoire en la matière — une petite semence dont on nous assurerait qu'il s'agit d'une semence unique au monde, et qui produira un arbre très recherché, capable de rendre riche celui qui le possède: comme nous en aurions soin! Comme nous saurions le protéger de tout vent...! Eh bien, ainsi devrions-nous agir à l'égard de notre foi; elle est une semence qui produit un «fruit» de vie éternelle!

FAIRE CONFIANCE AU PÈRE:
TOMBER DANS LE VIDE OU DANS SES BRAS?

Un jour, un acrobate est en train de faire un spectacle au dernier étage d'un gratte-ciel de quatre-vingt-dix-huit étages. Là, s'appuyant uniquement sur le bout de ses pieds, il se penche complètement à l'extérieur tenant dans ses bras son petit enfant, à la grande stupeur de la foule ahurie. Et tout à coup, à bout de bras, il tient son enfant dans le vide... Il faut le faire! Quand ils redescendirent, quelqu'un demanda à l'enfant s'il avait eu peur. Et lui de répondre tout étonné de la question: «Non, j'étais bien dans les bras de mon papa!».

Nous pouvons faire confiance au père. Donnez à un enfant la certitude que son père l'aime, vous en faites un être sûr de lui et qui peut affronter la vie. Un enfant qui se promène en tenant la main de son père, ou que le papa fait voltiger autour de lui parmi des exclamations de joie, ou qui parle d'homme à homme à son père comme deux bons amis, est la créature la plus heureuse, la plus libre qui soit au monde.

La foi veut nous rendre un peu de cette assurance qui peut faire de nous des créatures nouvelles, libres. Elle veut nous conduire là où l'on s'écrie plein de conviction comme saint Paul:

> *Si Dieu est pour nous, qui sera contre nous? Qui se fera l'accusateur? Avec son Fils ne nous donnera-t-il pas tout? Qui accusera les élus de Dieu? Qui justifie? Qui donc condamnera? Qui nous séparera de l'amour de Dieu? La détresse, l'angoisse, le dénuement, le danger? Mais en tout cela, nous sommes les grands vainqueurs grâce à celui qui nous a aimés! Non rien ne pourra nous séparer de l'amour de Dieu.*
> (Rm 8,31-38)

Nous pouvons faire confiance au Père! C'est là la certitude que nous poursuivons et dont nous avons besoin. L'amour paternel de Dieu, témoigne quelqu'un qui l'a expérimenté, Simund Kierkegaard, «est la seule chose dans la vie qui soit inébranlable, le véritable point d'Archimède». Voilà le levier de commande essentiel, le point d'appui incomparable, le pivot de tout! «L'ignorance du Père, dit un auteur ancien en se référant à la situation avec le Christ, était source d'angoisse et de peur».

Que craignez-vous donc? Votre Père «sait»: «Même les cheveux de votre tête sont tous comptés. Vous valez bien mieux que des moineaux» (Lc 12,22-32). L'avertissement «ne crains pas», «n'aies pas peur» revient 366 fois dans la Bible. Une fois par jour! Comme si le Seigneur avait pris la peine de nous le redire pour chaque jour de l'année, et même prévu les années bissextiles. Voilà l'humour du Père!

Avec un tel Père, comment ne pas se sentir en absolue sécurité. C'est ce que Jésus faisait découvrir à ses disciples: il leur permettait de se sentir à l'aise, en sécurité, loin de la crainte des esprits mauvais, des dangers des hommes, des tempêtes sur le lac. Auprès de lui, ils n'avaient plus à s'inquiéter de ce qu'ils auraient pour se vêtir ou manger. Jésus, non seulement les guérissait et leur pardonnait, mais il dissipait leur peur, allégeait leurs soucis. Sa seule présence les libérait.

Quand on est en confiance, il existe comme une soudure entre nos cœurs et celui de Dieu; et rien ni personne ne pourra changer cela. Une alliance indestructible, un anneau d'or! «Bien loin de te résigner à nos ruptures d'alliance, tu as noué entre l'humanité et toi, un lien nouveau, si fort que rien ne pourra le défaire» prions-nous dans la prière eucharistique pour la réconciliation.

Face à ce mystère de la tendresse du Père céleste, nous nous tournons vers Jésus en lui disant: «Jésus, tu es notre frère aîné, dis-nous ce que nous pouvons faire pour nous montrer dignes de tant d'amour et de tant de souffrance de la part du Père!» Et Jésus répond à cette question à travers son Évangile et sa vie. «Il y a une chose, dit-il que vous pouvez faire, que j'ai faite moi-même et qui rend heureux le Père: faites-lui confiance, fiez-vous à lui, faites-lui crédit! Malgré tout et tous, et malgré vous-mêmes!»

«Mon Père, je ne te comprend plus, mais je te fais confiance!» pourrait-on répéter souvent au cours de la route parsemée d'épreuves. Puissions-nous avoir l'audace de prendre la prière d'un abandonné, Charles de Foucauld:

Mon Père je m'abandonne à toi,
fais de moi ce qu'il te plaira.
Quoi que tu fasses de moi,
je te remercie,
je suis prêt à tout, j'accepte tout,
pourvu que ta volonté se fasse en moi,
en toutes tes créatures;
je ne désire rien d'autres, mon Dieu.
Je remets mon âme entre tes mains,
je te la donne, mon Dieu,
avec tout l'amour de mon cœur,
parce que je t'aime,
je ressens un besoin d'aimer, de me donner,
de me remettre entre tes mains sans mesure,
avec une infinie confiance,
car tu es mon Père.

LE PLUS GRAND ACTE DE FOI DE SA VIE:
TOUT DONNER D'UN SEUL COUP

Un homme de confiance, qui était aussi un écrivain et poète, a raconté l'histoire du plus grand acte de foi de sa vie. Cet homme, dit-il, avait trois enfants et un triste jour ils tombèrent malades tous les trois. Sa femme avait tellement peur qu'elle avait le regard fixe, le front plissé et ne disait plus un mot. Mais pas lui: car il n'avait pas peur de parler. Il avait compris que les choses ne pouvaient plus durer ainsi. Alors il fit un coup d'audace.

Comme un père qui fait pirouetter ses enfants autour de ses épaules, lui, hardi dans la prière, prit ses trois enfants dans la maladie et, tranquillement, les fit passer dans les bras de celle qui est chargée de toutes les douleurs du monde. «Vous les voyez, disait-il, je vous les donne. Et je m'en retourne et je me sauve pour que vous ne me les rendiez pas. Je n'en veux plus; vous le voyez bien». Depuis ce temps-là, tout allait bien, naturellement, puisque c'était la sainte Vierge qui s'en occupait.

Voilà l'histoire du plus grand acte de foi de sa vie! Ainsi avait-il fait un bon coup d'audace. En y repensant, il s'admirait un peu, même beaucoup: c'était une vraie bonne affaire. Comme il s'applaudissait d'avoir eu le courage de le faire! Il faut bien l'admettre, c'était un coup bien monté: tout donner d'un seul coup. Au fond, il s'agissait d'y penser. Vraiment on ne pense jamais à la chose la plus simple! Enfin, mieux vaut le dire tout de suite, on est rempli de peur. Il faut parfois parcourir un long chemin avant d'arriver à le découvrir.

Pour faire un tel bond, et un bond de qualité dans notre foi, il faut un cœur d'enfant: pour mieux ouvrir les bras, tendre les mains et embrasser Jésus. Nous jeter dans ses bras à corps perdu! Et s'y engouffrer, tout comme les petits, les pauvres, les aveugles et les pécheurs, les enfants qui savent si bien le faire. S'abandonner éperdument à son Père comme des petits enfants qui diraient: *«Mon papa m'aime»*. Alors, plus besoin de se cacher ni de porter des manteaux protecteurs pour se protéger de l'amour.

Le fils d'un tel père sait à qui il a affaire et l'accepte jusqu'au bout. Sa prière préférée, au temps de l'épreuve, est toujours la même: «Tu es juste en toutes les choses que tu as faites pour nous, toutes tes œuvres sont vérité, toutes tes voies droites, tous tes jugements vérité, car nous avons péché» (Dn 3, 27). «Tu es juste, Seigneur!»: après ces trois ou quatre mots, dit Dieu, l'homme peut me dire ce qu'il veut: je suis désarmé!

Maintenant je peux me présenter avec confiance devant le Père et lui dire: «Maintenant, regarde-moi Père, regarde-moi bien, car maintenant je suis ton Jésus!». Alors sa justice est sur moi: «Puisque vous avez été baptisés en Christ, vous avez revêtu le Christ» (Ga 3, 27). Qu'à nouveau Dieu se réjouisse dans ses créatures changées d'habits, revêtues d'une nouvelle peau. «Il m'a revêtu des vêtements du salut, il m'a drapé dans le manteau de la justice» (Is 61, 10).

«Celui qui se glorifie, qu'il se glorifie dans le Seigneur» (1 Co 1, 31). Quelle gloire pourrait être plus belle que celle-là! Qui sera encore assez fou pour vouloir échanger cette gloire contre sa propre justice? À une âme qui se souvenait ainsi, avec regret, de sa vie passée en murmurant: *«Père, voici mes mains vides!»*, la voix infiniment douce du Père répondit dans son cœur: *«Étends-les sous la croix, tu les rempliras du sang très précieux du Christ!»*. Oh oui, nous nous glorifierons en Toi, Seigneur. Éternellement!

Au fond, il s'agit de dire simplement «oui» à Dieu. Dieu n'attend que notre «oui», hélas que de fois au contraire il ne reçu qu'un «non». Voilà la question la plus importante qui nous soit posée dans notre vie, en amour. Peu importe la façon dont on la perçoit! Telle est la question: «Veux-tu vivre? Vivre de ma vie, vivre en plénitude?». Qui ne serait pas bouleversé d'une question si grave où se joue toute une vie, une destinée, une grande aventure d'amour? «Veux-tu vivre grâce à moi, en moi? Veux-tu?»

Au fond, il s'agit de dire simplement «oui» à Dieu, «Amen» à la vie, à l'Amour. Vraiment, on ne pense jamais à la chose la plus simple! Croire signifie lui répondre: «Oui, je le veux!» — «Qu'il en soit ainsi!». Et aussitôt, tu es une nouvelle créature, plus riche que la première: tu es «créé dans le Christ Jésus» (Ep 2,15). Peut-être te sens-tu indigne, impur, difforme, alors reprends ces paroles:

Âme de Jésus-Christ, sanctifie-moi,
Corps du Christ, sauve-moi,
Sang du Christ, enivre-moi,
Eau de côté du Christ, fortifie-moi
Passion du Christ, fortifie-moi

Ô bon Jésus, exauce-moi,
dans tes blessures cache-moi,
ne permets pas que je sois séparé de toi;
de l'ennemi, défends-moi,
ordonne-moi de venir à toi,
pour qu'avec tes saints je te loue
dans les siècles des siècles, Amen.

POUR COURIR SUR LE CHEMIN DE L'AMOUR:
ENLEVER LE MANTEAU PROTECTEUR

Un été, je me rendis à New-York pour prendre un bain d'immersion afin d'apprendre plus l'anglais. Mais comme on peut faire deux, trois... choses à la fois, j'en profitai pour découvrir aussi les bas-fonds de la grande ville: son Harlem avec «sa misère noire», la 42e rue avec son exploitation aux mille et un visages, la pauvreté avec son cortège de souffrances, le drame des jeunes dans toutes ses formes de consommation...

Un phénomène me surprit plus particulièrement: celui des femmes itinérantes. Bien sûr je connaissais de nombreux clochards de Montréal, mais le phénomène de ces madames vivant sur la rue m'était inconnu. Quand je les croisais portant leurs sacs à la main, je ne m'étonnais guère. Ne devaient-elles pas transporter leur batterie de cuisine, le strict nécessaire pour survivre avec elles? Mais quel saisissement de les voir porter ces deux et même parfois trois manteaux sur le dos en plein mois de juillet. Pourquoi?

Un soir, observant l'une d'elles, préparant la boîte de carton qui lui servirait d'abri pour la nuit, je me hasardai à lui poser la question: «Pourquoi ces manteaux au beau milieu de l'été?». Alors elle me fit comprendre que parfois les nuits sont fraîches, et que bientôt viendraient les nuits d'automne. Si elle s'était débarrassée de ses manteaux, alors elle n'aurait plus rien pour se protéger contre le froid. Je compris que, la chose la plus importante pour les pauvres, c'était leur manteau: cela leur servait de protection, d'abri, de logement... Je saisis ainsi que le plus dur, pour un pauvre, c'était de laisser tomber ce manteau protecteur. Alors je me souvins du manteau que portait l'aveugle de Jéricho.

Vous vous souvenez de ce récit de l'Évangile à propos de la guérison de cet aveugle Bartimée mendiant sur le bord du chemin et qui criait à tue-tête (Mc 10, 46-52). On voulait le faire taire. Mais lui criait de plus belle: «Jésus, Jésus, Fils de David, aie pitié de moi». Jésus s'arrêta, le fit venir, lui posa la question: «Que veux-tu que je fasse pour toi?». Et l'aveugle Bartimée de lui répondre: «Rabbouni, que je retrouve la vue!».

Qu'est-ce qui empêchait donc l'aveugle Bartimée de voir? C'était son manteau. Étrange n'est-ce pas? Et vous savez quand il fut guéri? Quand il enleva son manteau. Voyez comment l'inimaginable s'opéra? «Rejetant son manteau, d'un bond, il se leva et il vint à Jésus» (Mc 10, 50). *Enlever son manteau:* c'était la condition indispensable pour retrouver la vue, le chemin, l'amour. Tel est l'acte suprême de confiance exigé de lui et de chacun d'entre nous.

Pourquoi l'aveugle Bartimée devait-il lancer au loin son manteau? Parce que c'était sa dernière richesse, celle auquel il tenait plus que tout au monde. Pour être plus libre d'aller et de courir plus allègrement vers son Maître et par la suite, de suivre ses pas, il devait d'abord se débarrasser de son manteau. Le manteau de ses richesses, de ses promesses et de ses vertus, c'est toujours trop lourd à porter. Voilà ce qui nous empêche de courir à la suite du Maître. Alors, enlever le manteau protecteur s'impose.

Quelle différence avec le jeune homme riche (Mc 10, 17-31)! À lui aussi Jésus a demandé de se dévêtir de ses richesses: «Va, ce que tu as, vends-le, donne-le aux pauvres et tu auras un trésor dans le ciel; puis viens, suis-moi».

Cet homme riche était tellement bien habillé, que, pour tout l'or du monde, il ne voulait pas perdre son manteau, son masque, ses artifices, ses apparats, son personnage qu'il s'était construit pour bien paraître devant les autres et être aimé. Pour avoir refusé d'avoir déposé son manteau de richesses, et de se laisser habiller par le Maître qui revêt si bellement les lys des champs, il devint tout triste. «Mais à cette parole, il s'assombrit et il s'en alla tout triste, car il avait de grands biens» (Mc 10, 22). Et il continua son chemin, seul et malheureux. Quelle tristesse d'être si revêtu de soi qu'on est ainsi empêché de nous recevoir d'un autre!

Quel manteau ai-je à déposer ici et maintenant si je veux courir sur le chemin de l'amour? De quel manteau me protégeant contre l'amour, contre l'Esprit, devrais-je me dévêtir? Pour revêtir le vêtement du salut, il me faut d'abord être dévêtu. Il y a toujours un manteau de trop, une cuirasse derrière laquelle on se protège. Pour marcher sur les pas de Jésus, dégagé, libre de tout isolant qui m'empêcherait de prendre feu, de quelle cuirasse ai-je besoin d'être débarrassé?

Dès qu'il fut débarrassé de son manteau, Jésus dit à l'aveugle: «Va, ta foi t'a sauvé. Aussitôt, il retrouva la vue et il suivait Jésus sur le chemin» (Mc 10, 52). Cher Bartimée, quel disciple tu deviens, quelle leçon tu nous donnes! Ce que refusent Pierre et les autres apôtres, le chemin de la croix, toi tu le prends: «Et il suivait Jésus sur le chemin (Mc 10,52). Ce qui laisse entendre que d'autres n'avaient pas la même générosité et tentaient de le suivre tant bien que mal, mais à côté du chemin.

Quand malgré toutes les embûches nous suivons le Seigneur jusqu'à la croix, nous prouvons que nous n'avons pas d'autre motivation que celle de son amour, au delà de notre prestige ou renommée. Nos motivations ont été purifiées et nous le suivons pour lui-même et non pour ce que nous recevons de lui. Nous le servons, nous ne nous servons pas de lui.

LA ROBE POUR LA SALLE DE NOCE:
LA TABLE OÙ LES PAUVRES SONT ROIS.

Vous avez entendu parler de ce buffet surprise pour des sans-abri servi il y a quelques années. Une jeune fille de Norwalk, Connecticut, a surmonté sa déception pour changer une tragédie en fête. En effet, son fiancé ayant renoncé à la prendre pour épouse deux mois avant le mariage, Kathleen Gooley a décidé de faire profiter quelques cent cinquante sans-abri de son banquet de noces commandé de longue date. «De toute façon, nous devions le faire aujourd'hui a-t-elle confié sans amertume; j'espère que d'autres personnes dans cette situation en feront autant».

Ce geste généreux a permis à une foule de déshérités d'oublier leur sort le temps d'une fête nuptiale. Loin de son abri de fortune, Eugène Patenaud alcoolique et toxicomane en cure de désintoxication, n'a pas caché sa joie: «Vous nous donner le bonheur de votre mariage, a-t-il lancé à son hôtesse, jamais nous ne pourrons vous rendre la pareille».

Voilà comment une «future mariée» change un repas de noces en banquet pour les pauvres! Merveilleuse façon de transformer une situation des plus décevantes en événement heureux! N'arrive-t-il pas parfois que le malheur des uns puisse faire le bonheur des autres? N'est-ce pas une étonnante manière de transformer une perte pour soi en gain pour les autres? Dans la vie, il y a de ces virements de situations imprévisibles qui apportent du neuf, créent des nouveautés et font des heureux.

Cela ne vous rappelle-t-il pas une parabole de l'Évangile? Il en va du Royaume, de la vie, comme un roi qui, ayant préparé un grand festin dans son palais, ouvre ses portes et, se tenant sur le seuil, invite tous les passants en s'exclamant: «Venez, maintenant tout est prêt» (Mt 22,1-14). Hélas les invités trop préoccupés à autre chose l'un à son terrain, l'autre à son commerce, l'autre à un mariage, n'en tinrent pas compte. Ils refusent l'invitation. Le roi se mit en colère. «La noce est prête, mais les invités n'en étaient pas dignes. Allez donc aux places d'où partent les chemins et convoquez à la noce tous ceux que vous trouverez». Ces serviteurs s'en allèrent par les chemins et rassemblèrent tous ceux qu'ils trouvèrent, mauvais et bons. Et la salle de noce fut remplie de convives (Mt 22, 7-10).

Mais le roi remarqua, parmi les invités qui avaient été forcés à entrer, quelqu'un qui ne portait pas le vêtement de noce. «Mon ami, lui dit-il, comment es-tu entré ici sans avoir de vêtement de noce?» Celui-ci resta muet (Mt 22, 11-12). Comme il ne portait pas l'habit de noce, il se fait refuser l'entrée. Quel est donc cet habit de noce obligatoire, sans quoi on risque de se faire retourner de bord?

Que faut-il avant tout pour entrer dans le palais, prendre place à la table, goûter aux mets les plus fins et partager le bonheur des convives? Quel est le mot de passe indispensable, au risque de se faire fermer la porte au nez? Ce mot de passe les vierges folles ne l'avaient pas et elles reçurent comme réponse du Maître: «Je ne vous connais pas».

Mais pourquoi donc s'est-il fait jeté dehors? «Peut-être n'était-il pas prêt» me direz-vous. Mais non, personne des invités de la dernière heure n'était prêt: on les avait tous forcés à entrer, l'un en habit de travail, l'autre avec ses habits des champs, l'autre de l'étable... Quel est donc cet habit de noce nécessaire pour goûter le banquet, pour participer à la noce? Quel est donc ce mot de passe, cette clef qui ouvre toutes les portes? Cet habit dont il faut être revêtu pour être reçu à bras ouvert dans ce Royaume de l'amour? «Peut-être est-ce l'amour,» me direz-vous. Mais l'amour n'est pas une condition pour entrer dans le Royaume. C'est en y entrant qu'il nous est donné!

Si vous me répondez que l'habit de noce c'est l'innocence, que la porte c'est l'observance exacte des commandements, que le mot de passe ce sont nos vertus, nos mérites, nos trophées... Alors, je vous donne la clef, je retourne à la porte, je ne le mérite pas; je ne suis pas digne.

Pourquoi Dieu est-il si intransigeant à cet égard? «Peut-être l'invité ne voulait pas payer à Dieu son prix d'entrée?» ferez-vous remarquer. Mais «nul ne peut se racheter ni payer à Dieu sa rançon» (Ps 49, 8). Pourquoi s'est-il vu refuser à l'entrée? «Peut-être avait-il les mains vides». Mais justement, c'était la condition qu'il lui fallait pour entrer. La clef de tout — comme je disais — c'est la foi. Peut-être refusait-il d'ouvrir ses mains et de les montrer vides. Peut-être a-t-il voulu entrer dans la salle comme une grande personne alors que le maître demandait d'être «comme un petit enfant» (Mc 10, 15).

Que nous est-il demandé à l'entrée de la salle des noces? Non pas de porter fièrement notre manteau mais de l'enlever. Quel était son problème celui qui n'avait pas le manteau de noce à l'entrée de la salle? C'est qu'il voulait à tout prix garder son manteau pour entrer, alors que pour entrer, il faut l'enlever et se revêtir de celui du Roi. C'est le prix d'entrée obligatoire.

«Lorsque je fis cette découverte, écrivait Luther, je me sentis renaître et il me semblait que les portes du paradis s'ouvraient toutes grandes pour moi».

DIEU AGIT SUR LE CHAMP:
«VOICI MAINTENANT LE MOMENT FAVORABLE!»

À la fin du film «la Strada» de Zanpano, un homme clôt une fête en se soûlant jusqu'à se défoncer. Et comme, selon notre ancien petit catéchisme, «la boisson rend l'homme semblable à la bête», pour ne pas dire pire, le fêtard est mis à la porte du café. Il en sort blessé, esseulé. Et comme un fauve traqué, en frappant sur tout ce qui bouge, il crie à qui veut bien l'entendre comme un défi: «Je n'ai besoin de personne!». Rien de pire qu'un être pétri de satisfaction, plein de lui-même. «Un être satisfait est déjà en voie de décomposition» écrit Gabriel Marcel.

Ayant dû sortir du café contre son gré, il se rend au bord de la mer. Seul avec lui-même, tout à coup, lui revient une chanson que lui chantait sa fiancée, qu'il a tant aimée et abandonnée faute de savoir se laisser aimer. Alors, comme une fêlure dans sa cuirasse, il s'émeut. Relâchant toutes ses défenses, il dépose les armes et son armure vole en éclat. Il pleure. Ses larmes signifient qu'il n'est pas une brute mais un homme. Alors il peut être sauvé!

Quelque chose doit être accompli maintenant, aujourd'hui, tout de suite, à ce moment-ci, sur le champ. Pourquoi remettre à plus tard? «Voici maintenant le moment tout à fait favorable. Voici maintenant le jour du salut!» (2 Co 6, 2). À ce niveau-là, *maintenant* signifie, à la lettre, ce moment-ci, le moment où nous vivons présentement. Ne remettez pas à plus tard, c'est aujourd'hui ou jamais.

À cet instant même où vous lisez ces lignes, un geste peut être posé, une décision prise. Quelque chose que vous seul — et non pas un autre à votre place — peut faire. Cette démarche c'est aujourd'hui ou jamais, autrement les plus belles considérations ne seront que des idées en l'air. Mais que faire? Voilà la question. Les auditeurs qui, le jour de la Pentecôte, écoutaient la parole de Dieu prêchée par Pierre, émus, boulversés posaient déjà la question décisive: «Que devons nous faire?» (Ac 2, 37). «Faites-vous baptiser, changez de direction, enlevez votre cœur de pierre. Aujourd'hui même, ici sur le champ, faites demi tour!»

Dans la monotonie de nos habitudes de vies, nous risquons de nous endormir. Nous faire réveiller et même nous faire secouer s'impose! «Il est temps de sortir de votre sommeil; voici le jour du salut qui se lève». «Voici le jour que fit pour toi le Seigneur, c'est un jour de joie». Le temps du réveil, c'est pour maintenant, aujourd'hui.

Voilà le bon temps pour un renouveau, pour un recommencement, pour un sursaut de notre foi. Nous sommes ici, en ce moment, précisément pour cela: pour renaître, pour un nouveau départ, pour revivre notre baptême, pour endosser les vêtements du salut. Pour faire un bond, et un bond de qualité, dans notre foi, peut être une décision sur le champ. Ce moment du salut, pour faire demi-tour, si nous le voulons, c'est maintenant!

Il est toujours temps de se laisser convertir. Comme pour le publicain, l'aveugle Bartimée ou Zachée, c'est aujourd'hui jour de salut, jour «où je vais demeurer chez toi» (Lc 19, 10). Ce moment, si nous le désirons, c'est maintenant. D'abord ouvre le livre de la Parole, lis, médite. Parmi les perles cachées du Royaume, je te suggère d'ouvrir une coquille, d'en casser la coque, d'en extraire la substantifique moelle, et d'en savourer le cœur même. Je te propose donc la parabole du pharisien et du publicain (Lc 18, 9-14).

Le publicain, ce jour-là, monta au Temple pour prier. Pendant sa brève prière, il se passa un changement, un retournement étonnant de situation, un revirement inattendu: «Il retourna chez lui justifié» (Lc 18, 14). Et qu'est-ce qui l'a ainsi gracié? Il lui a suffi de dire avec toute la sincérité de son cœur: «Mon Dieu, aie pitié du pécheur que je suis!».

Lui qui s'était rendu au Temple marchant sous un ciel sombre et menaçant, marchant la tête basse, le voilà la tête haute. Un brusque changement de ton s'opère; le climat change. Comme si le ciel soudain déchiré laissait entrevoir à nouveau le soleil. Il sortit pardonné, refait, recréé: «Maintenant au contraire... la justice de Dieu s'est manifestée!» (Rm 3, 21). Sa bonté, son amour, sa miséricorde éclatant en plein jour, voilà le soleil qui est enfin apparu! Comme fond la glace au soleil, ainsi de ses péchés: voilà la nouveauté!

Quel est cet acte par lequel Dieu «rend» l'homme juste? C'est l'océan de sa miséricorde qui vient remplir le vide immense de ton cœur. Alors des passages s'opèrent: de la colère à l'amour, de la violence à la douceur, de la force à la faiblesse. «Cieux, criez de joie!» car le Seigneur a agi.

Peut-être te sens-tu les mains vides, pauvre, pécheur...? Peut-être as-tu besoin d'être pardonné dans le sang de Jésus et besoin d'être guéri par ses saintes plaies? Alors prépare-toi au sacrement du pardon: pourquoi pas par une confession générale? Toi aussi tu peux revenir chez toi justifié, après un moment d'intense prière, où tu arrives à dire avec une profonde conviction ces mêmes paroles: «Ô Dieu, aie pitié du pécheur que je suis!» Tu peux donc rentrer chez toi avec le butin le plus riche qui soit: justifié par la foi, c'est-à-dire rendu juste, pardonné, sauvé, devenu créature nouvelle. La Parole de Dieu, qui ne peut mentir te l'assure.

LA VÉRIFICATION PAR L'EXPÉRIENCE:
VENEZ ET PLONGEZ DANS LA SOURCE

Un jour, un petit poisson demandait à un poisson plus expérimenté comment il pourrait trouvé l'océan. «L'océan, répondit le vieux poisson, c'est ici, c'est l'eau dans laquelle tu nages». «Cela l'océan? répliqua le petit poisson, mais ce n'est qu'une mare d'eau». Et il continuait à chercher l'océan.

Un jour, deux bédouins furent surpris de voir deux hommes morts à deux pieds de la source qui aurait pu les sauver. Mais pourquoi, se demandent-ils, sont-ils morts ainsi? «Parce qu'ils cherchaient au loin ce qui était tout proche. C'étaient des scientifiques: ils avaient tellement peur de prendre la source pour un mirage, qu'ils ont refusé d'y boire». Pourquoi chercher si loin ce qui est à deux pas de son cœur?

A-t-on le droit de se plaindre de la soif quand on se tient à côté de la source sans y boire? Pourquoi se laisser mourir de soif à deux pas, quand on aurait tout avantage à y croire et s'y rendre pour boire à la source? Beaucoup se plaignent de n'avoir jamais fait l'expérience de la vérité de la foi, la source d'eau vive. Mais qui s'y rend et s'en donne les moyens? La prière personnelle, la fréquentation de la Parole, le sacrement du Pardon, la communion fervente, le service des démunis.

Beaucoup se plaignent de ne pas faire l'expérience de ces vérités si merveilleuses. Mais ils ne s'y sont jamais plongés, baignés, immergés. Comment avoir le goût de cette Vie, si on ne l'a jamais palpée, savourée, humée, entendue? Comment déclarer ouvertement qu'on ne veut rien savoir si on ne l'a jamais expérimentée? Que de personnes, marchant à côté de leur source, traînent en leurs mains des bouteilles d'eau importée au lieu de s'abreuver directement à cette eau limpide qui jaillit du sous-sol de leur vie. Comme la Samaritaine, ils préfèrent se servir de leur cruche au lieu de boire au puits. Quel malheur! Hélas la cruche n'est pas l'océan!

Comment s'étonner alors de cette course affolée de tant des nôtres aujourd'hui qui cherchent désespérément de l'eau pour être rassasiés. Hélas comment garder cette eau en réserve et s'y abreuver puisque leurs puits fissurés ne retiennent pas l'eau (Jr 2, 13). Ils s'intoxiquent aux mares d'eaux stagnantes qui empoisonnent jusqu'aux nausées, ils se vautrent dans les eaux mortes qui conduisent à la mort. Pourtant ils avalent des eaux salées qui, au lieu d'apaiser leur soif, l'augmentent indéfiniment. Ils ont demandé de l'eau à boire et on leur a servi du vinaigre.

Ne faudrait-il pas des porteurs pour nous rendre ce service de nous plonger dans cette piscine guérissante où l'eau qui bouillonne est source de guérison? Où sont donc ces «sauveteurs» sur le bord des piscines, des mers, pour guider vers les bons endroits afin de leur faire goûter à la joie de la vie profonde? Qui nous conduira à Jésus comme à la piscine de Bethzatha, qui contient une eau aux pouvoirs guérisseurs pourvu qu'on y plonge (Jn 5, 1-18)?

Voulez-vous expérimenter la vérité du Christ Sauveur «fontaine d'eau vive», source intarissable, jaillissante en jet éternel? Voulez-vous vous enivrer, être désaltérés? Alors, selon la pédagogie de l'Église: priez, lisez la Bible, confessez-vous, adorez l'Eucharistie, communiez-y! Et vous verrez bien! «Rabbi, où demeures-tu?» — «Venez et Voyez!» (Jn 1, 30). Pour croire, rien de mieux!

Et si vous plongez dans la source, alors des fleuves d'eau vive jailliront de votre vie. Acceptation, force, courage, pardon couleront de vos cœurs comme eau de source. Pour nous en convaincre rien de mieux que d'écouter ceux qui en ont fait l'expérience vitale. Où et comment ont-ils rencontré Jésus ressuscité afin de vérifier personnellement sa présence vivifiante? Ils ont d'abord commencé à l'implorer et l'ont supplié de leur donner des signes de sa présence. Écoutons un témoignage.

Denise vient d'apprendre qu'une de ses voisines s'épuise à soigner son mari atteint d'une cancer. Simplement, elle lui offre un coup de main. Ce geste gratuit a boulversé Ernest: il vivait une terrible nuit au point de songer au suicide. «Denise, tu es venue ici au moment où du fond de mon désespoir j'avais dit à Dieu: «Fais-moi signe si tu existes, si tu es là, si c'est vrai qu'on va ressusciter!» Et tu es arrivée comme une grâce... Je n'osais en parler à ma femme pour ne pas la peiner davantage».

Denise n'a été auprès de lui qu'une oreille attentive, un geste qui soigne, nourrit et apporte un peu de réconfort. Mais cela suffisait. Avec cet être de grâce, le grand malade va connaître un cheminement intérieur d'une densité bouleversante pendant les quatre mois qui précédèrent sa mort. Au cours des derniers jours, il dira à Denise:

> *Si je m'étais suicidé, je serais passé à côté de la période la plus intense de ma vie. C'est comme si j'avais atteint ma vérité profonde; c'est comme si j'avais découvert le vrai visage de Dieu, différent de celui que j'avais tenu à distance. J'avais peut-être peur de lui? J'étais enfermé dans mes peurs. Elles m'éloignaient de moi-même, des autres et de Dieu. Avant ma maladie, je pouvais rester à la surface des choses. J'étais mal préparé à cette épreuve; mais dans la noirceur j'ai découvert que le mystère en soi est plein de lumière, plein de vie. Le Seigneur m'attendait avec tendresse; je découvrais qu'il avait toujours été là.*

LE PLUS DUR C'EST DE NE PAS SAVOIR:
JE SUIS LÀ POUR LEUR DIRE

Il m'est arrivé souvent d'accompagner des mourants. En observant comment certains partaient si bellement pour le grand voyage dans l'autre monde, alors que d'autres vivaient si dramatiquement ce grand départ, je me suis souvent demandé: «Qu'est-ce qui est si difficile pour un mourant?». La réponse prit un certain temps à venir.

Peu à peu je me rendis compte que le plus difficile n'était pas de mourir, mais de vivre le doute qui entoure l'événement. Oui, un jour, je fis cette découverte: ce n'est pas tant mourir qui est dramatique. Mais le plus dur c'est de ne pas savoir.

«Comment cela va-t-il se passer? Qu'y a-t-il de l'autre côté? Après la mort, la vie est-ce possible? Quelle est cette Lumière qui nous attend à l'autre bout du tunnel? Qu'est-ce qu'il y a de l'autre côté du voile? Y a-t-il Quelqu'un pour nous ouvrir les bras?». Pour ceux qui ne savent pas, c'est le drame, la panique totale. Mais pour ceux qui savent: il y a une lumière plus douce que les ténèbres, une paix plus forte que le combat, une confiance plus enveloppante que la peur.

«De quoi l'avenir sera-t-il fait?» est la question la plus souvent posée par les enfants de l'ère de la planète en état de décomposition. «D'ailleurs y a-t-il un avenir pour nous?» se demandent souvent ces jeunes. Après demain, y aura-t-il encore de la vie sur terre? Quel sera l'héritage que nous aurons laissé à nos petits-enfants: une planète de plus en plus en voie de détérioration ou une planète restaurée? Dans une rencontre de jeunes à Aylmer, un adolescent me pose la question à brûle-pour-point: «Y a-t-il de la vie avant la mort?» Voilà la preuve de leur désarroi profond.

Un arbre meurt, et l'enfant de poser la question à sa mère: «Pourquoi maman?». Son petit chat périt dans un accident et la question est aussitôt lancée: «Mon chat est-il au paradis?». Survient des nuages qui cachent le soleil: «Maman, pourquoi y a-t-il des nuages? Qu'y a-t-il derrière les nuages? Et l'autre côté du ciel, c'est quoi?». «Après... c'est quoi?» se demandent tous les enfants.

«Après les cours, la polyvalente, le cegep, l'université, le travail... c'est quoi?» se demandent tous les jeunes. «Après les fréquentations, les fiançailles, le mariage, la maison, la famille, la retraite... c'est quoi?» se demandent tous les amoureux. «Après la mort, y a-t-il une vie?» se demandent ceux qui ont déjà un bon bout de chemin parcouru. Chacun voudrait ouvrir le rideau, lever la toile, déchirer le voile... pour enfin voir! Aujourd'hui, de plus en plus de jeunes et de plus en plus à bas âge veulent aller voir l'autre bord: «De l'autre côté, c'est quoi?».

Au delà de la maladie, de la souffrance, du mal... il y a quoi? Au delà des apparences, des amours déçus, séparations, échecs, divorces... il y a quoi? Il y a tant de déceptions en cours de route, comment ne pas être songeur?

Quand un jeune apprend aux nouvelles du matin la pire tuerie des États-Unis: «Un fou braque tire à bout portant dans un restaurant où vingt-deux clients sont abattus». Quand il entend parler de la tuerie de la polytechnique qui fait dix-sept morts... Quand il voit des guerres civiles comme en Somalie et au Soudan, ou le drame des Serbes et des Croates, alors c'est la scandale. Il n'est pas sans se poser des questions: «Mais où est Dieu? Pourquoi laisse-t-il la liberté jusqu'à ce point? Est-ce qu'il entend nos plaintes? Comment dire qu'il nous aime après pareil désastre?». À de pareilles questions, le jeune attend des réponses de la foi.

Quoi dire de plus que le journal du matin? Qu'est-ce que le christianisme apporte de neuf dans l'histoire du monde? Quelle lumière la foi a-t-elle à offrir pour faire reculer les ténèbres? À travers les mauvaises nouvelles de la journée, comment découvrir une Bonne Nouvelle? Comment leur dire, cet au-delà de la vie, de la maladie de l'échec, de la mort ...? Cet au delà de la nuit, il y a le jour. Au delà de la sexualité, il y a l'amour. Au delà du corps, il y a le cœur. Au delà des barreaux de nos prisons, il y a la liberté. Au delà de la rivière dont il suit le cours actuellement, il y a l'océan.

Comment leur dire cet au-delà de la vie, de la maladie, de l'échec, de la mort...? Cet au-delà de tout? Comment bellement leur en parler? Comment leur assurer que tout ressuscitera? Et comment leur dire que cet au-delà de tout: on y arrive après une longue traversée, un passage parfois douloureux. Et que la foi, la religion, c'est l'école de ces traversées, de ces passages.

Je suis là pour leur dire: qu'au delà de ces passages, ces traversées et ces morts, l'être humain est encore plus vivant. Je suis là pour leur dire qu'il y a une vie sur laquelle la mort elle-même ne peut avoir de prise. Je suis là pour leur dire, qu'il y a des vies dans lesquelles les difficultés de parcourt, les peines d'amour, les amours déçus n'auront pas le dernier mot. Je suis là pour leur dire qu'il se peut que la mort fasse partie intégrante de la vie, que l'aspect négatif de la vie puisse être source de vie.

LES BONDS EN AVANT: SAUTS EN HAUTEUR OU SAUTS EN PROFONDEUR?

«Vais-je mourir bientôt?» demanda un jour, non sans angoisse, la célèbre pianiste Marguerite Long au père

Carré. — «Mozart que vous connaissez bien, n'est-ce pas? lui répondit-il souriant, a écrit: «Quand Dieu voudra, je voudrai». — «C'est bien, c'est beau», dit-elle, et comme pour communier à la minute qui viendrait, paisiblement, sans amertume elle ouvrit largement les mains dans un geste de consentement.

Voilà ce qu'un jour il pourrait être demandé à tout croyant. Oh! bien sûr pas toujours au début de la route, mais au milieu peut-être, ou du moins certainement avant la fin. Ce saut dans le mystère de la vie, nul ne peut y échapper. Ce saut dans l'inconnu, il est inévitable, incontournable. C'est l'épreuve suprême de notre foi. Jésus y a passé, ainsi que Marie, les saints et les saintes. Si eux l'ont fait avant nous, pourquoi pas nous?

Dans la foi, il se passe la même chose que dans les compétitions athlétiques de saut en hauteur: après chaque saut réussi, la barre est montée de quelques centimètres, permettant de dépasser la limite précédente, sans que l'on puisse prévoir quel sera le record final. Dans l'Écriture, comme on dit de Dieu qu'il est tout-puissant, ainsi le dit-on pour la foi: «Rien n'est impossible à Dieu» (Lc 1,37); «tout est possible à celui qui croit» (Mc 9,23). Voilà de quel saut les croyants sont capables!

Comme nos ancêtres, pourquoi ne pas avancer dans la foi? Pourquoi ne pas passer de la foi à la foi? C'est-à-dire d'un degré de la foi à un autre toujours plus parfait. Pourquoi ne pas franchir les étapes de la route, obstacle après obstacle? Pourquoi ne pas aller de saut en hauteur en saut toujours plus haut? Ou, si d'autres préfèrent, de saut en profondeur de plus en plus profond?

Hélas de telles exigences peuvent décourager les plus fragiles. Qu'arrive-t-il alors à ceux qui n'ont rien des athlètes de la foi, qui n'excellent pas en performances, qui ont la phobie des hauteurs? Que deviennent ceux qui sont découragés par le prochain saut, avant même de l'essayer, qui n'ont pas le cœur assez solide pour être projetés dans les hauteurs, sachant très bien que la médaille d'or ne sera jamais pour eux?

À cause de leur fragilité, plutôt que les sauts en hauteur exigés à d'autres, ceux-là devront descendre toujours plus bas. Au lieu de sauter toujours plus haut, ils plongeront toujours plus profondément. Car là, dans les profondeurs infinies de leur cœur, sont enfouies des perles précieuses, cachées dans des recoins souterrains. Seuls les petits peuvent s'y rendre en rampant. «Je te loue Père, d'avoir caché cela aux grands et aux sages et de l'avoir révélé aux petits».

Quelle leçon me fit un jour cette grand-mère qui se portait sur des béquilles pour éviter de nouvelles fêlures à ses jambes devenues trop fragiles pour la supporter. Désireuse de venir visiter pour la première fois de sa vie — à soixante-quinze ans — un groupe d'une centaine de prisonniers pour partager sa foi, elle en sort toute boulversée. Dans sa prière, elle laisse jaillir:

> *Seigneur je t'en supplie, enlève-nous toutes nos béquilles... Vois-tu, en nous appuyant sur elles, en nous y cramponnant, nous nous empêchons de nous appuyer que sur toi. Seigneur, les béquilles de ces hommes-ci en prison—drogues, boissons, vols, violences...—s'ils les laissaient ici devant toi, cela leur permettrait de retomber sur leurs pieds et de marcher dans la vie en ne comptant que sur toi. Leurs béquilles sont vraiment de trop: elles les empêchent de s'abandonner à toi. Enlève-leur de force s'il le faut! De grâce, répond tout de suite à ma prière!*

Voilà ce que découvrit la petite Thérèse de l'Enfant Jésus. Elle se sentait complètement dépassée par les efforts que les exigences, les prouesses, les sauts en hauteur que l'évangile lui demandait — du moins croyait-elle. L'impression qu'elle n'arriverait jamais à répondre aux exigences de l'Évangile et à aller jusqu'au bout de l'amour proposé risquait de la gagner.

Alors une image, sous l'inspiration de l'Esprit, lui monta au cœur. Elle se vit comme une toute petite fille au bas d'un escalier, tentant vainement d'escalader le haut. Chaque fois qu'elle avait atteint une nouvelle marche, elle déboulait l'escalier et tout était à reprendre. Elle était désespérée: par ses trop petits moyens, elle n'arriverait jamais toute seule. Alors dans sa vision, elle vit le Père lui tendre les deux bras et l'inviter à la prendre lui-même dans ses bras pour la monter au haut du très long escalier. Elle venait de découvrir un ascenseur indépassable en sûreté et en rapidité: les bras du Père.

Méditons ce texte de Jean Daujat: «La sainteté est offerte d'abord aux pauvres et aux humbles. On reçoit la sainteté dans la mesure de son vide et de sa faim. C'est la voie d'enfance spirituelle rappelée à notre siècle par Thérèse de l'Enfant-Jésus: «Pour aimer Jésus, disait-elle, plus on est faible et misérable, plus on est propre aux opérations de cet amour.» L'être naturellement le plus pauvre, le plus insignifiant, même un être taré peut devenir un saint, pourvu qu'il s'ouvre entièrement comme pur vide béant à l'action de la grâce. Pour devenir un saint, il faut être devant Dieu, comme le pur pauvre qui n'a rien à lui, comme le tout petit enfant qui ne peut rien lui-même et compte en tout sur son père».

APPELÉS À LA LIBERTÉ: LE SACREMENT DU PARDON

L'écrivain suédois Sven Stolpe dans son livre *Sacrement* raconte comment Erik, le personnage principal du roman, après avoir délaissé Dieu se repent et vient reposer sa tête sur les genoux du Père. «Il sentit en lui, ou sur lui, ou autour de lui, comme un grand sourire, le sourire d'un père. Il n'osa lever les yeux, mais les ferma, et tendit les bras vers le ciel, comme pour accueillir la grâce qui le submergeait. Oh, c'était vrai: il ne serait jamais plus solitaire. Il pourrait encore être négligent, égoïste, mais il ne pourrait jamais épuiser l'inépuisable.»

Comment ne pas penser à de très belles sculptures à ce sujet. À la cathédrale à Chartres, par exemple, on peut admirer une série de statues qui racontent la création d'Adam, de l'«homme». Dieu le Père est assis; Adam est à genoux à ses pieds, la tête appuyée sur les genoux du Père. Les mains de Dieu sont posées sur la tête d'Adam. Mais ce n'est pas une simple imposition des mains. Non, de la main droite, le Père soutient la tête penchée d'Adam, et de la main gauche, il la caresse. Le Père, légèrement penché, attire Adam vers lui, dans un geste d'exquise tendresse. Quelle bonté! Et c'est bien ainsi qu'Adam le ressent, car il sourit. Un bienheureux sourire! Que de possibilités d'expression dans la pierre! L'homme immergé dans l'amour de Dieu.

Lorsque vous blessez le Seigneur, mais revenez à lui en toute contrition, alors vous expérimentez vraiment l'amour de Dieu. Celui qui doit faire le chemin de retour vers Dieu expérimente de façon toute nouvelle la tendresse de l'amour rédempteur et compatissant de Dieu. Celui qui était prisonnier du péché sait ce qu'est la vraie liberté.

Alors vous vivez une expérience fantastique. Avant vous étiez prisonniers de vos chaînes, enfermés dans votre tour d'ivoire. Écrasés, vous avanciez traînant votre fardeau à genoux comme un errant détaché de Dieu, comme Caïn après sa faute, la tête enfouie dans ses mains à lui: image d'un isolement indicible... Mais repentants, vous êtes revenus, et maintenant votre tête repose à nouveau sur les genoux du Père. Quelles retrouvailles!

Vous avez déjà assisté à ce genre de scène où quelqu'un vient de se fâcher tout rouge contre l'un de ses enfants, avec les menaces, les cris, les fessées et tout le tralala. Et à bout de ressources, à la fin, dans le feu de la colère quelqu'un a l'imprudence, le malheur, de lâcher: «Oh, et puis tu m'énerves à la fin! J'en ai marre de ce garçon, je n'en veux plus de cet emmerdant à la fin, qu'il aille où il voudra, mais avec moi c'est fini!»

Alors le gamin vous a regardé, si effaré qu'il s'est arrêté de pleurer. Ou mieux, il est passé des larmes de rage aux larmes de repentir qui seules rendent heureux parce qu'elles demandent consolation, et qu'elles obtiennent le pardon. En sanglotant il s'est écrié: «Mais alors, si tu ne veux plus de moi, où j'irai? Quel autre voudra d'un garçon aussi vilain que moi?» Et voilà les pleurs qui obtiennent consolation! Car aussitôt nous accourrons: «Pardonne-moi. Écoute, j'ai dit cela parce que je m'étais trop mis en colère, mais ce n'est pas vrai du tout... Oublie tout ça».

Ainsi chacun à son heure pourra-t-il ressentir le pardon au-delà de toutes fautes, l'amour au-delà de toutes déceptions, la vie au-delà de toutes souffrances: «Je compris que l'amour embrasse tout, même la mort» d'affirmer Ingrind Bergmann. «L'autre côté de la vie, c'est le printemps; il y fait Dieu comme il fait soleil sur nos printemps de la terre!» aurions-nous le goût de lancer, après le pardon, avec Didier Decoin.

Pas de mur, aussi épais et terrible soit-il possible, que le pardon ne puisse traverser. Pas de prison dont il ne puisse nous libérer. «Si le Fils vous libère: vous serez réellement libres» (Jn 8, 36). Pas de béton dans lequel il ne puisse ouvrir une brèche à travers lequel nous pouvons le suivre.

Prisonnier pendant vingt ans à Cuba, Jorgè Valls affirmait «que le pardon était pour lui la première pierre sur laquelle l'avenir devait se construire, au-delà de l'enfer. Et il faut poser cette pierre sans savoir ce que l'autre en fera! Pardonner, c'est donner totalement, aller jusqu'à l'extrême du don». Un jeune de chez nous, Jean-Yves Sauvageau, a composé ce chant sur le pardon:

> *Le pardon c'est donner une étoile de ciel bleu*
> *À des yeux couverts de pluie et trop nuageux,*
> *Le pardon, c'est dire je t'aime à l'autre*
> *Avancer, oubliant le passé.*
>
> *La pardon c'est l'auteur de la vie qui s'éveille*
> *Le pardon c'est le chant de la pluie au soleil*
> *Le pardon, c'est le refrain du pauvre,*
> *Symphonie des cœurs émerveillés.*
>
> *La pardon c'est le parfum qui brise la haine,*
> *La pardon c'est l'odeur qui respire en tes veines*
> *La pardon c'est la fleur au champ de la charité*
> *Elle embaume tous ceux qui ont prié.*
>
> *La pardon c'est le sang d'un Dieu mort*
> *sur la croix,*
> *La pardon c'est le cri de l'amour dans la foi,*
> *La pardon c'est le poème du ressuscité,*
> *Qui attend ses enfants bien-aimés ...*

LA RÉSURRECTION DES CŒURS:
PAS SI MORTS QU'ON LES CROIT NOS AMOURS

Un pauvre homme juif avait dénoncé ses parents aux Allemands qui les fusillèrent. Le malheureux fils ne s'en est jamais remis. Il boit pour oublier. Et lorsqu'il rentre chez lui et se plante devant la glace, il pointe son index vers son image et dit: «Salaud! Tu n'es qu'un salaud...» C'est atroce. Ainsi condamné, qui ne serait pas pris alors par le vertige? Ainsi tourmenté, qui n'a pas alors l'impression de marcher sur les sables mouvants du désespoir?

Pourquoi se déprécier soi-même dans un repliement interminable? Pourquoi, comme le possédé par un esprit impur, habiter dans les tombeaux (Mc 5,3)? Pourquoi s'automutiler et s'autodétruire ainsi? «Nuit et jour, il était sans cesse dans les tombeaux et les montagnes poussant des cris et se déchirant avec des pierres» (Mc 5,5). Alors que la parole de Jésus l'invite à en sortir pour le libérer: «Sors de cet homme esprit impur!» (Mc 5,8).

À ce juif toumenté par son erreur passée, qui lui dira la Vérité? Qui lui annoncera la Bonne Nouvelle du pardon? Qui lui ouvrira les oreilles et les yeux du coeur pour lui faire entendre l'indescriptible? Qui, derrière sa glace et le froid de son coeur, lui fera entendre la voix lointaine de ses parents, écho de la voix de Dieu avec lequel ils sont identifiés pour toujours: «Non, tu es notre fils, notre bien-aimé à jamais pardonné! Vas-tu enfin nous écouter et nous croire?»

Ainsi une prière du Père ouvrant son coeur et s'adressant à son enfant pourrait tout sauver: «Tu es mon fils, mon bien-aimé, je t'aime, de toi je trouve tout mon bonheur». Une telle parole entendue en son cœur suffirait à le faire se redresser et poursuivre son chemin. Cette bombe explosive pourrait alors faire sauter toutes les barrières et jaillir des fleuves d'eau vive de tendresse.

Un jour, Jésus apprend la mort de son ami Lazare. Et même s'il est en pleine décomposition et sent déjà, Jésus déclare étrangement: «Notre ami Lazare est endormi, je vais le réveiller» (Jn 11, 11). Et quand il s'approche du tombeau où Lazare sommeille, il crie fortement: «Lazare, sors dehors» (Jn 11, 43). Le mort entendit Jésus et il sortit.

Pas si cadavres qu'on les imagine nos disparus! Pas si morts qu'on les croit nos amours! Pas si fermés qu'on les pense nos tombeaux! Pas si sourds qu'on les prétend nos enfants! Pas aussi dures qu'on les dit nos têtes! Pas si calcaires qu'on les décrit nos pierres! Pas si insensibles qu'on les imagine nos «rockers»!

Ne vous fiez pas aux apparences nous disaient nos mères. «Les apparences sont souvent trompeuses». Sous les apparences d'un corps mort, il y a toujours une vie cachée qui n'attend qu'on la réveille. Et Dieu sait si souvent cette libération s'opère merveilleusement dans le sacrement du Pardon. Là s'ouvre tous les tombeaux.

Par le Pardon, pas de chaîne, aussi solide et ancienne qu'elle soit, qui ne puisse être brisée. Pas de situation d'emprisonnement, aussi caverneuse et ténébreuse qu'on pourra imaginer, qui ne puisse être dynamitée. Pas de porte barrée que celui qui «a brisé les portes de bronze et fracassé les barres de fer» (Ps 106,16) ne puisse ouvrir toute grande.

N'hésite pas: libére les chaînes de ton cœur en les laissant délier par le Pardon et son Libérateur. Pas d'enfer dont il ne puisse nous faire sortir. Pas de mort dont il ne peut nous tirer plus vivants que jamais. Pas de tombeau où se décompose déjà un mort qu'il ne veut ouvrir. Il peut crier, — et de fait il crie pour moi, ici et maintenant —, ce qu'il cria pour Lazarre qui croupissait dans son tombeau: «Viens dehors!»

«Si les chrétiens savaient, écrit cet apôtre des délinquants Guy Gilbert, combien le sacrement du pardon est riche de peau neuve, de cœur brûlant, de renouveau, ils courraient se confesser. Il nous faut leur dire et le leur crier sans cesse. Il n'y a rien de plus beau que le pardon! Il nous fait sortir de la prison où nous tient le péché pour nous faire entrer dans la joyeuse foule des sauvés».

Voici comment un de nos frères dans la foi, Paul Claudel, qui l'a expérimenté dans sa propre conversion, chante la résurrection de son cœur par le sacrement du Pardon.

Mon Dieu, je suis ressuscité
et je suis encore avec Toi!
Je dormais et j'étais couché
ainsi qu'un mort dans la nuit.
Dieu dit: Que la lumière soit! et je me suis réveillé
comme on pousse un cri!
J'ai surgi et je me suis réveillé,
je suis debout et je commence
avec le jour qui commence!
Mon père qui m'avez engendré avant l'aurore,
je me place dans votre Présence.
Mon coeur est libre et ma bouche est nette,
mon corps et mon esprit sont à jeun.
Je suis absous de tous mes péchés
que j'ai confessés un par un.
L'anneau nuptial est à mon doigt
et ma face est nettoyée.
Je suis comme un être innocent dans la grâce
que Vous m'avez octroyée.

C'EST AUJOURD'HUI OU JAMAIS:
UN JOUR À LA FOIS

Un joueur, «gambleur anonyme», a bien fait cette remarque subtile. Un jour, il reconnait qu'il a complète- ment perdu la maîtrise de sa vie face au jeu et il admet sa totale impuissance. La lumière de Dieu lui a révélé que son péché est la passion du jeu; c'est cela que Dieu lui demande de lui sacrifier. Cet homme donc, qui avait la passion du jeu, convaincu de péché, décide d'arrêter et déclare: «Je fais le vœu solennel et sacré de ne plus jamais jouer, plus jamais: ce soir sera la dernière fois!».

Il n'a rien résolu; il continuera de jouer tout comme avant. Il doit plutôt se dire à lui-même: «D'accord, tous les jours du reste de ta vie, tu pourras peut-être jouer, si tu le veux, mais ce soir, non!». S'il tient bon dans son propos et ne joue pas, il sera sauvé; il ne jouera probablement plus pour le reste de sa vie. La première résolution est un mauvais tour que la passion joue au pécheur; la seconde, au contraire, est un mauvais tour que le pécheur joue à la passion.

Il ne jouera plus jamais à la condition de refaire une nouvelle décision à chaque jour. Et se redire sans cesse «C'est assez! Pas question pour aujourd'hui!». L'exemple peut être étendu à d'autres habitudes de péché, comme la drogue, la boisson, la rancune, le mensonge, l'hypocrisie, l'impureté et toute forme de dépendance... C'est le premier «non» souvent qui compte. Et ce «non», il faut le répéter à chaque jour. «Vingt-quatre heure à la fois!» comme le rappelle sans cesse le mode de vie des alcooliques anonymes. Ce moment, si nous le voulons, c'est maintenant!

Il faut insister sur un point: c'est là une décision qu'il faut aussitôt mettre en acte, autrement elle se perd. Il faut tout de suite poser un acte contraire, en se hâtant de dire le premier «non» à la passion ou à l'habitude du péché, autrement elle reprend immédiatement tout son pouvoir. Et ne pas laisser prise à la tentation, surtout pas au premier verre, et même pas de chance à «l'occasion prochaine du péché». Autrement cela pourrait être fatal.

Quelle peut être cette occasion prochaine du péché? Pour le drogué, cela peut être «le milieu», «la piquerie», «ses pareils»; pour l'homosexuel, «le village, les bars gais»; pour le dépendant affectif ses relations «boiteuses», son besoin effréné de «coller» à quelqu'un; pour l'alcoolique, le bar, la disco, les chums... Quel homosexuel peut se sortir de ses tendances maladives à consommer ses partenaires, s'il ne quitte pas le «village»? Quel drogué peut s'en sortir s'il ne quitte pas «son milieu», ses «chums», et s'il ne change pas son mode de vie? Quel gambleur peut s'en sortir s'il ne laisse pas le milieu du jeu, le casino?

Presque aucune guérison de l'Évangile n'est raconté sans que l'on mentionne que c'est «hors du village», «hors de la ville», «hors les murs», que le miracle s'accomplit. Que de fois il nous est raconté que ce sont les foules qui empêchent le merveilleux de s'opérer.

Quand Jésus guérit l'aveugle, il l'amène loin de la foule et le sort de son village: «Et Jésus prenant l'aveugle par la main, le conduisit hors du village» (Mc 8, 23). En effet beaucoup d'habitudinaires, aveugles, paralysés, impuissants, le sont à cause du «milieu», de «la foule», du «village», du «poids des habitudes», des «occasions de péchés». Le village, la foule, le milieu, les chums, c'est souvent l'occasion du péché, de rechute.

Notre *«assez!»* pour être sincère, doit concerner non seulement le péché, mais aussi l'occasion du péché. Il faut fuir— comme le recommandait la morale traditionnelle — l'occasion prochaine du péché, car l'entretenir reviendrait à entretenir le péché lui-même. L'occasion agit comme certaines bêtes féroces qui charment et hypnotisent leur proie pour pouvoir ensuite la dévorer, sans qu'elle ne puisse plus bouger d'un centimètre.

L'occasion déclenche en l'homme d'étranges mécanismes psychologiques: elle arrive à «charmer» la volonté par cette simple pensée: «Si tu ne saisis pas cette occasion, tu ne la retrouveras jamais plus; c'est insensé de ne pas profiter de l'occasion...» Ou encore: «Si tu ne bois pas, tu ne sauras jamais: tu sais bien que tu peux consommer raisonnablement... De toute façon, si tu prends un verre et que tu arrêtes après, tu as plus de mérite ...» De quelle astuces l'esprit mélangé ne se sert-il pas pour mêler les cartes?

L'occasion fait tomber dans le péché celui qui ne l'évite pas, tout comme le vertige fait tomber dans le précipice celui qui le côtoie.

Nous ne sommes pas tous aussi forts et énergiques que les aigles, qui d'un large coup d'aile, s'envolent droit vers le soleil. Nous ne sommes que de petits oiseaux mal emplumés qui avons besoin d'être encouragés et soutenus tout au long de la route si nous ne voulons pas courir le risque de retomber au sol... Nous avons besoin d'être aidés pour nous envoler. Sinon nous risquons d'avoir les ailes coupées et de battre de l'aile. Appeler au secours, lancer des appels à l'aide, compter sur d'autres s'imposent. Nous avons besoin d'être aidés pour nous envoler.

«Personne ne libère autrui, personne ne se libère seul, les hommes se libèrent ensemble» dit si bien Paulo Freire. Et Dom Elder Camara d'ajouter: «Quand on rêve seul, ce n'est encore qu'un rêve, quand on rêve à plusieurs, c'est déjà une réalité».

LE PARDON N'EST PAS À MESURE HUMAINE:
L'ESPÉRANCE NE PEUT DESERTER NOTRE TERRE

Un jeune a brutalement attaqué et violé une jeune fille pour enfin l'assassiner. Il purge une sentence de vingt ans de prison. Après un certain temps, les parents de la victime se sentent interpellés à visiter le coupable en prison. C'est comme une voix intérieure qui les pousse. Ils se laissent porter par ce mouvement de l'Esprit qui les invite fortement à aimer jusqu'au bout. Ils osent l'inimaginable. Ils font reculer les murs de l'impossible. Un pardon est donné, des liens se créent; Dieu a voulu se servir de leur bras pour accueillir ce jeune comme un membre de leur famille. Mission qui les dépasse complètement! Ils s'ouvrent pourtant à cette nouvelle vie.

Il est parfois dangereux d'ouvrir des portes; on ne sait jamais où cela nous conduit. Il est dangereux d'aimer. D'un ennemi on sait à quoi s'attendre, mais de l'amour de Dieu on ne sait où il nous conduira!

Devant de tels croyants, habités par l'Esprit, les petits affronts, les petites offenses que notre orgueil amplifie pour en faire des affaires d'honneur, apparaissent d'une pitoyable mesquinerie. Le geste de ces parents poussant le pardon à l'extrême limite — j'en suis sûr — s'enracine profondément dans le cœur de Dieu. Grâce à lui, nous voyons rompre le cycle infernal de la mort. Comment ne pas s'endormir en pensant que tant qu'il y aura des hommes de cette trempe, malgré les tueries, les boucheries les plus barbares, l'espérance ne désertera pas notre terre.

Ces témoins nous témoignent jusqu'où il faut aller en amour. Voilà une vérification expérimentale du christianisme. Voilà une preuve vivante de la vérité de foi! De tels témoins ne peuvent avoir tort: ils sont la preuve vivante de la vérité de foi. Une vérité qui ne trompe pas! À leur contact, qui n'avouerait pas: «Ceci est la vérité!». Et pourtant, incontestablement cela se passe encore aujourd'hui. Ces témoignages sont parlants.

Un jour, un groupe de croyants libanais s'étaient réunis pour la prière. Ils partageaient la parole de Jésus:

«Pardonnez à vos ennemis, faites du bien à ceux qui vous pérsécutent». Tous avaient perdu un ou plusieurs membres de leur famille dans une guerre atroce qui n'en finit plus. Comment peut-on proposer une telle parole à ces gens écrasés par une situation qu'ils n'ont pas voulue et devant laquelle ils ne peuvent rien? Maîtrisant leur peine, ils osèrent parler. Trop de haine, de sang et de morts les avaient broyés. Pourtant ils priaient pour pardonner à leurs ennemis. Il se mirent spontanément à prier, demandant à Dieu de faire naître en eux, par la force de son Esprit, cet impossible pardon.

En fin de soirée, tard dans la nuit, l'un d'eux raccompagna en voiture un franciscain de passage, Michel Hubaut. Au moment de se séparer, il lui tend un peu d'argent: «Mon père, j'aimerais que vous disiez une messe pour mes deux fils, mort à dix-sept ans...» Et il ajouta, après quelques secondes d'hésitation: «Ils ont été torturés. On leur a arraché les yeux et la langue!»...

Et avant qu'il ait eu le temps de réagir, abasourdi par une telle atrocité, il lui tendit un autre billet en disant: «Et vous direz une autre messe pour ceux qui les ont tués!». «Aucun son ne put sortir de ma gorge, témoigne Michel Hubaut. Je lui serrai simplement la main, longuement, en silence. Cette nuit-là, avant de me coucher, malgré l'horreur de tout ce que j'avais entendu, une immense action de grâces s'éleva de mon cœur. Qu'il devient grand, Seigneur, l'homme blessé qui sait encore pardonner! Je prenais soudain conscience que le pardon peut devenir une des plus belles manifestations de l'Esprit dans le cœur d'un homme».

Ce qui pourrait apparaître comme faiblesse, une capitulation devient soudain une marche à contre-courant, un passage inattendu de l'Esprit. Quel saut incroyable! Passer de notre logique humaine à celle de Dieu, à la logique de l'amour qui, un jour au calvaire, est mort en criant: «Pardonne-leur!»

Que font les témoins de tels gestes miraculeux dont leur vie est un miracle vivant sous nos yeux? Ils brillent chacun d'un éclat irremplaçable, unique comme est unique tout ce qui existe en vérité! Au sens le plus vrai, ils sont les seuls grands de l'histoire. Sur leur passage les miracles fleurissent et leur simple présence suffit à élever ceux qui les fréquentent. Nous avons besoin de ces témoins, car ils sauvent le monde. Leur vie nous dit: «Le Royaume est arrivé jusqu'à nous» (Mt 12,28).

Leur vie n'est-elle pas un miracle permanent? Un prodige où Dieu fait signe. Voilà comment Dieu s'y prend pour laisser filtrer en ce monde, à travers la grâce du pardon et des miracles, un peu de son monde à lui, un peu de ces cieux nouveaux et de cette terre nouvelle qu'il a inauguré avec la Résurrection de Jésus.

Les miracles, c'est bien beau, mais cela se passait au temps de Jésus», pensent les gens. Si nous avions des miracles sous les yeux, sûrement que nous croirions, songeons-nous. Mais le merveilleux n'est plus courant, du moins croit-on. Est-ce si certain qu'il n'y a plus de miracles aujourd'hui? N'y a-t-il pas dans nos vies, des pages miraculeuses qui s'écrivent en lettres de feu et de sang? L'Esprit n'a-t-il pas fait la promesse qu'il écrirait, dans chacune de nos vies, des nouvelles lettres, à la manière des premiers Évangiles en lettres de feu et de sang?

DES MAMANS EX-CENTRIQUES:
SOUFFRIR, JE N'EN AI PAS LE TEMPS!

Voilà une maman au chevet de son enfant gravement malade. À la suite d'une intoxication très grave, il se débat pendant des nuits et des jours entre la vie et la mort.

L'enfant souffre beaucoup et mène un combat énorme avec des convulsions, en proie à de grandes douleurs. La maman est là pour le soutenir, instant après instant, jour et nuit, autant physiquement que moralement.

Or quelqu'un qui passa par là lui dit: «Comme vous devez souffrir de voir ainsi souffrir votre enfant!». Voici la réponse étonnante qu'elle lui fit: «Souffrir! Je n'en ai pas le temps!». Voilà un amour totalement généreux et gratuit!

Voilà un amour ex-centrique! Décentrée d'elle-même totalement, elle ne souffrait pas; elle n'était pas «affectée». Tout son amour, toute la puissance de son amour était passée en acte. Voilà ce qui est demandé à tous, dans l'amour, à certains jours: ne pas souffrir en souffrant, mais de renoncer au ressenti de la souffrance tellement on est décentré totalement de soi.

Souffrir, pour cette mère, c'eût été s'enfermer sur elle-même, et donc ne pas être à son enfant; c'eût été voler à son enfant quelque chose de son amour bienfaisant. Son amour était entièrement transféré dans les soins qu'elle donnait à son enfant, dans sa main qui prenait la main de l'enfant, dans son regard qui était posé sur lui, dans son sourire et sa sollicitude à tous ses besoins. Elle ne s'appartenait plus; tout était donné à l'enfant. Ainsi sa souffrance était court-circuitée, gardée en réserve.

Non, on ne peut plus souffrir en soi-même quand on s'est donné à un degré extrême. On est totalement happé par la souffrance de l'autre, répondant totalement à ce dont il a besoin, comme la source à laquelle on ne peut rien enlever; tout ce qu'on lui enlève ne fait pour ainsi dire qu'accroître son débit. Personne ne peut remarquer le creux que fait le sceau avec lequel on puise l'eau, tout ce qui se passe c'est qu'il y a plus d'eau. «Là où le péché abonde, la grâce surabonde».

C'est en ce sens que l'Esprit Saint — concrètement l'amour — est une «loi», un «commandement»: il crée dans le chrétien un dynamisme qui le pousse à faire tout ce que Dieu veut, spontanément, sans même avoir à y penser car il fait sienne la volonté de Dieu et il aime tout ce que Dieu aime. L'amour puise la volonté de Dieu à sa source même. Il puise dans l'Esprit, la vivante volonté de Dieu.

Vous avez déjà remarqué la différence entre quelqu'un qui fait les choses par devoir et par amour? Lorsqu'on tombe amoureux, il y a une facilité, un entrain: on est porté par le dynamisme de l'amour, pris par l'amour, tout se fait avec joie, spontanément, non par routine ni par calcul.

Nous pourrions dire que vivre sous la grâce, gouvernés par la loi de l'Esprit, c'est vivre en «amoureux», c'est-à-dire transportés par l'amour. La même différence que crée le fait de tomber amoureux, dans le rythme de la vie humaine et dans le rapport entre deux créatures, la venue de l'Esprit Saint la crée dans le rapport entre l'homme et Dieu.

Pour comprendre, voici une histoire racontée par une maman qui avait un enfant malade de la myopathie, une maladie qui faisait lentement mourir ses muscles, et donc son cœur. Un jour qu'elle l'habillait, elle songea à ce cœur malade et en train de mourir. Brusquement elle se mit à serrer son petit garçon très fort contre elle en pensant: «Si seulement mon cœur à moi pouvait s'arracher de ma poitrine pour aller battre dans la sienne!»

Bien sûr, cela ne se pouvait pas. Mais supposons que cela soit possible. Ce serait au prix de la mort de la mère: elle consentirait à mourir d'un acte d'amour pour que vive son fils. Mais supposons aussi que son fils, ne pouvant supporter la mort de sa maman, n'accepte de retenir ce cœur que le temps d'un battement vital, et le lui rende aussitôt.

Eh bien, imaginez un instant cette mère et ce fils, collés l'un à l'autre et ne vivant que de ce passage continuel du même cœur, de la même vie, de l'un à l'autre. Supposez que le temps s'arrête, que l'espace disparaisse, et qu'il n'y ait plus que cette mère et son fils vivant du même acte d'amour ... Voilà ce qu'est l'amour où l'un et l'un ne vivent que de ce passage, comme dans la Trinité.

Toutes les images humaines sont insuffisantes quand il faut parler de Dieu, mais c'est peut-être un amour de maman qui nous donnera la meilleure idée de Dieu-Trinité. Cela ne veut pas dire qu'il y ait en Dieu une mère, un fils et un cœur. Cela veut dire que la vie de Dieu consiste, à sa mesure, en un acte éperdu d'amour, où rien n'est gardé, mais où tout est livré.

Comme cette mère et ce fils, le Christ est perpétuellement en état de Passage, de Pâque. Bien sûr ses souffrances ont cessé; mais il est éternellement en train de vivre, en cet instant même, le moment où il s'effondre dans la mort, et le moment où son Père le ressuscite. Il est suspendu dans cet état de passage de la mort à la vie. «Le Christ en croix serait la représentation du désespoir s'il n'était le passage à une espérance à renverser toutes les murailles».

UN KILO DE CHARBON QUI NE S'ÉPUISE PAS: AUTANT QU'IL FALLAIT POUR SE CHAUFFER

Anne de Tourville, romancière française qui a obtenu une certaine année le Prix Fémina, temoigne de ceci. Pendant la dernière guerre, elle vivait seule avec sa bonne vieille mère en Bretagne, dépourvue de tout moyen de se chauffer pendant un hiver particulièrement rigoureux.

Dans la cave de leur maison, il y avait un résidu de charbon: juste de quoi faire une flambée et se réchauffer pour une journée à peine. Elles réservaient toujours ce résidu de charbon pour le jour le plus froid de l'hiver, en disant: «Tenons le coup aussi longtemps que nous pouvons et, quand nous ne pourrons plus tenir, nous épuiserons cette dernière ressource».

Un jour vint où le froid était si intolérable qu'elles décidèrent de risquer le tout pour le tout et de faire flamber cette dernière réserve de charbon. Le lendemain, elles se dirent: «Allons voir, peut-être y a-t-il encore un résidu. Qui sait?» Elles trouvèrent le lendemain autant qu'il fallait pour chauffer. Et le surlendemain encore..., et ainsi tout l'hiver! Chaque jour, il y avait juste une petite quantité, imprévisible, juste ce qu'il fallait pour donner à la maison une bonne chaleur. Tout cela, très discrètement, sans qu'on n'ait jamais rien vu de particulier.

Qu'il est éclairant ce charbon qui ne s'épuise pas, qui est en toute petite quantité, mais il y en a toujours juste assez. Se peut-il que la foi d'une Anne Tourville soit allée chercher dans un petit morceau de charbon toute l'énergie pour réchauffer une maison tout au long hiver? Et si c'était cela la foi qui fait des miracles.

La science ne nous assure-t-elle pas qu'un kilo de charbon, s'il était converti entièrement en énergie, c'est-à-dire si on en tirait tout le rayonnement qu'on peut obtenir en désintégrant les atomes, fournirait 25 trillions de kWh d'électricité. Ce kilo de charbon, à lui seul, aurait donc autant de pouvoir que toutes les centrales électriques des États-Unis et pourrait donc alimenter ce pays en électricité pendant deux mois.

Je pense à cette jarre de farine et cette cruche d'huile qui, par la présence du prophète Élie qu'hébergeait une pauvre veuve à Serepta, ne se vidèrent pas tant que sévirent dans le pays sécheresse et famine. À une seule condition: de donner son pain au prophète et de tout attendre en retour de Dieu.

«Farine dans ta jarre jamais ne s'épuisera, huile dans ta lampe jamais ne fera défaut» (1R18), nous assure la Parole de Dieu.

Sainte Claire d'Assise en fit un jour l'expérience, où avec une unique miche de pain il lui fallait un jour nourrir les cinquante sœurs de sa communauté. Claire ordonna de couper des portions de la taille habituelle, et — prodige! — le pain se reformait à mesure qu'on en distribuait les morceaux! Comment ne pas penser au miracle de la multiplication des pains dans l'Évangile?

Pensons à Don Bosco, cet apôtre infatiguable des jeunes. Un jour il conduit une bande d'adolescents tumultueux à une visite d'un cimetière pour prier pour les morts. Pour les convaincre, il leur promet à leur retour des châtaignes cuites à volonté pour tout le monde. Hélas mama Marguerita n'avait pas compris qu'il fallait faire cuire des châtaignes pour une telle foule affamée, et la fête risque de tourner au vinaigre.

Sans s'inquiéter le saint prend le petit panier et commence à distribuer des châtaignes. On l'averti qu'il n'y en aura pas pour tout le monde. «Mais j'en ai promis à tout le monde. Continuons tant qu'il en restera». Il continue à distribuer une louche à chacun mais les organisateurs de la fête regardent nerveusement les quelques poignées restées au fond du panier et la file d'attente de plus en plus longue.

Et tout d'un coup, il se fait comme un silence. Les centaines d'yeux écarquillés ne perdent plus de vue ce panier qui ne se vide plus... Il y en eut pour tout le monde. Et ce dimanche-là, non seulement chaque convive fut rassasié, mais à la fin il restait encore des châtaignes.

100

Beaucoup de châtaignes. Plus qu'il n'y en avait eu au départ.

Les gamins étaient éberlués. «Un miracle, murmuraient-ils, c'est forcément un miracle!» Et aller clamer, par toutes les rues, que Don Bosco venait d'accomplir un miracle.

Mais ce qui est vrai d'Anne de Tourville, de sainte Claire d'Assise, de Don Bosco, il faut le dire de tous les miracles: ce qui est miraculeux, l'élément miraculeux, c'est ce passage de Dieu. Je crois qu'on peut lire les miracles qui surgissent, aujourd'hui comme autrefois, à la prière des saints et des prophètes, comme des fenêtres sur l'inconcevable mystère du Père, à l'opposé absolu des façons de faire de ce monde. Si j'ai parlé de ces multiplications des pains, et de l'huile, et des châtaignes, et de toutes sortes de nourritures, c'est parce que ce sont autant de trouées de lumière sur le Royaume.

Quand Dieu donne, il donne toujours trop. Regardez le charbon, le pain, les châtaignes, l'eau, le vin, les poissons... Dieu ne connaît pas les mesures; son amour est toujours demesuré.

QUAND LE MIRACLE ARRIVE-T-IL?
QUAND ON A TOUCHÉ LE FOND

Une femme était allée à Lourdes, elle était dans un état extrêmement grave: elle revient non guérie et elle dit: «J'ai obtenu une si grande grâce! — Laquelle? — Mais la guérison de ma voisine! La guérison de ma voisine!» Quand elle avait été là, elle n'avait pas demandé sa guérison, elle avait demandé la guérison de sa voisine. Quand on entend un mot comme celui-là: comment le miracle n'arriverait pas?

Je suis convaincu que, s'il n'y avait pas à Lourdes tout ce mouvement de charité, toutes ces ondes d'amour qui circulent, qui dynamisent tous les rythmes humains, il ne se passerait rien! Le plus grand miracle, c'est ce rassemblement de masses innombrables venues de tous les points de la terre et qui mettent en commun leur amour.

C'est donc cette circulation de l'amour qui met en mouvement toutes ces énergies et il n'y a aucune raison d'imaginer une espèce d'intervention mécanique de Dieu. Elle serait impossible, encore une fois, parce que toute la recréation et la guérison c'est le rayonnement d'un amour qui suscite l'être et la vie par le don de soi. Et c'est là, que Dieu en jetant le feu de son Amour sur ses cœurs ouverts opère des merveilles.

Lorsqu'en effet le miracle répond à la prière d'un saint, ce n'est pas que celui-ci ait mérité cela comme une récompense. Ce n'est pas qu'il soit, après des années d'efforts, devenu assez parfait pour qu'un miracle lui soit dû. Ce n'est pas qu'il ait gagné par ses vertus je ne sais quels sommets du haut desquels on devient thaumaturge patenté. Non! C'est le contraire. C'est qu'il a touché le fond. Il a pris conscience de son néant, à partir de laquelle seulement on ose mendier, supplier, implorer. C'est qu'il a osé implorer en croyant qu'il lui serait répondu. Alors, toutes les vannes se sont ouvertes.

«Ubi caritas et amor», chantait-on en latin dans mon enfance, ce qui signifie: partout où il y a de l'amour, il y a Dieu. Partout où quelque chose, de près ou de très loin, est de l'ordre de l'amour, Dieu est là. Même si ce n'est, en fait d'amour, qu'une étincelle à son image et à sa ressemblance, une étincelle qui agonise sous quarante mille tonnes de pourriture. Car lui ne voit pas les quarante mille tonnes. Lui voit l'image écrasée. Son image encore nulle part jamais surgie. Comme une facette de lui qui n'aurait encore jamais brillé dans ce monde. Lui la voit l'image, alors il accourt pour la délivrer; il voit l'étincelle et il se précipite pour qu'elle ne s'éteigne plus jamais.

Que de fois n'a-t-on pas vu des parents revenir d'un pélerinage à Lourdes, ou Medgugorje, d'une retraite ou d'un rassemblement de prière où ils s'étaient rendus pour demander la guérison d'un enfant handicapé ou drogué, et revenir sans changement apparent. Mais un miracle s'est quand même opéré: au retour, ils ne regardaient plus leur enfant avec les mêmes yeux. Au lieu de le voir comme un problème lourd à porter, ils se sont mis à le découvrir comme un trésor chargé de merveilles cachées. Au lieu de le voir comme un problème, ils se sont tenus devant lui comme devant un mystère insondable. Sous un jour nouveau, rien ne fut pareil. Désormais leur enfant malade, handicapé est vu comme un cadeau mal emballé.

Le seul miracle qui compte, finalement, c'est ce miracle qui nous transforme nous-mêmes, qui surmonte en nous les ténèbres et l'égoïsme. Le grand miracle de l'évangile, c'est que notre Seigneur a tamisé l'éclat du merveilleux. L'essentiel, c'est la nouvelle naissance où l'on change de cœur, où l'on change d'âme, et où l'on s'identifie avec l'éternel Amour.

Le miracle arrive quand Jésus nous prend dans ses mains, nous bénit et nous rompt. Ainsi, plus nous aurons été rompus, plus nous pourrons être partagés plus nous pourrons atteindre de personnes. Un pain entier peut être consommé par une seule personne, mais autant on le rompt, autant pourront en profiter. C'est la fin de la purification: la multiplication.

Le Seigneur veut nous multiplier, c'est pour cela qu'il nous donne: il veut que nous en atteignions beaucoup. Nous apportons les cinq pains et les deux poissons que nous avons et le Seigneur les multiplie. Comme l'écrivait admirablement Emmanuel Mounier: «Dieu nous invente chaque jour avec nous-même!» L'amour de Dieu est une énergie, une puissance créatrice qui nous transforme peu à peu dans le respect de notre fragile liberté.

Il nous est demandé de remplir nos jarres avec l'eau que nous avons. C'est lui qui fera le miracle de la transformation, mais partant de ce que nous aurons présenté. Nous allons être un pain multiplié qui nourrira et un vin nouveau qui réjouira le cœur, parce que le Seigneur a fait un mirale en et avec nous.

Pourquoi notre Dieu qui a déjà «transformé des pierres en enfants d'Abraham» serait-il absent au rendez-vous? Pourquoi le Seigneur qui a déjà changé «des pierres en sources» pour abreuver son peuple dans le temps de Moïse, ne serait pas aussi prodigue aujourd'hui pour désaltérer les assoiffés de notre monde? Pourquoi le Seigneur des audaces les plus folles, celui qui a changé des timidités en audace, des fragilités en héroïsme, n'opèrerait-il pas des prodiges aussi fantastiques aujourd'hui?

PASSER DU COMBAT AU PARDON: LA FLEUR QUI ÉCLOT SUR UN TRAVAIL TRÈS LONG

Une épouse brisée par la violence d'un mari malheureux, comment peut-elle, un jour, faire la trêve avec lui? Une victime d'agression sexuelle, comment peut-elle, un jour, pardonner à son agresseur? Une personne handicapée suite à un malencontreux accident de la route, comment peut-elle, un jour, tendre la main au téméraire conducteur? Un homme trompé par son meilleur ami qui lui a pris son épouse, comment peut-il, un jour, lui redonner son amitié? Une personne victime de vol, comment peut-elle un jour redonner sa confiance au voleur?

Allons même plus loin et portons l'interrogation à l'extrême de l'insupportable. Un peuple martyr comme celui de la Roumanie, pourra-t-il, un jour, dire au président qui l'a oppressé: «Ceausescu, mon frère, Ceausescu, fils du Père et frère de Jésus»? Pourra-t-il même envisager de partager la gloire éternelle avec son oppresseur? Et plus près de nous, les familles des jeunes femmes mortes lors de la tuerie à la Polytechnique ainsi que les autres jeunes qui la fréquentent, comment pourraient-ils, un jour, arriver à pardonner à Marc Lépine?

«Pardonnez à vos ennemis... Faites du bien à ceux qui vous persécutent. Si quelqu'un vous frappe, tendez l'autre joue. Priez pour ceux qui vous ont fait du mal»: voilà ce que propose l'Évangile. «Le martyr n'accuse pas le bourreau, il essaie de comprendre, de pardonner» suggère le saint. La formule semble facile de loin, mais en réalité, est-elle soutenable en pareilles conditions? Pardonner c'est bien beau, mais il y a une limite à tout.

Prenons l'exemple d'une mère qui avait quatre enfants. Trois sont disparus à l'aube de la vingtaine, emportés dans des conditions tragiques. Elle n'est pas encore arrivée au point de donner le pardon, ni à leur père qui les a quitté trop tôt, ni aux imprudences de ses jeunes, ni aux trafiquants de drogue, ni à la vie qui est ainsi... Peut-on lui en demander davantage?

Mais depuis qu'elle a perdu ses fils, cette femme a trouvé un courage indomptable, un sens aigu de la justice, une fidélité à certaines valeurs. Elle se bat, comme une lionne, contre tout ce qui détruit la famille, mine la société, sape la jeunesse. Fièrement, elle mène le combat qu'aurait pu mener ses fils, peut-être même mieux qu'ils ne l'auraient fait eux-mêmes. Elle est les mains, les yeux, la voix, le prolongement de ses fils. Sa vengeance est là; son pardon est là. Que voulez-vous lui demander de plus?

Mais comment passer du combat au pardon? Du combat au pardon, il y a un long itinéraire à suivre. Il faut d'abord mettre tout le paquet de lutte énergique — je ne dis pas haine — contre des situations écrasantes, oppressives. Il faut mener une protestation active contre ce qui est destruction, mort, violence, oppression. Ce n'est pas là un refus du pardon. Car le pardon est «la fleur qui éclôt sur un travail très long» selon l'expression de Jacques Sommet qui a connu les camps de concentration.

La première réaction contre des situations intolérables, n'est-ce pas une réaction d'agressivité énergique? Dans certaines circonstances pardonner et ne rien faire d'autre peut être criminel. Prier et attendre que les choses se règlent est loin d'être toujours à conseiller. Certaines situations ne s'améliorent pas avec le temps, au contraire, elle s'enveniment. Et souvent s'impose une action décisive qui change des situations, renverse le cours des choses, provoque un réveil.

Prenons l'exemple de Martin Luther King. Voilà un homme qui prêche, à la suite du Christ, de Gandhi, la non-violence. En ce qui concerne le peuple noir des États-Unis, son premier travail et son plus grand défi a été d'abord de réveiller l'agressivité de ce peuple qui s'était résigné à son sort d'esclave. Il fallait d'abord faire retrouver la fierté de ce peuple pour qu'il redresse la tête et retrouve cœur au ventre pour se battre pour une cause qui en valait la peine. C'était le premier pas pour que ce peuple puisse s'opposer à une situation d'écrasement qu'il en était venu à tolérer. Pour canaliser leurs forces vives dans le combat non-violent, pour renverser des situations où ils retrouveraient leur dignité, il fallait d'abord se lever debout.

Se placer de travers sur le chemin de l'ennemi qui vient attaquer les nôtres s'impose parfois. Si une bête féroce veut attaquer les petits de la lionne, elle devra d'abord faire face à la mère lionne. Ne dit-on pas couramment que pour toucher à un enfant et lui faire mal, il faudra d'abord passer sur le corps de sa mère? Ainsi en est-il d'ailleurs du berger. En Palestine, les bergers se couchent en travers de l'étroite porte du bercail pour garder leur bergerie. Pour entrer par la porte, les brebis enjambent familièrement le berger. Gare aux loups qui voudraient se mêler aux agneaux: il devra d'abord passer sur le corps du berger.

Et quand les bergers forment communauté pour se battre ensemble contre les loups qui veulent dévorer les agneaux, alors tous les espoirs sont permis. Dans ce combat à mener ce n'est pas d'avancer dans n'importe quelle direction, mais de marcher ensemble, sinon on court le risque de se fatiguer sans arriver à avancer. Le disciple se forge uniquement au contact des autres qui partagent la même route et le même combat. Par conséquent, il n'existe réellement de disciple qu'en communauté: ce sont des plantes qui ne fleurissent que si elles sont à côté d'autres plantes.

LA BELLE ET LA BÊTE:
L'AGRESSEUR CHANGÉ EN AGNEAU

Vous avez peut-être vu le film *La belle et la bête*. Peut-on imaginer homme plus monstrueux? Quelle brute, du moins en apparence! C'est à vous faire dresser les cheveux sur la tête. Pourtant la Belle va au-delà des apparences et est touchée au cœur par la tendresse enfouie derrière le masque de la Bête. Et voilà la Belle en amour avec la Bête! Quelle aventure touchante d'apprivoisement, de mutation et de transfiguration!

107

Le combat entre la belle et la bête, n'est-ce pas notre destin à chacun? Notre vie nous apparaît comme un effroyable champ de bataille où se livre une lutte spirituelle inimaginable. Un combat à mort entre l'amour et la haine, la confiance et la peur, la foi et le désespoir, Dieu et le démon...

Avez-vous idée comment on se sent dans un tel état? Nous sommes tiraillés entre le Royaume des cieux et le royaume de l'enfer. Pour nous protéger dans ce combat, nous portons tous des boucliers, des vestes anti-balles, des masques pour être à la hauteur. La dépression, la maladie mentale, la consommation, la violence... tout cela masque autre chose. Mais qu'y a-t-il au juste derrière ces masques?

Prenons l'exemple de la Bête. Que cachait-elle derrière ce masque? La Bête — et cela est vrai de toute personne «bête» — c'est quelqu'un qui, à quelque part, a choisi de faire peur aux autres. À force d'avoir peur de soi-même, on en vient à faire peur aux autres. Et pourquoi? Pour se protéger contre l'amour, l'intimité, l'engagement. Pour se décharger du fardeau de l'existence et se laver les mains.

Qu'est-ce qui a fait changer la bête? Une longue patience de la belle, un amour inconditionnel et un pardon réparateur. Alors la bête pourra se changer en belle, le loup en doux agneau. Une métamorphose indescriptible pourra ainsi s'opérer. Un changement de peau, une mutation inimaginable peuvent être espérés. Le loup aimé découvre enfin qu'il n'était qu'une brebis perdue, un agneau enragé qui avait revêtu une autre peau, celle du loup. N'y a-t-il pas en chacun de nous, pour notre vocation divine, une invitation à danser avec les loups?

Il lui faudra alors s'arracher lui-même et violemment cette peau qui collait à son être. Cela lui fera mal, très mal, comme si on écorchait quelqu'un à vif. Mais quel soulagement, lorsque l'agneau exorcisé aura retrouvé son calme, sa paix, sa douceur, grâce à la miséricorde totale. Il pourra alors rejoindre en bondissant de joie et par la porte ouverte dans le cœur de la victime, le troupeau un moment dispersé et maintenant rassuré. Et il n'y aura plus qu'un seul troupeau et qu'un seul Pasteur.

Vous savez comment se venge une fleur qu'on écrase du pied en passant dessus? En vous envoyant tout son parfum. Comment Dieu se venge-t-il?

Dieu se fait justice en faisant miséricorde! Voilà la grande révélation, voilà la «vengeance» de Dieu sur les hommes qui ont péché. L'Apôtre dit que Dieu est «juste et justifiant», c'est-à-dire qu'il est juste avec lui-même, quand il justifie l'homme; il est en effet amour et miséricorde; c'est pourquoi il se rend justice à lui-même — autrement dit, il se montre vraiment comme il est — quand il fait miséricorde.

Croire au pardon c'est croire que derrière la face ténébreuse de l'assassin, subsiste encore une autre face lumineuse, un «reflet» de Dieu, son Créateur. Croire au pardon, c'est encore espéré que l'offenseur reconnaîtra lui aussi, un jour, cette «image de Dieu» que rien ne peut totalement éliminer, qu'il la respectera en lui et dans les autres. Croire au pardon, c'est accueillir cette irruption imprévisible de Dieu au cœur de notre monde blessé et souvent bloqué par le péché. Croire au pardon, c'est croire en la possibilité d'un monde nouveau inauguré en la personne même du Christ.

Croire au pardon, c'est l'accueil dans la foi d'une parole de vie qui nous purifie, nous pacifie: «Va, tes péchés sont remis! Va, ta foi t'a sauvée, t'a libérée. Va en Paix!...»

De tels gestes, ne sont pas à mesure humaine! «Pardonner» c'était vraiment *«avoir part-au-don»* de Dieu, participer à la gratuité de son amour infini. Notre logique humaine, celle de la spirale mortelle de la haine, de la vengeance qui engendre la vengeance, du mal qui engendre le mal est, par le «par-don», brutalement rompue.

Francine Cockenpot a été sauvagement attaquée, blessée, violée, par un homme considéré comme une brutte, un véritable barbare, qui s'en est rendu jusqu'à la laisser avec un oeil crevé. Par la suite elle s'est mise à écrire à son agresseur. Sous forme de lettres qu'elle lui adresse, elle cherche à réveiller l'agneau qui sommeille dans le coeur de chaque terroriste: tu n'es pas un loup, tu es un homme. Redeviens ce que tu es!

Qui ne reconnaîtra là le pardon offert par Maria Goretti à son amoureux qui l'attaque violemment. Et de tant d'autres dans l'histoire de l'Église. Bien sûr, Francine cette femme violée, a vécu un long combat intérieur avant de pouvoir enfin pardonner. C'est cet itinéraire qu'elle décrit dans un très beau livre *L'agresseur* et dont voici un extrait.

> *Ce que tu m'as fait,*
> *je peux difficilement te le pardonner...*
> *il n'est pas en mon pouvoir de te le pardonner.*
> *Adresse-toi à Lui qui fit les loups*
> *en même temps que les hommes.*
> *Adresse-toi à Lui qui sait que tu n'es pas un loup,*
> *mais un homme...*
>
> *Moi, je n'ai plus le courage de l'envisager,*
> *car ce que tu as blessé en moi,*
> *c'est l'image de l'homme.*
> *Adresse-toi à Lui et oublie-moi,*
> *je suis un obstacle entre lui et toi...*

J'attends de Toi l'expérience du pardon.
Non pas celui qui se détourne,
non pas celui qui oublie,
mais celui qui se souvient pour aimer davantage,
pour redonner la vie à ce qui était mort
ou non-vie.
J'attend de Toi que mon agresseur vive en moi
comme un frère
que je n'aurais pas connu assez tôt pour l'aimer
et l'empêcher de devenir un meurtrier...

Quand je me présenterai devant Toi,
c'est de lui d'abord que je Te parlerai.
Peut-être que personne d'autre, jamais,
ne T'aura parlé de lui.
Peut-être que personne d'autre, jamais
ne T'aura demandé
avec autant de force

qu'il soit Ton fils prodigue...

Peux-Tu me pardonner de Te dire:
«Ne me sauve pas sans le sauver».
Père, je remets son âme entre Tes mains.
Prends-la sanglante et torturée,
et rends-la lui pacifiée.
La justice des hommes ne donne pas la paix,
mais condamne au remords

ou incite à la revanche...

Toi seul le remets debout.
Toi seul, d'un regard d'amour,
transformes en homme
celui qui vivait avec les loups.
Et moi je ne savais pas que Tu allais permettre
que son salut soit lié au mien par le crime de sang.
Père, je remets nos âmes entre Tes mains.

LE TÉMOIGNAGE CONVAINCANT DES SAINTS ET SAINTES: UNE PREUVE VIVANTE DE LA VÉRITÉ DE LA FOI!

Vous avez déjà eu le bonheur de rencontrer de ces témoins du pardon, de ces êtres qui vont jusqu'au bout de l'amour, des saints et des saintes en chair et en os? Vous avez déjà fait connaissance de ces fous de Dieu, à travers de bonnes biographies de quelques saints de l'Église catholique? Les saints et les saintes, voilà une vérité qui ne trompe pas. Par leur intermédiaire, on peut faire une expérience plénière de la vérité de la foi.

À leur témoignage convaincant, au spectacle éblouissant de leur don sans limite, qui ne confesserait pas: «*Ceci est la vérité!*» Voilà une vérité qui ne trompe pas.

Ils sont allés jusqu'au bout de l'amour poussé à l'extrême limite, jusqu'au bout des énergies divines de l'Amour déposées en eux par l'Esprit-Saint à leur baptême, dépassant leurs possibilités jusqu'à l'héroïcité des vertus. Mais n'allez pas croire qu'il s'agit de performances mystiques ou morales. Loin de là! Il s'agit plutôt de l'action divine de la grâce de Dieu inouïe, intervenant dans l'histoire d'une vie bien concrète. Ce sont les énergies de Mort et de Résurrection du Christ à l'œuvre, agissant en puissance, à haute tension.

Perles absolument uniques et tellement rares, dans l'histoire de l'humanité, comment ne pas en être éblouis? Êtres splendides, gracieux, émergeants de la masse, sortis de la moyenne, défonçant les cimes, plongeant dans les profondeurs, comment ces êtres d'exception n'exerceraient-ils pas sur nous une force d'attraction, un enivrement? Au sens le plus vrai, ne sont-ils pas les seuls grands de l'histoire? Ne sont-ils pas, entre tous, les plus humains de tous? Ne sont-ils pas les plus captivants, fascinants, attirants?

Quelle prodigieuse variété dans le monde des saints! Rien au monde de plus différent que deux saints! Leur humanité à chacun a été émondée, purifiée, transfigurée, souvent douloureusement, par le cœur du Christ. Et pourtant, comme ils sont demeurés eux-mêmes! Brillant chacun d'un éclat irremplaçable, unique comme est unique tout ce qui existe en vérité!

Quelle différence entre eux! On n'en finirait pas! Cherchez et vous en trouverez de toutes les sortes. Vous en avez de tous les genres, pour tous les goûts, pour toutes les circonstances. Des vierges, des prostituées. Des docteurs, des illettrés. Des grands, des petits. Des forts, des faibles. Des fiers, des timides. Des stables, des itinérants. Des géants, des nains. Des grands génies aux petits génies. Des exemples d'équilibre, d'autres en déséquilibre.

Quelle différence entre Thomas d'Aquin, à l'intelligence royale et somptueusement sainte, et François d'Assise, méfiant à l'égard du savoir et amoureux de la pauvreté. Et saint Louis, roi de France, et Martin de Porrès, un mulâtre ami des animaux. Et Jean-Marie Vianney, curé d'un trou perdu, et François de Sales, prince-évêque de Genève. Et Thomas More à la cour royale, et Benoît Labre, un pouilleux, pèlerin des sanctuaires d'Europe, couchant sous les galeries? Et Jean Bosco, apôtre des petits apprentis de Turin, génial organisateur et constructeur, et Thérèse de l'Enfant-Jésus morte au Carmel de Lisieux, à 24 ans, sans avoir rien fait... On n'en finirait pas!

Au départ et même parfois au terme, ils n'avaient pas toujours une nature spécialement harmonieuse, ni un tempérament particulièrement heureux. Mais ils se sont équilibrés par en haut, ou plutôt la sainteté de Dieu et l'innocence du Christ ont transformé leur naturel parfois déficient, et leur ont conféré une grâce que seule la gloire divine peut imprimer dans cette existence terrestre.

En découvrant ce que la toute puissance de la grâce a opéré en eux, avec le temps, qui n'y découvrirait pas là une pièce à conviction des merveilles de l'Esprit dans l'histoire de notre humanité et de notre Église? En touchant dans ces êtres ex-centriques l'extraordinaire dynamisme de transformation opéré par le passage de Jésus-Christ mort et ressuscité dans leur vie, comment ne pas être gagnés?

Sur leur passage, les miracles ont souvent fleuris et leur simple présence suffisait à élever ceux qui les fréquentaient. En même temps qu'ils rendent gloire à Dieu, ils contribuent tous, d'une manière ou d'une autre, à sauver le monde, depuis les purs contemplatifs, telles Elizabeth de la Trinité, Thérèse de l'Enfant Jésus, jusqu'aux hommes et aux femmes d'action tels Angèle de Merici, Jeanne d'Arc, Vincent de Paul, Dom Bosco.

Dans les moments de doute où le païen ou l'athée se réveille en moi, leur témoignage vient couronner l'édifice des raisons de croire et entraîne mon entière conviction: les saints ne peuvent avoir tort, ils sont la preuve vivante de la vérité de la foi.

Grâce à eux, le rayonnement de la figure du Christ se fait lumière toute proche, là, sous mes yeux. Alors, les doutes fondent comme neige au soleil, les raisonnements, tout en demeurant nécessaires, s'effacent devant leur témoignage limpide. Comme Thomas l'incrédule, qui a longtemps hésité et exigé des vérifications, je tombe à genoux devant Jésus et je confesse avec tous mes frères et sœurs dans la foi: «Mon Seigneur et mon Dieu» (Jn 20, 28).

COMMENT PROUVER À QUELQU'UN SON AMOUR?
EN LUI FAISANT CONFIANCE

Comme j'aime contempler des jeunes amoureux et les voir aller main dans la main. Quelle complicité! Et pourquoi se tenir ainsi comme d'instinct par la main? Non pas pour contrôler l'autre bien sûr, ni pour le retenir, du moins je l'espère. Mais bien pour se laisser emporter par l'autre, là où seul nous n'arriverions pas à nous rendre: au bout de l'amour.

Mais donne-moi des preuves de ton amour. «Prouve-moi que cela est pour toujours» voudraient se demander l'un à l'autre les amoureux. Comment «prouver» à quelqu'un que j'accueille son amour et que je l'aime en retour? À coup d'assertions irréfutables? Ou bien en me laissant conduire, d'une façon ou d'une autre, au geste muet, mais plus éloquent que toute parole, par lequel je me risque à «donner» ma vie pour lui?

Les jeunes surtout veulent des preuves, voir, entendre, palper, sentir, goûter, éprouver, contrôler. Que voulez-vous, nous sommes une génération de laboratoire, d'expertise, de vérification, d'expérience: une génération à l'essai. Ils cherchent la vérification par l'expérience. Pourquoi alors s'étonner qu'il en soit ainsi dans leur foi? Comme Thomas, ils veulent toucher pour croire. Qui le leur reprochera? Si vous prenez le temps de les écouter, leurs questions monteront assez vite. Le petit journaliste qui sommeille en chacun d'eux s'éveillera avec son enquête et son sondage. «Pourquoi êtes-vous devenus croyants? Pourquoi restez-vous chrétiens? Quelles sont vos garanties? Quelles bonnes raisons avez-vous de croire en Dieu, en Jésus-Christ?»

«Moi je ne comprends pas les raisons, les preuves, les vérifications de votre foi», voudraient nous faire part certains. Justement, dès que tu penses «comprendre» quelque chose, dès que tu crois cerner et mesurer une réalité, alors, à coup sûr, cette réalité n'est pas Dieu, ni l'Amour. Peut-être est-ce une idée, une image, un mirage, une idole fabriquée par les mains des hommes, mais pas Dieu.

«Mais je n'ai pas de preuves de ce que vous avancez là dans votre foi» argumenteront d'autres. Justement ce ne sont pas tant les «preuves» que nous avons besoin dans la foi et en amour, que «l'épreuve» qui est à faire. Alors seulement tu pourras «éprouver» la vérité du Christ, au sens de «contrôler» personnellement et de «goûter» intimement. Tu pourras alors en «juger», mais non la prouver. En effet, qui veut trop prouver en amour et en religion, se pervertit, profane toujours l'aimé; à vouloir tout prouver, il peut même bloquer sa démarche et même violer l'autre!

«Cela me dépasse complètement» feront mention certains. Justement, une vérité qui te dépasse est la seule capable de te combler parfaitement parce qu'elle te dépasse infiniment. Du fait que cette vérité ne soit pas à ta portée, te fait pressentir qu'elle est la seule digne du cœur humain. On ne s'en convaincra jamais assez: seul ce qui n'est pas à la mesure de l'être humain, la démesure, peut combler et rassasier son vide infini.

«Mais toutes ces histoires-là, c'est trop beau pour être vrai!» feront noter nos esprits scientifiques. Et moi j'aurais le goût de répondre: «Justement, c'est parce qu'elles sont tellement vraies qu'elles sont réellement si belles». Alors comment ne pas les faire connaître! N'est-ce pas la beauté qui sauvera le monde?

«Mais toutes ces réalités si sublimes, c'est incroyable» objecteront les sceptiques. «Incroyables mais vraies», vous ferais-je remarquer. D'autant plus croyables qu'elles sont admirables. «Je crois parce que c'est admirable» avait déjà confessé le bon vieux Tertulien.

116

Cette intuition fantastique a été admirablement retrouvé par un jeune chrétien français pris un jour à parti, lors d'un cours de religion sur la maternité virginale de Marie, sous la forme suivante: «Eh! Marceau, tu y crois, toi, à la passe de la jeune fille et son gosse sans le gars dans le coup?». «Parfaitement, répond en un éclair l'interrogé, ça au moins c'est digne de Dieu!» Pas faciles à croire toutes ces vérités de la foi!

«Mais cela ne me convainc pas totalement» argumenteront souvent les plus réservés. Mais il y aura toujours dans la foi, comme dans tout amour, du clair-obscur. L'amour est ainsi fait de certitude et de confiance, de lumière fabuleuse et d'ombre épaisse. «Imagine-t-on un amant véritable imposer d'emblée, à la personne aimée, la nudité sans voile de son âme, de son cœur, de son corps», se demande André Léonard.

Dans tout amour humain, il doit y avoir du clair-obscur, un jeu d'ombre et de lumière. Pas d'amour clair comme l'eau de roche! Pas d'amour sans voile, sans une certaine forme de pudeur, de retenue. Tout amour humain doit être convaincant mais non contraignant! Il en est ainsi d'ailleurs en Dieu.

Père je te rends grâce d'être:
Un Dieu qui se propose mais ne s'impose pas;
un Dieu qui nous prie mais ne nous force pas;
un Dieu qui nous attire
mais n'a pas de prise sur nous;
un Dieu qui nous suggère
mais ne nous subjugue pas;
un Dieu qui nous supplie mais ne nous plie pas;
un Dieu qui convainc mais ne nous contraint pas.

POUR QUI TE PRENDS-TU!

As-tu fini
        de douter de mon amour?
        de douter de mes capacités?
        de douter de mon efficacité?

C'est moi qui suis Dieu.
Pourquoi cherches-tu
        à me remplacer?
        À faire le travail à ma place?
Pour qui te prends-tu?

Tu me demandes
de m'occuper de ton enfant?
        de ton conjoint?
        de ton ami malade?...
Puis tu agis,
comme si tu ne m'avais rien demandé.
Tu essaies de régler les problèmes de tout le monde,
comme si je n'existais pas...

Sois logique:
        quand tu me demandes quelque chose,
        laisse-moi faire avec mes méthodes à moi.

N'interviens pas dans mon travail:
  tu n'as qu'à me faire confiance, à patienter
  et à me remercier d'avance de m'occuper de tous
  tes problèmes.

Moi, Dieu, je n'oublie jamais
ce que tu me demandes.
  Mais quand tu sembles vouloir agir à ma place,
  je te laisse faire
  jusqu'au moment
  où je serai assuré
  que tu me feras confiance pleinement.

N'oublie jamais:
  Dieu, c'est moi...
  Le sauveur, c'est moi...
Contente-toi d'être mon «instrument»,
  mais un instrument... docile!

CHAPITRE III

COMME LES EAUX
D'UNE RIVIÈRE EN CRUE
AU PRINTEMPS...

«L'ange me fit traverser l'eau: elle me venait aux reins.
Puis un peu plus tard c'était un torrent
que je ne pouvais traverser, car l'eau avait monté.
Il m'aurait fallu nager... C'était un torrent
infranchissable».

(Ez 47, 5)

Une spiritualité de libération:
Une Bonne Nouvelle pour la croissance de nos amours!

UNE SPIRITUALITÉ DE LIBÉRATION:
UNE BONNE NOUVELLE POUR LA CROISSANCE
DE NOS AMOURS!

Mais est-ce humain, naturel de demander une telle exigence à un amour humain? D'ailleurs est-ce naturel aujourd'hui de sa marier, de se promettre fidélité pour toute une vie, de jurer s'aimer pour le meilleur et pour le pire? Est-ce normal d'aimer un conjoint qui refuse de se laisser aimer, préférant trouver son bonheur à d'autres sources?

Non cet amour n'est pas naturel mais surnaturel; il n'est pas humain mais sur-humain. Il ne se vend pas au marché du coin, ne s'achète pas chez les dépanneurs d'occasions. Il se puise à la source; mais cette source est cachée. Non ce n'est pas humain, mais bien divin. Ce n'est pas naturel, mais c'est surnaturel. Seul le cœur de Dieu dans un cœur d'homme, de femme peut réaliser de telles merveilles. Ce sont des grâces à demander.

Quand deux jeunes qui se préparent au mariage viennent me consulter, mes questions les plus importantes ne sont pas tant: «Donnez-moi des preuves que vous vous aimez? Êtes-vous sûr de vous aimer? Avez-vous été fidèle? Montrez-moi votre curriculum vitae amoureux? Avez-vous une bonne expérience?». Non la question à leur poser est la suivante: «Aimez-vous Jésus? Aimez-vous votre ami(e) avec le cœur de Jésus? L'amour de Jésus bat-il dans votre cœur de chair pour l'autre? Êtes-vous disposés à aimer comme Jésus?»

Et lorsque leur cheminement de foi est plus solide, j'ose aller plus loin: «Êtes-vous désireux d'être un sacrement pour votre époux(se), c'est-à-dire un signe de l'amour de Jésus. Voulez-vous aimer comme Jésus? Êtes-vous prêts à mettre ce prix?»

Que de sens au mot «amour»! De l'amour de Dieu pour son peuple à l'amour qu'une prostituée a pour son amant d'un soir qui la paie. Est-ce bien de la même chose dont on parle ici? On parle d'aimer sa femme, un coucher de soleil, des raisins, des poireaux, du vin, du jus... Que de réalités diverses sous la même enveloppe, sous la même enseigne.

Car ce mot semble recouvrir des réalités inconciliables. Pourtant l'amour, aussi bas soit-il, est un: toujours le même. Il est toujours ce jaillissement issu du profond du cœur et qui le pousse en avant. S'il arrête en chemin sur le premier objet rencontré, il n'en porte pas moins l'aspiration à aller plus loin. Nous n'avons pas à changer d'amour, nous n'avons qu'à libérer celui que nous avons, il ira vers son terme unique. Comme le tournesol vers le soleil, comme la rivière vers le fleuve.

«C'est toi seul que je veux! Toi seul. Que mon cœur le répète sans cesse. Tous les désirs qui me distraient jour et nuit sont faux et vides jusqu'au cœur.

Comme la nuit garde cachée dans son ombre l'exigence de la lumière, ainsi dans le fond de mon inconscience retentit le cri: «C'est toi seul que je veux, Toi seul!»

Comme la tempête encore aspire à sa fin dans la paix, lorsqu'elle bondit contre la paix, de toute sa force, ainsi de même ma rébellion bondit contre son amour et s'écrie: «C'est toi que je veux, Toi seul!».

Quand nous entrons en amour, «le silence éternel de ces espaces infinis nous effraie» de dire Pascal. De grandes questions nous sont posées. Parmi celles-ci, voilà certaines questions que nous nous poserons au cours de ce chapitre.

Où en sommes-nous avec nos amours, nos familles? Que deviendront nos amours, dans les années à venir? Quelles sont nos chances d'avenir pour nos amours? La fidélité est-elle encore possible?

Pourquoi attendre l'aimé sans forcer sur le temps, est-il si important sur le chemin de nos amours? Qu'est-ce qui m'assure que celle que j'aime est celle qui m'est destinée? Une fois tombé en amour comment monter en amour? Pourquoi sommes-nous invités à revivre ces fiancaille en cours de route, même une fois mariés?

Pourquoi l'épreuve, le désert, l'arridité sur les chemins de nos amours? Pourquoi ces temps d'épreuves dans nos relations? Faut-il nécessairement connaître la mise en quarantaine de nos amours? Pourquoi ces moments de crise de nos relations amoureuses, et en engagements? Sont-elles inévitales?

Que faire quand tous nos échavaudages s'ébranlent comme des châteaux de cartes? Comment nous rendre au-delà des accidents de parcours? Que devenons-nous après ces purifications? Pourquoi après les dures traversées de nos déserts de nos amours, faut-il connaître parfois l'exil, l'exclusion, la mise-à-la-porte? Pourquoi les crises sont-elles inévitables?

Voilà autant de questions posées sur lesquelles nous jetterons des lumières pour nous guider.

Tout au long de ce chapitre des questions sont posées: celles que tant de marcheurs se posent sur la route de leurs amours. Des réponses sont proposées. Elles ne ferment pas le débat, elles l'ouvrent plutôt.

Elles suggèrent des pistes, remuent des couches de surface, secouent de fausses sécurités, ébranlent de faux échavaudages, creusent de nouvelles profondeurs, ouvrent de nouvelles perspectives. Puisse cette *Bonne Nouvelle faire croître nos amour en cours.*

QUAND L'AMOUR SE FAIT ATTENTE:
RIEN NE SERT DE PRÉCIPITER LE TEMPS

Supposons trois amis qui se donnent rendez-vous pour une rencontre importante à une heure précise. Un des trois manque au rendez-vous. Vous décidez de l'attendre des heures et des heures. Quelle preuve d'amour émouvante ne lui donnez-vous pas! Votre attente lui révèle toute l'importance qu'il a à vos yeux et que sa présence vous est indispensable.

Dans toute relation amoureuse, le temps d'attente est un des plus précieux, mais aussi des plus difficiles. La tentation de précipiter le temps, de brûler les étapes visite tout jeune amoureux. Tout couple, un jour ou l'autre, est appelé à revivre leur temps des fiançailles. À vouloir «tout et tout de suite», ils violent le temps. Toute relation où l'attente et le respect sont exclus est une relation vouée à la mort. Refaire le temps, remonter le cours du temps, recomposer la musique s'imposent souvent dans nos relations amoureuses.

Quand l'impatience de cueillir le fruit le plus tôt possible a fait oublier le temps des semences, de l'enfouissement et de la culture, alors on s'expose à des déceptions toujours possibles. Quand la moisson vient avant la semence, des surprises désagréables peuvent toujours êtres escomptées. À vouloir tirer de force sur le fruit pas encore mûri à point, on risque d'arracher en même temps le plant qui n'a pas eu le temps de se donner ses racines qui sont à fleur de terre.

Qui ne connaît pas dans ses amours la tentation de sauter les étapes, de brûler les feux rouges, d'aller au plus pressant? On veut tellement faire vite qu'on est pris de fringale. Brûlant de désir de faire advenir le plus vite possible le fruit à maturité, de conquérir le plus vite possible la terre promise, on risque parfois de casser la promesse.

À vouloir pénétrer trop tôt dans la terre de bonheur, on court parfois des chances de violer les territoires encore défendus et de saccager la terre vierge.

Ainsi dans un couple, l'un des partenaires peut-il avoir longtemps à attendre avant de pouvoir proposer le dialogue charnel à l'autre, pour qu'il soit vraiment lieu de liberté et d'épanouissement. Il n'y a point de relation véritable sans attente. «Tout arrive à point, à qui sait attendre» rappelle le dicton populaire. Ce qui se fait bien se fait lentement. L'amour est comme le vin: celui qu'on a su laisser vieillir longtemps a bien meilleur goût. L'autre, celui qui n'a pas fermenté et qu'on a laissé à découvert, tourne au vinaigre.

Mais cette attente, quand elle s'établit entre deux êtres jeunes, n'est pas toujours évidente. D'ailleurs l'est-elle davantage pour ceux qui ont déjà fait une partie du voyage? Ne sommes-nous pas d'éternels adolescents en cette matière?

Les parents doivent se mettre souvent à cette rude école de la longue patience. Que de fois sont-ils longuement brûlés au feu de la patience avant de voir leurs enfants accepter librement l'amour qu'ils leur ont offert avec tant et tant de générosité et désintéressement. Pourtant que de temps souvent il faut avant que les enfants témoignent en retour aux parents leur amour et leur reconnaissance, mais toujours à leur façon et à leur heure. Là aussi, qui ne sait pas attendre se prépare à d'amères déceptions.

Quel couple n'est pas invité en cours de route à reprendre après des années, ce temps si précieux et indispensable des fiançailles. Le prophète Osée l'apprit à ses dépends, lui à qui Dieu commanda de reprendre son épouse adultère. Découvrant qu'il avait peut-être brûlé les étapes, il reprend donc son épouse et lui propose de nouvelles fiançailles pour rebâtir une vraie relation, non plus sur les sables mouvants du désespoir, mais sur le roc solide de la confiance. Il précise: *«Je te fiancerai à moi pour toujours, je te fiancerai à moi par la justice et le droit, l'amour et la tendresse. Je te fiancerai à moi par la fidélité et tu connaîtras le SEIGNEUR»* (Os 2, 21-22).

Ce serait folie que de vouloir précipiter les retrouvailles. Elles ne se célébreront qu'après un moment d'attente, après un temps d'épreuve. C'est la durée nécessaire à chacun pour se retrouver. Que serait une rencontre où l'un des partenaires ne serait pas libre? Et pendant ce temps, le désir de chacun peut se creuser, et ainsi chacun peut renoncer à toute forme de pouvoir et à toute propriété. Quel plus beau souhait peut faire l'aimé à son aimée que de faire surgir sa liberté au cœur même de leur relation! Et parfois à quel prix? Au prix d'une longue attente, parfois au prix des larmes, expression de la dureté de la pierre en train d'éclater. Toujours au prix de la croix.

Attendre, c'est exprimer mon impuissance, mon insuffisance, et c'est une attitude tellement humble devant l'autre et devant Dieu. Je ne peux forcer l'autre, ni Dieu à venir. Il viendra quand il jugera le moment opportun. Tout ce que je peux faire c'est d'attendre et d'être présent. Il faut être capable d'être seul pour supporter l'attente. Attendre, c'est ma façon de dire à quelqu'un que je ne peux pas m'en passer.

L'amour, comme la prière, c'est l'attente. C'est cette attente qui marque, qui forme ma personnalité. Quand j'accepte d'attendre, je deviens différent. Cela veut dire que je lâche prise. L'attente rend attentif, contemplatif. Au lieu de se livrer à des manipulations l'amoureux véritable est réceptif dans ce monde. Il ne saisit pas, il caresse; il ne mord pas, il touche; il n'interroge pas, mais il admire et il adore.

TOMBER OU MONTER EN AMOUR?
L'ÉPREUVE DES SERPENTS BRÛLANTS

Après vingt-cinq ans d'engagement en amour, je suis tellement étonné de me voir si peu sûr d'aimer vraiment. Je suis boulversé de découvrir que, derrière les motivations les plus pures — en apparence — de mes actions et de mon dévouement, il y a de telles énormités de retour sur moi, une telle recherche effrénée de mon égo que j'en suis stupéfait. La grenouille veut encore se faire aussi grosse que le bœuf au fond de moi. Quelle dure réalité de me découvrir, avec le temps, un monstre d'égoisme, d'orgueil, d'impureté...

Quels barrages de béton ai-je donc dû édifier qui en sont venus à obstruer dangereusement la source cristaline de mon cœur? Plus je soulève ces pierres énormes pour dégager toutes ces croûtes opaques qui bloquent le libre échange entre moi et la Source de la vie, plus j'y découvre anguilles sous roches, serpents, scorpions... Ces sources polluées de mon être ont de quoi me faire frémir. Pourtant cela ne me désespère plus: car je me sais éperdument aimé, sans condition: alors je peux perforer ces parois si imperméables soient-elles.

Comment ne pas m'étonner alors que tant de jeunes se croient déjà rendus dès le départ au sommet de l'amour et qu'ils croient avoir déjà atteint le haut de la montagne? Au-delà de toutes les impressions que peuvent ressentir des cœurs jeunes où l'amour lève, une vérité demeure: il faut apprendre à aimer. Pourquoi ne pas accepter ce rude apprentissage? L'amour d'un être humain pour un autre, c'est peut-être l'épreuve la plus difficile pour chacun de nous, l'œuvre suprême dont toutes les autres ne sont que les préparations. C'est pour cela que les êtres jeunes, neufs en toute chose, ne savent pas encore aimer vraiment: ils doivent apprendre.

C'est l'erreur souvent chez les jeunes: ils pensent qu'ils s'aiment comme jamais on peut imaginer. Mais l'ont-ils appris? Sont-ils désireux de se mettre à cette rude école de la vie? Combien d'années faut-il pour avoir une maîtrise en science, en génie civil, en physique nucléaire? On y accède qu'après une longue préparation. Puisqu'ils doivent se donner une longue discipline, ils l'acceptent même si souvent c'est à contre-cœur. Mais c'est la force des choses. Et la maîtrise en amour et l'art d'aimer, combien s'imaginent l'avoir le premier soir? Quelle illusion! Même en Dieu il en est ainsi: il compte sur le temps avec nous et il s'arme de patience.

Il faut l'éclair d'un soir pour tomber en amour; mais quel long temps est requis pour monter en amour! Tomber en amour est une question souvent d'un matin ou d'un soir; c'est le temps parfois d'un éclair. Comme la rose qui éclot le matin et déjà se fane le soir, ainsi souvent en est-il de nos amours. Mais quel temps faut-il investir pour monter en amour! Que d'obstacles barrent la route à traverser, que de pierres bloquent la source à désobstruer, que de montagnes sur le chemin à déplacer, que de nuits, que de jours...

L'amour peut être comparé à un concours de tir à l'arc. Nombreux, chez les jeunes surtout, ceux qui veulent y participer. Chacun est volontaire pour fendre le bois, aiguiser sa flèche, affiler sa pointe, s'exercer de peine et misère, jour et nuit, pour viser et atteindre la cible. Mais là n'est pas l'amour.

L'Amour vient à la rencontre de l'archer en lui disant: «Donne moi ton arc et tes flèches que je les casse; donne-moi ton carquois pour ne rien garder en réverve et être libre de tout». Qu'est-ce qui compte le plus en amour: être le meilleur archer ou la meilleure cible? Ce qui compte ce n'est pas tant de viser soi-même, mais d'être la cible et d'être atteint en plein cœur. Apprend bien cette leçon: «tu n'es plus le meilleur archer; tu es dorénavant la meilleure cible». Hélas la plupart s'y refuse.

À vouloir à tout prix et tout de suite, on court le risque de se ramasser avec un amour dévalué et même dévalisé. À qui veut sauter au plus vite sur les bonheurs d'occasion à courts termes, l'occasion de bonheur à long terme risque de lui échapper. On peut faire œuvre de mort par l'impatience avec laquelle on cherche à faire œuvre de vie.

Apprendre à aimer, c'est saisir «l'occasion unique de mûrir, de devenir soi-même un monde pour l'amour de l'être aimé». Ce langage rebute, car l'amour semble une chose tellement évidente que l'on s'y précipite. Ainsi annule-t-on son propre mystère et celui de l'autre, et l'on se jette à corps et cœur perdus dans un enchevêtrement que l'on baptise bonheur. À saccager le printemps, est-il possible d'espérer un bel été?

Au désert du Sinaï, les fils d'Israël ont eu à subir l'épreuve des serpents brûlants. Ils étaient brûlés par la fièvre. Ils brûlaient du désir d'entrer le plus vite possible dans la terre promise. C'était un peuple encore tellement jeune, donc enflammé et pressé, regimbant aux lois du temps. Cette précipitation les amenait à se laisser conduire sur des chemins sinueux et serpenteux, où les serpents et leur venin les égaraient de leur véritable chemin et empoisonnaient leur existence. Ils n'ont été guéris du danger de mort dû à la précipitation qu'en regardant le serpent d'airain que Moïse, sur l'ordre de Dieu, avait élevé de terre, comme on élève un étendard (Nb 21, 4-9).

À tous ceux que la brûlure de cette impatience meurtrit, la guérison est offerte en Jésus-Christ. Qu'ils regardent le Fils de l'homme élevé de terre sur la croix. «Qui regarde vers lui resplendira, sans ombre ni trouble au visage».

UN ESPACE DE LIBERTÉ:
LES CHEMINS LES MOINS FRÉQUENTÉS

Je me souviens de ce baptême que je célébrais où des amis lisaient allégrement Khalil Gibran: «Vos enfants ne sont pas vos enfants. Ils viennent à travers vous, mais non de vous. Et bien qu'ils soient avec vous, ils ne vous appartiennent pas».

Dix sept ans plus tard, devant leur adolescent en pleine crise où ne suintait plus sur son front l'huile baptismale, mais où semblait plutôt bloquée la source d'eau limpide de son baptême sous d'épaisses couches de glaces, sous des amas de roches durcies, ces mêmes amis reprenaient leur méditation: «Vos enfants ne sont pas vos enfants..., ils sont enfants de Dieu d'abord; ils vous sont prêtés...» Et cette fois, leur assentiment n'allait pas sans larmes et sans choix difficiles.

«L'amour ne peut circuler qu'entre deux cœurs suffisamment éloignés», fait si bien remarquer Khalil Gibran. «Soyez heureux, chantez votre joie. Mais laissez entre vous un espace, où viendront danser les vents des cieux». Car à force de presser l'autre et de forcer les choses, on risque d'en extraire le mystère. S'il n'y a point de relation sans attente, il n'y en a pas non plus d'amour véritable sans distance, sans espace de liberté. «À trop embrasser, mal étreint»!

Combien d'amoureux empressés n'ont-ils pas étouffé l'amour à trop enserrer leur partenaire aux griffes de leur cœur! «Mais tu m'étouffes» de se plaindre certaines épouses à leur conjoint, certains jeunes à leur mère... «Mais je t'aime tellement, plus que tout au monde. Que serais-je sans toi ? Tu es mon monde, ma seule raison de vivre...».
— «Alors aime-moi un peu moins, mais de grâce laisse-moi vivre, permets-moi de respirer», voudraient répliquer ceux qui sont pris comme dans un étau, encerclés par un

amour aussi englobant. Combien de couples où l'un des conjoints est «aux prises d'un semblant amour», étouffant comme un nœud coulant, étreignant, où on se meurt à deux axphysiés.

Combien de parents ont précipité des crises en refusant que dans la demeure familiale n'existe un lieu — à eux interdit —, royaume de leurs enfants où ceux-ci auraient pu trouver la nécessaire distance. Ou bien encore quelles crises on a parfois provoqué en empêchant leurs aînés de prendre des vacances hors du cercle du foyer!

Trop de proximité sépare autant qu'une grande distance, et souvent encore plus: «L'espace et le temps ne défont que ce qui n'existait pas». Combien de jeunes ne se laissent aucun espace de liberté pour une vie personnelle, pour une saine solitude, pour la méditation personnelle, pour leurs aspirations les plus profondes. De grâce, dans vos agendas surchargés, prévoyez des temps avec vous-mêmes: une promenade dans un parc, la fraîcheur du matin, le silence du soir... Hélas ces chemins sont souvent parmi les chemins les moins fréquentés! En effet qui les emprunte découvre les aspérités de ses exigences, mais qui s'en soustrait se prive aussi par le fait même d'heureuses surprises.

La distance n'est pas un obstacle à la véritable relation comme le souligne si bien Jean Sulivan: «Vous serez d'une extrême prudence dans les manifestations de votre amour, afin de préserver la liberté. C'est votre amour de vous qui s'affaire. Ecart et dureté feront plus que mille soins. Devenez capable d'absence et d'indifférence, et toujours là pour relever sans juger. Ne craignez pas de renvoyer à eux-mêmes ceux que vous aimez».

Les parents savent qu'ils doivent être père et mère le plus intensément possible. Jean Sulivan ajoute: «Le moins longtemps possible». Conseil à méditer gravement: «N'ayez pas besoin de vos fils pour exister». Parents, habituez-vous à vous passer de vos enfants.

Une pensée l'exprime très bien: laissez partir la personne aimée... S'il n'y a pas d'amour, elle ne reviendra pas; si l'amour n'est pas assez fort, il s'étiendra de lui-même. Mais la distance aidant, s'il y a de l'amour, elle vous reviendra sûrement et autrement, malgré les détours de la vie.

Les responsables de l'Église doivent aussi vivre de cet esprit et accepter de ne pas retenir les leurs dans leurs filets:«Sainte mère Église, au lieu de tant t'acharner à ce que tout le monde s'assemble et se ressemble, au lieu de tant retenir, il te faut aussi laisser tes fils effectuer leur parcours. Ils élargissent ton aire».

«Tout mûrit à temps et devient fruit à son heure» affirme la sagesse hindoue. À vouloir trop tirer sur la fleur, on risque de l'étouffer, de l'effeuiller. Quand deux amoureux brûlent tellement du désir qu'ils s'en vont au lit avec le feu au corps, ne risquent-ils pas de s'éveiller le lendemain matin qu'avec les cendres de leur lit d'amour brûlé?

Laisse chaque jour te combler
Comme un enfant qui passe
Se voit comblé de fleurs
Par chaque brise.
Il ne lui vient pas à l'esprit
De les ramasser ni de les garder.
Doucement de sa chevelure,
Tendre prison, il les enlève
Et à ses chères jeunes années
Il tend les mains pour avoir d'autres fleurs.

POURQUOI LES ÉPREUVES SUR LE CHEMIN?
C'EST LE COMBAT SEUL QUI COMPTE!

Prenons l'exemple des chevaux dans les courses à obstacles. Dans une telle compétition, on place des obstacles sur le parcours du cheval. On ne met pas de barrières sur son chemin pour qu'il chute, mais pour que bravant l'obstacle le cheval se dépasse et soit fier comme jamais. Et quand le cheval aura atteint l'extrême limite de ses forces épuisées, il découvrira peut-être son second souffle pour le sprint final. Alors dans un suprême effort, il atteindra le maximum de ses possibilités. Il y a toute la différence au monde entre courir sur ses propres réserves et être sur l'élan de ce second souffle.

Prenons aussi l'exemple des arts martiaux. L'adversaire, n'est pas quelqu'un contre qui on se bat, mais avec qui on se bat. L'adversaire s'oppose au combattant pour que de cette résistance jaillisse le meilleur de soi-même, une force inconnue dont on aurait jamais penser être capable. Les résistances rencontrées lors de grandes difficultés provoquent un sursaut d'énergies enfouies qui n'attendent que d'éclater. Ne sommes-nous pas mariés pour le meilleur et pour le pire? Quand l'un est à son pire, l'autre peut être à son meilleur...

Quand l'un de nos sens est totalement frustré, bloqué, les autres prennent souvent la relève, se développent à une allure surprenante et obtiennent une acuité inouïe, une finesse inédite. Qui sait si le fait de remettre à plus tard les relations sexuelles ou de les suspendre pour un temps, ne pourrait pas affiner l'union profonde des partenaires en leur permettant de s'épanouir à un autre niveau ou par le dedans? Qui sait si le fait de ne pouvoir habiter tout de suite les premiers étages de leur amour, n'obligerait pas les amoureux à développer les richesses inexplorées des étages du haut ou du salon du bas qu'on est moins porté à habiter quand on est jeune?

Jacques Lebreton à la suite d'une explosion d'une grenade, à la dernière guerre, perdit ses yeux et ses mains. Le président de l'association des aveugles, à qui il s'informe comment faire pour se tirer d'affaire sans yeux et sans mains, l'accule au pied du mur: «Jacques, il vous faudra faire travailler deux fois plus votre imagination, votre cerveau, votre cœur...» À un journaliste qui s'étonne de son sort amoureux: «Vous n'avez jamais vu votre femme? Mais cela doit être terrible». Il reprend: «Un sourire, ça s'entend».

Dans la crise de l'énergie, un immense panneau affichait: «On est en manque de pétrole, mais on a plein d'idées». Qui sait si le fait de manquer de rapports sexuels pour un temps, n'obligerait pas les amoureux d'aller creuser d'autres puits, d'autres réserves, et à développer des façons nouvelles de se montrer affection et tendresse?

En amour, les obstacles peuvent se transformer en dépassements, les déficits en avantages, le pire en meilleur. Les pierres sur le chemin au lieu d'être des pierres d'achoppement contre lesquelles on se heurte, peuvent devenir des escabeaux pour nos pieds qui nous permettent de monter plus haut et de surplomber le chemin parcouru. À quoi sert l'épreuve rencontrée sur le sentier qui gravit la montagne où l'accès au sommet semble impossible à certains jours?

Elle vise à faire grandir celui qui la subit. Elle lui est proposée comme une difficulté à vaincre et dont on sort grandi quand on la surmonte. Elle est une exigence qu'un père pédagogue met sur la route de son fils pour lui permettre de donner toute sa mesure. L'épreuve permet de se vaincre soi-même, dans ses peurs et ses hésitations. Elle est une occasion de dépasser ses limites et de tirer de soi des exploits inespérés. Elle ne veut pas humilier, mais au contraire, exalter.

Comme pour le peuple de Dieu au désert, la tentation des fiancés est de vouloir prendre des raccourcis, de ne pas laisser au temps l'espace dont il a besoin, d'obtenir tout de suite ce qui est promis pour plus tard. «Que comprenne celui qui peut comprendre» (Mt 19, 12). Les fiancés sauront-ils lire le message qui les concerne dans cette aventure biblique pour mieux saisir les traversées de leur désert?

La tentation des fiancés est de fausser le règle du jeu du temps des fiançailles. Comme pour le Peuple, la tentation est de se donner à lui-même ce que Dieu voulait lui donner le moment venu. Comme la tentation d'Adam et Ève est de conquérir par eux-mêmes ce que Dieu voulait leur donner de toute façon.

Quelle sera la tentation des fiancés? Ce sera toujours comme pour le Peuple au désert, de ne pas supporter l'absence, de vouloir saisir la situation pour en être les seuls maîtres. Quel danger que de mettre un point final à cette part de mystère qui est inscrite dans leur aventure de fiancés, de vouloir exiger de l'autre qu'il se livre tout de suite et totalement, comme le peuple de Dieu exige d'avoir un dieu à lui, sans mystère et tangible. Il y a plusieurs façons de succomber à cette tentation multiforme. La plus évidente serait bien sûr d'anticiper sur la vie conjugale.

Le grimpeur qui atteint à la force des jambes, des poignets et de la volonté au sommet de l'Aiguille vert, et celui qui arrive, en sandales, par le téléférique, ont-ils atteint le même sommet? C'est le combat seul qui compte!...

LE PASSAGE OBLIGÉ AU DÉSERT:
OÙ SEUL NOUS ÉCLAIRE LA SOIF

Supposons un fiancé qui, un beau jour, sans autre raison que de dévoiler son amour, apporte une douzaine de belles roses à sa fiancée. Celle-ci, ouvrant la porte au porteur de fleurs, est tout à la joie. «Attends, lui dit-elle, je reviens». Ravie, émue, elle s'en va dans une autre pièce de la maison arranger, couper, disposer ses fleurs...Elle est toute à sa contemplation et au ravissement:quelles jolies fleurs! Pendant ce temps, le fiancé est toujours à attendre dans le hall d'entrée le retour de sa fiancée. Mais elle, toujours affairée à ses fleurs, tarde à revenir. Mais qui est le plus important? Les fleurs ou celui qui les offre? Le don ou l'offrant? Le cadeau ou le porteur? Le signe ou le signifié?

L'amour est un don, une gracieuseté, une réceptivité. Il ne s'invente pas, on le reçoit. Il n'est pas le fruit de la fatigue humaine, mais le don gratuit d'une grâce que l'on ne peut mériter ni prévoir. Les multiples dons, s'ils ne renvoient plus à celui qui les donne, sont vides de sens. Ils ne seront éloquents que par leur absence.

L'amour est un peu comme la lune: elle resplendit de la lumière du seul Soleil, le Christ! L'amour naît de l'accueil et de l'action de grâce. «Je te rends grâce, Père, Seigneur du ciel et de la terre, parce que tu as caché cela aux sages et aux prudents et tu l'as révélé aux tout-petits» (Mt 11,25). Hélas le don peut se perdre! Où il n'y a pas de gratitude le don est perdu.

Une nuit, je me plaisais à contempler un beau ciel étoilé dans le firmament au dessus de l'île d'Orléans. Comme je me plaignais de ces rares soirs où le ciel s'étoilait et s'auréolait ainsi, on me fit remarquer: «Mais ici, ces ciels étoilés, c'est normal». Je me rendis compte alors que, sur l'île de Montréal, ce qui nous empêchait de contempler les étoiles au firmament, c'étaient les lumières trop éclairantes de la ville. Je compris alors cette vérité: pour que brillent les milliers d'humbles étoiles dans le firmament du cœur de l'autre, doivent d'abord s'éteindre nos lumières trop aveuglantes.

Il faut tenir pour une dimension importante de la relation le fait qu'un certain dépouillement est nécessaire. Un cœur trop comblé court le risque d'étouffer sous les présents et de ne plus entendre le chant du partenaire. Alors lui faut-il faire l'expérience du désert. *«C'est pourquoi, dit le Seigneur, je vais la séduire, je la conduirai au désert et je parlerai à son cœur»* (Os 2,16). C'est là au désert que l'épouse va redécouvrir son mari, en se désencombrant de tout ce qui jusqu'ici l'encombrait.

Il n'est pas d'amour qui ne pousse ceux qui s'y tiennent à passer au désert. Dans le silence et dans la nuit s'éprouve et se purifie la relation; là peuvent se fêter les véritables fiançailles. Là les cœurs libérés naissent à la soif l'un de l'autre et célèbrent l'essentiel jusqu'alors invisible aux yeux avides.

Aux pistes du désert, on se prend à désirer l'eau; et au lever du jour on découvre un puits... «De nuit nous irons pour trouver la source, seule nous éclaire la soif», de s'exclamer Jean de la Croix.

C'est quand l'amour se fait distance, qu'il nous apparaît sous un tout autre jour. C'est quand on a eu peur de perdre ceux qu'on aime, qu'on se surprend de tant les apprécier. N'a de valeur que ce qu'on ne tient pas pour certain, acquis une fois pour toutes, mais qu'il faut conquérir à chaque jour.

Les choses commencent à exister quand on y renonce. Tout ressuscite quand on meurt; tout peut recommencer quand on lâche prise. C'est quand on renonce à la personne aimée qu'on voulait garder à tout prix, qu'on peut la trouver autrement. Chose étrange à dire: c'est à partir du moment où on y renonce que l'aimée commence à exister à nos yeux vraiment, pour elle-même. Qui perd gagne; qui lâche prise, retrouve l'autre d'une façon inespérée.

«Celui qu'il faut aimer est absent» écrivait Simone Well dans *La pesanteur et la grâce* . Il est difficile d'expliquer cela. Les mains qui ont essayé de prendre l'autre se sont refermées sur du vide ou ont construit une idole plutôt que d'accepter la vérité: celui qu'il faut aimer n'est pas celui qu'on avait imaginé. Il faut accepter de voir ainsi disparaître ce à quoi on tenait et longuement en supporter l'absence. Alors le cœur accède-t-il à une nouvelle forme de la présence. Les derniers accents de l'*Ennui* de Moravia, qui n'est qu'un douloureux cheminement de l'immédiate présence à l'acceptation de l'absence, l'évoquent suffisamment:

> *Oui, j'étais content que Cecilia soit heureuse, mais surtout j'étais content qu'elle existât, là-bas, dans l'île de Ponza, d'une manière qui était la sienne, différente de la mienne et contraire à la mienne, loin de moi avec un homme qui n'était pas moi...*
>
> *En somme, je ne désirais plus la posséder, mais seulement la regarder vivre, telle qu'elle était, la contempler, de la même façon que je contemplais l'arbre à travers les vitres de ma fenêtre. En réalité, je m'aperçus soudain que j'avais définitivement renoncé à Cecilia; et, chose étrange à dire, c'était à partir de ce renoncement que Cecilia avait commencé à exister pour moi... Quand Cecilia reviendrait, nous reprendrions nos relations passées ou bien nous ne les reprendrions pas, mais dans tous les cas je ne cesserais pas de l'aimer.*

QUAND LES MOTS NOUS MANQUENT:
DES SILENCES QUI PARLENT

J'ai toujours été étonné en accompagnant des enfants dans la mort, dans cette grande aventure qui les conduit à la douce et merveilleuse lumière de l'au-delà, de les sentir si sereins et confiants, du moins pour la plupart et dans les derniers temps. La question est souvent posée: «As-tu peur du grand voyage? Es-tu prêt? Qu'est-ce que tu ressens?» Quelle n'est pas ma surprise de les entendre parfois m'avouer qu'ils n'ont plus peur. «Je suis prêt; je suis confiant. Je me suis déjà rendu voir l'autre côté... L'autre nuit, j'ai rêvé à ma grande-maman déjà rendue au ciel; elle m'a souri, puis m'a tendu les bras; je l'ai suivie... J'ai vu mon ami qui lui aussi est déjà mort et m'a dit de venir le voir... C'était très beau; alors je n'ai plus peur. Mais il y a maman qui aura beaucoup de peine...» L'enfant qui a entrevu la lumière de l'autre côté sait mieux à quoi s'en tenir.

De la même façon, souvent les jeunes posent la question: «Qui va m'assurer que celle que j'aime est celle qui m'est destinée? Y-a-t-il des signes, des indices, des garanties?» J'aurais le goût de répondre ainsi. Quand tu rencontres celle qui a le plus de chances de t'être destinée, ta promise, tu ressens souvent une étrange impression. Souvent dès la première rencontre, tu pourrais avouer: «Il me semble que nous nous connaissons depuis des années; c'est comme si nous nous étions toujours connus...»

Et pourquoi une telle impression? Depuis des années, tu portes en ton cœur ta future... Elle a d'abord pris naissance dans le silence de ton cœur; puis dans tes rêves, elle a pris visage; dans tes déceptions amoureuses, le profil de celle que tu cherchais se dessinait de mieux en mieux; dans ta prière, elle prit âme et esprit dans tes secrets les plus profonds... Si tu l'a reconnue avec une telle évidence lors de la première rencontre, c'est qu'elle vivait obscurément d'abord au fond de toi. Saisis bien cette vérité: on ne voit bien dehors que ce qu'on a d'abord vu au-dedans. On ne tombe pas en amour quand on connaît la personne, mais quand on la reconnaît. Avant de la découvrir extérieurement, il faut d'abord l'avoir enfanté intérieurement.

Après avoir fait la découverte de l'élu de son cœur, un temps de mûrissement, d'attente est toujours nécessaire. Une pudeur envahit ces amants émerveillés de découvrir un tel mystère enfoui dans leur être qui se révèle tout d'un coup. Une volonté d'envelopper ce trésor pour le protéger des yeux trop indiscrets et aux prises des mains trop possessives, les saisit aussitôt. «Le Royaume des cieux est comparable à un trésor qui était caché dans un champ et qu'un homme a découvert: il le cache à nouveau et, dans sa joie, il s'en va, met en vente tout ce qu'il a, et achète ce champ» (Mt 13,44).

Au matin de la Résurrection, quand les femmes se rendirent au tombeau, le Soleil de l'Amour étant levé, elles firent la même expérience. Découvrant un trésor de grande valeur, éprouvant une mystérieuse Présence qui les envahissait et les dépassait, elles en étaient toutes saisies et enveloppées. Elles entrèrent dans une imposante discrétion, dans un silence émouvant. Elles sont les premières à s'approcher de façon saisissante du Mystère. Elles en sont toutes pénétrées, habitées.

Les femmes reçoivent de la part du messager céleste une mission urgente: «Allez dire aux autres votre découverte». Pourtant, elles ne s'acquittent pas de la commission qui leur a été confiée: «Elles sortirent et s'enfuirent loin du tombeau, car elles étaient toutes tremblantes et bouleversées; et elles ne dirent rien à personne, car elles avaient peur» (Mc 16, 8). Avant de prendre la parole, les femmes gardèrent un long silence. Comment expliquer un tel silence des femmes? Ce silence est le temps indispensable à la parole de germer. Car une parole douée de force et qui se rend au cœur est toujours une parole qui provient du silence, qui jaillit des profondeurs.

N'est-ce pas simplement l'effroi et l'affolement qui les font réagir ainsi devant les événements auxquels elles sont confrontées? N'est-ce pas le trouble, la peur dont elles sont envahies qui en sont la cause? Qui ne se sentirait pas comme dépassé, ahuri, bouleversé devant la révélation de ce mystère caché? Ne serait-ce pas l'impuissance humaine devant la révélation d'un si grand mystère qui se manifeste ainsi?

Le silence est donc là pour nous permettre qu'une parole neuve soit conçue. Le silence apprend à parler... La parole est habitée où elle n'est rien. Une parole douée de force et qui se rend dans les cœurs, est toujours une parole qui provient du silence. Autrement nos mots sont comme «métal qui résonne, cymbale retentissante» (1 Co 13, 1).

Les mots sont comme les pierres. Ce sont celles qui ont étés polies par les vents, les grandes marées qui sont les plus lisses et les plus douces. Mais les mots ne sont pas de simples pierres, mais des diamants qui demandent à être polis de façon à donner leur maximum d'éclat.

Trois pères avaient l'habitude d'aller chaque année chez le bienheureux Antoine. Les deux premiers le questionnaient sur les pensées et sur le salut de l'âme; le troisième gardait un complet silence sans rien demander. Après bien des années, l'abbé Antoine lui dit: «Voilà si longtemps que tu viens ici, et tu ne me poses aucune question?» Il lui répondit: «Il me suffit seulement de te voir!»

SOLITUDE ET COMMUNION:
FRAGILE ET MERVEILLEUSE PASSERELLE

Que de fois n'avez-vous pas constaté des enfants insécures reprocher parfois à leurs parents d'être comme de grands adolescents attardés. «Il faut grandir, maman», voilà ce que disait récemment un fille de dix-sept ans à sa mère de quarante ans qui, pour une troisième fois, venait de changer de compagnon...

Des fiancés se promettent et ne tiennent pas parole. Les politiciens font des promesses à tour de bras et ce ne sont que des promesses électorales à la vieille des élections. Les jeunes vous promettent d'être là et vous jurent en pleine face mer et monde, et ils ne tiennent pas le coup. Alors à qui se fier?

Les prédicateurs expliquent la Bible, mais ça passe cent pieds par dessus la tête des fidèles. Voilà ce que voudrait clamer les fidèles qui souhaiteraient une parole plus percutante de la part des porte-paroles: «Vanité d'une tradition qui reste un savoir; vous me dites des vérités, mais ce sont des généralités; quels rapport ont-elles avec ma situation? Elles trompent mon attente, parce qu'elles m'ignorent; les vérités me sont inutiles qui ne me font pas vivre».

Nous vivons dans un monde de mots et assistons à une crise de mots. «Parole, parole... des mots tendres enrobés de douceur... des mots, des mots, toujours des mots...» chantait déjà Frida Bocara. On joue sur les mots... Ce ne sont que des mots! La publicité recouvre entièrement nos villes de mots par des affiches géantes, pour que ces mots viennent s'implanter dans nos pensées.

Fragile et merveilleuse passerelle que cette rencontre de l'autre. Solitude et communion vont de pair, fragile et merveilleuse passerelle. Ainsi nul n'est présent à l'autre s'il n'est pas d'abord présent à lui-même. Aucune relation ne sera possible à celui qui n'aura pas cherché à rétablir la communication avec lui-même.

À certains jeunes qui décident de vivre ensemble sans se donner le temps d'apprendre à vivre cette solitude, je leur pose la question: «Comment pouvez-vous être heureux à deux si vous n'y arrivez pas d'abord seul». «Je ne peux pas être tout à toi, parce que je ne suis pas tout à moi» pourraient-ils souvent s'avouer.

Sans amour de soi, il n'y a pas d'amour des autres. Qui est incapable de solitude et d'être bien avec soi se fuit en autrui. Si tu ne peux pas vivre tout seul et goûter ta solitude, comment pourras-tu être heureux à deux? La vie à deux n'entrave, ni ne comble la solitude: elle la creuse.

Bonhoeffer disait avec justesse qu'un homme incapable de solitude avec Dieu est incapable de communion avec ses frères et sœurs. Il disait également: une personne qui est incapable de communion avec les autres est incapable de solitude avec Dieu.

Aimer, c'est mettre ensemble ces deux réalités ensemble; solitude et communion constituent tout un art. C'est une solitude qui devient communion et une communion qui devient solitude. Devenir solitude pour devenir amour; être amour pour être solitude.

Lumineuse explication que celle de Simone Weil: «Ne te laisse mettre en prison par aucune affection. Préserve ta solitude. Le jour, s'il vient jamais, où une véritable affection te serait donnée, il n'y aurait pas d'opposition entre la solitude intérieure et l'amitié. Au contraire. C'est même à ce signe infaillible que tu la reconnaîtras.»

La solitude est la profondeur où germe l'amour. À l'amour, elle est l'indispensable épreuve. «Reviens au cœur» exhortait la vieille règle de saint Benoit. «Ô bienheureuse solitude, ô seule béatitude» répète la devise cistercienne.

Tout écrivain avouera que ce qu'il écrit de plus profond jaillit toujours au moment d'un grand isolement, d'une solitude vivement ressentie. La lumière jaillit des ténèbres; la communion de la solitude. La vide ressenti annonce le plein à venir, le passage du désespoir prépare, si on accepte de la traverser jusqu'au bout, une espérance bienheureuse, inouïe. Et ce qui est dit ici de l'écrivain on peut en dire autant du poète, du musicien, de l'acteur... Pas de communication possible véritable qui ne soit «l'appel d'une solitude à une autre solitude».

L'appel d'une solitude à une autre solitude n'est pas le privilège de l'écrivain. Il est la loi même de toute communication. Communiquer, c'est jeter une passerelle entre deux rives: celle de Dieu et celle de l'homme, celle de l'homme et de son frère humain. Et cela ne se réalise que dans le silence.

Qu'il est donc précieux ce temps de solitude où le désert fleurit à son heure. *«C'est pourquoi, dit Dieu, je vais la séduire, je la conduirai au désert et je parlerai à son cœur»* (Os 2, 16). Alors le désert devient fertile. Et la solitude devient le lieu d'une merveilleuse rencontre, une passerelle... fragile et merveilleuse.

L'AMOUR ÇA SE PROTÈGE: S'ATTACHER DANS LE MARIAGE

Une institutrice observa qu'un des petits garçons de sa classe était songeur et solitaire. «Qu'est-ce qui te tracasse?» lui demanda-t-elle. «Mes parents, fit-il. Papa travaille toute la journée afin de pouvoir m'habiller, me nourrir et m'envoyer à la meilleure école de la ville. Puis, il fait du travail supplémentaire pour être capable de m'envoyer au collège. Maman travaille aussi et à la fin de la journée passe son temps à faire la cuisine, le lavage, le repassage et les courses pour que je n'aie aucun souci.» «Mais alors, de quoi t'inquiètes-tu?» interroge l'institutrice. «J'ai peur...; mes parents, ils pourraient essayer de s'échapper.»

Le danger de voir s'échapper ses parents inquiète bon nombre d'enfants. La menace aussi de voir leurs enfants s'évader, fuguer, décrocher, pertube aussi bien des parents. Le risque de voir s'échapper ou s'envoler leur amour trouble tout autant les couples.

L'homme qui aime, plus il aime intensément, plus il perçoit avec angoisse le danger que court son amour. Quel danger? Pas surtout celui qui vient des autres, mais surtout celui qui vient de lui-même. Il sait bien en effet à quel point il peut être inconstant et que demain, hélas, il pourrait déjà se lasser et ne plus aimer. On est tellement changeant. Les sentiments et les émotions sont si vite perturbés.

Et puisque maintenant il est dans l'amour, il voit clairement quelle perte irréparable cela entraînerait de voir ainsi cet amour s'envoler. Voici qu'il prend les devants «se liant» à l'amour par la loi et ancrant ainsi à l'éternité son acte d'amour qui est vécu dans le temps. C'est ainsi qu'on met toutes les chances de son bord, qu'on garantit le mieux possible les chances de faire durer nos amours.

On se demande de plus en plus souvent quel rapport peut-il bien y avoir entre l'amour de deux jeunes et la loi du mariage? Quel besoin l'amour a-t-il de «se lier»? Aussi, de plus en plus nombreux sont ceux qui s'orientent vers le refus, en théorie et en pratique, de l'institution du mariage, et qui choisissent ce qu'on appelle l'amour libre, ou la simple cohabitation.

Ce n'est qu'en découvrant, à travers la Parole de Dieu, le rapport vital et profond qui existe entre loi et amour, entre décision et institution, que l'on peut répondre correctement à ces questions et donner un motif convaincant de «se lier» à aimer pour toujours et à ne pas avoir peur de faire de l'amour un «devoir».

Le devoir d'aimer protège l'amour du «désespoir» et le rend «bienheureux et indépendant» en ce sens qu'il protège du désespoir de ne pas pouvoir aimer pour toujours. Il a été dit avec une profonde vérité que «pour être vraiment libre l'homme doit commencer par se lier lui-même».

Cette considération ne vaut pas seulement pour l'amour humain, mais aussi et à plus forte raison pour l'amour divin. Pourquoi se lier pour aimer Dieu, en se soumettant à une règle religieuse? Pourquoi émettre des «vœux» qui nous obligent à être pauvres, chastes, obéissants, puisque nous avons une loi intérieure qui peut obtenir tout cela par attrait? C'est que, dans un moment de grâce, tu t'es senti attiré par Dieu, tu l'as aimé et tu as désiré le posséder pour toujours, de manière totalisante et, craignant de le perdre par ton instabilité, tu t'es lié pour garantir ton amour contre tout chagement d'humeur.

La même chose se réalise, pour quiconque se convertit et décide de se donner sérieusement à Dieu. Il découvre, en un instant, qui est Dieu, quel dommage irréparable ce serait de le perdre; alors tant qu'il est dans l'heureuse situation de l'amour, «sous le coup de foudre», «en état de grâce», il se lie par une décision, par une promesse, ou de quelque autre manière que l'Esprit inventera ou suggérera.

Mais il y a un sens encore plus profond suivant lequel on peut dire que *la loi garde l'amour*. «Ce n'est que lorsqu'il y a le *devoir* d'aimer — a écrit S. Kerkegaard —

qu'alors seulement l'amour est garanti pour toujours contre toute altération; éternellement libéré en bienheureuse indépendance; assuré en éternelle béatitude contre tout désespoir».

L'homme est appelé, en un certain sens, à reproduire en lui-même, par la volonté, ce qui se passe en Dieu par nature. En Dieu, l'Amour est un devoir: Dieu «doit» aimer, par nécessité de nature, parce qu'il «est Amour». Il ne peut faire autrement, il est «lié». S'il lui arrivait une fraction de seconde d'aimer moins, de ne plus aimer infiniment il cesserait d'être Dieu. Et pourtant, rien n'est plus libre et plus gratuit que l'amour de Dieu. Le «devoir» d'aimer ne s'oppose pas en lui à la liberté de l'amour; les deux, au contraire, coïncident parfaitement.

L'homme se rapproche de Dieu et imite Dieu lorsque librement il s'engage à aimer pour toujours; il fait de l'amour un devoir, une loi, ou mieux, il accepte la loi que la Parole de Dieu lui donne: «Tu aimeras le Seigneur ton Dieu de tout ton cœur, de toute ton âme et de tout ton esprit et tu aimeras ton prochain comme toi-même» (Mt 22,37).

POUR LIBÉRER EN NOUS LES ÉNERGIES DE L'AMOUR: SAVOIR DÉPISTER NOS TERRAINS MINÉS

Vous avez déjà observé ces bulles qui viennent parfois percer la surface des étangs. Sans bruit, elles nous révèlent que les bas-fonds cachent quelque chose d'inconnu et de vaguement inquiétant. Pour que des bulles d'oxygènes remontent à la surface, qu'est ce qui peut bien être en train de se brasser en dessous? Qu'est-ce qui bouge là? Que se passe-t-il donc? À qui la faute? Comment éviter de remuer ces souffrances étouffées si on veut essayer d'y voir un peu plus clair?

Le déminage a été un grand problème pour les Anglais aux Malouines, après la guerre. Dans le but d'empêcher les attaques, les Argentins avaient miné, sans repérage, de vastes surfaces de mer et de terre. L'existence de mines était donc connue, mais pas leur position. En nous, c'est un peu la même chose; et dans nos vies de couples aussi . Nous sommes comme des terrains minés, sans savoir exactement où sont les mines. La réalité quotidienne, en son tumulte, ne nous laisse pas le temps de repérer nos mines. Elles sont dans les parages, hors de notre contrôle, et nous ne pouvons pas déminer. Des moments d'arrêt s'imposent, des mises au point sont exigées.

Ces revisions de vie, ces examens de conscience sont des instruments indispensables pour un discernement permanent des mouvements qui nous mouvent en profondeur. Il est comme un moniteur d'une unité de soins intensifs: on ne peut débrancher. C'est une question de vie et de mort. Il peut nous servir à repérer nos mines et peut-être à les neutraliser. Car il y a une bombe non désamorcée enfouie à l'intérieur de nous-mêmes qui menace notre existence et nous fait risquer de tout perdre.

Qui ne se souvient du sabordage du *Hercules?* Un pétrolier gigantesque. Une bombe s'était incrustée dans son second réservoir, sans exploser. Les risques à prendre pour la désarmer et le coût de cette opération étaient si élevés qu'il valait mieux abandonner le bâteau et percevoir les neuf millions de dollars d'indemnité d'assurance versés en cas de naufrage. Et on le fit couler.

Nous sommes parfois comme le *Hercules*. Tout va bien. Tout semble aller comme dans le meilleur des mondes; tout fonctionne à merveille. On navigue sur les eaux de la vie sans se poser de questions. Puis tout à coup, plus rien ne va. Sans trop savoir pourquoi, tout semble être ébranlé; tout est remis en question. Si on est sûr qu'en coulant le *Hercule* les idemnités sont assurées, il n'en est pas de même pour nos amours. Que faire alors en cas de bombes à retardement qui pourraient tout faire sauter?

Qui ne connaît des couples qui préfèrent laisser couler à pic leur bâteau au lieu d'investir temps et énergies à vouloir tout sauver. Car il n'est rien de moins sûr que les indemnités des assurances leur seront retournées. Toujours un ou l'autre en sort perdant. Alors vaut mieux inventer d'autres solutions plus heureuses que de tout faire sauter. Si ce n'est un conjoint, ce sera du moins toujours l'enfant. Car l'enfant vit de l'amour de ses parents.

Il est naïf de croire qu'il suffit d'expliquer à un enfant que «papa et maman se séparent parce qu'ils ne s'aiment plus, mais ils continuent de t'aimer toi!» pour qu'il accepte cette situation. C'est parce que les parents s'aiment que l'enfant se sait aimé; il ne recoit l'amour parental qu'à travers l'amour conjugal. Si les parents divorcent, explique bien le psychanaliste Tony Anatrella, l'enfant hérite ainsi d'une situation de crise:«Puisque je suis né de votre amour, si vous ne vous aimez plus, vous ne pouvez pas m'aimer. Alors je n'ai plus raison d'exister». Voilà le raisonnement de l'enfant né d'un divorce. Puissons-nous être à l'écoute des signes avant-coureurs qui annoncent des drames à venir.

Quand plus rien ne va, des signaux d'alarme nous sont donnés. Il n'y a pas de fumée sans feu. Des détecteurs de fumée sont donc fort utiles. Par ces détecteurs, nous devenons capables de détecter où s'est produit le désordre dans la relation d'amour. Heureux ceux qui sont munis des détecteurs qui viennent des lumières de l'Esprit: ils sauront découvrir des sources de défection tellement plus profondes. Une bonne partie de nos problèmes trouvent en nous-même leurs racines. Tant que nous ne dépistons pas en nous ces origines, nous attribuons le tout aux autres ou à Dieu. Et pourtant c'est nous-même d'abord qu'il faut désarmer. Sinon nous ruinerons notre vie et tant d'autres la perdront également.

Nous sommes comme des rames de métro. Elles courent dans le sous-sol des villes. S'il n'y avait pas de stations, nous oublierions, à la surface, l'énorme trafic qui circule sous nos pieds. Longtemps se meuvent ainsi, au plus profond de nous-mêmes, des penchants, des affections et des sentiments, tantôt bons, tantôt mauvais. Nous ne leur prêtons pas toujours l'attention nécessaire. Or notre sous-sol, où circule l'affectivité profonde, est précisément le lieu où nous sommes invités à nous rendre par l'examen des mouvements profonds.

L'examen est une rencontre avec nous-même, qui s'effectue sous le regard de Dieu. Mais c'est surtout une rencontre avec Dieu lui-même par-delà notre personne. Le Seigneur nous connaît parfaitement. Le contact avec lui est toujours libérateur. Il nous révèle ce que nous sommes. Il dissipe les erreurs et les illusions que nous entretenons sur nous-même. Il nous donne l'impulsion qui nous libère intérieurement. Il nous offre la possibilité de libérer en nous les énergies de l'amour.

JE TE FIANCERAI À NOUVEAU: L'AUDACE DE RECOMMENCER À NEUF À CHAQUE MATIN

Écoutons d'abord les paroles d'un chant de Noël Colombier, qui crie la souffrance d'une femme adultère. «D'aventure en aventure, oublier cette vie dure: cinq ou six fois mariée, autant de fois divorcée. On dit que je suis instable, insatisfaite, insatiable: mais je voudrais être aimée autrement qu'en femme objet». Voilà ce que voudrait peut-être chanter toute femme adultère qui s'est détournée de la vraie source de la vie et qui va d'aventures en aventures à la recherche angoissée d'un peu de vie. «Est-ce ça le bonheur? J'ai toujours au fond du cœur ce grand vide et cet ennui. Ma vie est un ciel de pluie. Toi qui as su deviner que j'ai soif de rencontrer celui qui rendrait ma vie aussi claire que l'eau du puits: donne-moi la vraie vie, donne-moi la vraie vie»...

Alors comment celui dont elle s'est détournée et qui l'aime toujours, ne reviendrait pas à la charge et ne lui proposerait pas le retour? «Dans chaque désert, il y a une source; dans chaque vie, il y a un puits. Cherche, et tu trouveras» semble vouloir lui proposer l'époux rejeté — et son Dieu — qui continue à espérer l'inespérable. Voilà donc l'époux déçu qui se met à croire à la possibilité de l'impossible.

«Quelle amertume laisse en nous un regard porté sur notre passé! Le chemin parcouru n'est-il pas semé d'erreurs et d'échecs?» À tel point qu'on pourrait bien ne jamais se pardonner de ses erreurs passées. Mais dans l'amour, l'impossible devient possible: «l'impossible possibilité» devient envisageable. Pourtant, quels que soient les déboires d'un conjoint, une reprise est toujours possible. Mais pas à n'importe quel prix!

Incroyable mais vrai! Tout est possible! À qui s'est perdu en route et a pollué sa source, il lui est proposé de retrouver sa pureté originelle. C'est Dieu qui rend vierge à nouveau. Vraiment avec un tel Dieu, l'impossible devient possible. L'inimaginable, le rêve devient réalité. «L'ancien monde s'en est allé, un monde nouveau est là». «Ne vous souvenez plus d'autrefois, ne songez plus aux choses passées. Voici que je vais faire du nouveau, qui déjà paraît, ne l'apercevez-vous pas?» (Is 43,18-19).

Le passé est effacé: on tourne la page, on repart à zéro. Et tout recommence et reprend de plus bel. Non pas comme avant! Mais infiniment mieux qu'avant. Et plus de guerres: on laisse tomber les armes. Quelle découverte fantastique ne fait-on pas alors? Qu'on doit se fiancer à chaque matin. Autrement, si l'amour «n'est pas un engagement de chaque jour, il est un regret de toute la vie...» Seul celui qui aura de l'audace de recommencer à neuf à chaque matin n'éprouvera pas ce regret.

Quel bonheur de découvrir que la virginité n'est pas d'abord une question physique mais bien affaire de cœur. Combien l'ont perdue par la force des choses, par accident de la nature ou encore par erreur de parcours? Et les voilà réhabilités par grâce, par pure gratuité, par condescendance. Qui ne serait étonner de se faire déclarer: *«Je te fiancerai à nouveau...»*? Qui ne bondirait de joie de se voir ainsi remis en état de nature première où tout est accueil, nouveauté, éternelle jeunesse?

Les enfants n'ont-ils pas ce don de cette nouveauté, de recommencement perpétuel? Ne sont-ils pas là justement pour nous faire puiser à notre propre enfance, à notre source inépuisable de Jouvence? Quand ils font découvrir à leurs parents qu'ils sont bien capables de les aimer malgré les défauts et leurs erreurs de parcours, ne font-ils pas œuvre de re-créateur?

Marianne Viviez, une auteure, raconte qu'un jour elle était en train de faire la morale à se petite fille Claire qui pleurait parce que la mère de sa petite amie l'avait grondée très fort. Et la mère de faire la morale à la petite: «Tu sais les gens sont vilains, mais il faut les aimer quand même, parce que si personne les aime et leur pardonne, ils ne pourront jamais être gentils, tu comprends?» Et la petite, du haut de ses quatre ans, sans regarder sa mère, le nez dans sa soupe, continuant à morver, jette à sa mère: «Bien oui, faut être gentille avec ceux qui ne le sont pas... D'ailleurs moi je t'aime bien quand même». Et elle continue à avaler sa soupe en même temps que ses larmes. Elle est si bonne la soupe quand les larmes l'ont salée.

«Moi je t'aime pas seulement en paroles, mais en actes» semble dire l'enfant. Et la mère de commenter: «Moi je t'aime... Pourtant tu es vraiment une vilaine. Bien sûr, de loin, tu peux encore passer pour jeune et belle. De loin, tu es encore relativement brillante. Mais dès qu'on s'approche, cela saute aux yeux que tu es une pauvre vieille fille revêche, crispée sur sa revendication d'autonomie, esclave de son indépendance... N'importe: moi je t'aime». Si une enfant peut aimer ainsi sa mère en l'aimant sans condition et en pardonnant toujours, alors imaginez de quel amour Dieu, l'Amour infini, peut nous porter...

«Des égarements de ma jeunesse, ne te souviens pas Seigneur; mais de moi, selon ton amour, souviens-toi» (Ps 25,7). «Ne nous traite pas selon nos fautes, ne nous rend pas selon nos offenses» (Ps 103, 10). Et souviens-toi de ta promesse: «Je vous donnerai un cœur nouveau, je mettrai en vous un esprit nouveau; j'ôterai de votre chair votre cœur de pierre et je vous donnerai un cœur de chair» (Ez 36, 26).

ENTENDRE LE SECRET APPEL DE L'AUTRE: LE VOULOIR VIVRE À TOUT PRIX.

Dans la Bible, il est une loi: quand quelqu'un entend quelqu'un crier, en train de se faire attaquer, ou violer, et que l'entendeur n'y répond pas, il est passible de mort. Tout être humain, quel qu'il soit, est traversé par le désir de vivre. Quand l'autre semble «perdu», enfermé dans ses difficultés, il me faut normalement attendre qu'il fasse un signe pour me lancer à son aide. Mais s'il y a aucun signe d'appel au secours entendu, dois-je me porter à son aide?

Prenons encore l'exemple d'Osée dans la Bible. Il a été déçu par une épouse infidèle. Il ne semble pas attendre qu'elle se corrige et revienne, mais prend les grands moyens, utilise les ultimes moyens de recours. *«C'est pourquoi, je vais fermer ton chemin avec des ronces, le barrer d'une clôture, et elle ne retrouvera plus ses sentiers»* (Os 2, 8).

On admettrait bien qu'Osée attende patiemment un éventuel retour de son épouse, comme le père de l'enfant prodigue. Mais qu'il aille la rechercher, bien plus, qu'il prétende aller la délivrer de ses amants, quelle intrusion dans sa vie privée! N'a-t-elle pas choisi «librement» de vivre ainsi? Pourtant Osée intervient dans la vie de son épouse infidèle.

De quel droit barre-t-il la route à son épouse qui se fait un plaisir de courir après ses amants? Quelle audace que de lui *«fermer le chemin et le barrer d'une clôture»*! Mais de quoi se mêle-t-il? Où est donc le respect de la liberté et des droits de l'autre? N'est-ce pas lui faire violence? Ne joue-t-il pas avec la liberté de l'autre? Quand il lui barre le chemin, n'empiète-t-il pas dans le champ de l'autre? N'y a-t-il pas là un certain viol?

S'il est permis à quelqu'un d'intervenir dans notre vie pour notre bien, alors de quel droit peut-il ainsi intervenir et même interdire? Au nom de quoi, de qui? Mais que devient alors notre indépendance totale que nous recherchons au plus haut point, au dépend de tout? Voulant être à nous-mêmes notre propre origine et notre propre fin, qui peut décider à notre place des moyens à prendre pour arriver le mieux à nos fins? Qui peut savoir mieux que nous ce qui est bon ou pas pour nous?

Pour savoir où et quand celui que j'aime est libre, qui est le mieux placé, lui ou moi? Qui peut le mieux dire s'il est heureux? En d'autres termes, puis-je en pleine conscience estimer que parfois je sais mieux que l'autre ce qu'il doit faire? Puis-je affirmer — et il y faut du courage — que je déchiffre, mieux que lui ne le fait, sa propre vérité et, au nom de ce regard plus juste, intervenir dans «ses affaires»? Faut-il attendre, au nom d'un respect absolu de l'autre, et, impuissant mais patient, assister à ses débats? Ou bien, au contraire, faut-il intervenir?

L'amour autorise parfois une certaine «fermeté» à l'égard de l'autre: fermeté qu'on prend parfois pour une certaine forme de «violence». Violence du conjoint tentant à un certain moment de retenir au foyer le partenaire qui veut s'en aller. Violence des parents ne pouvant se résoudre à voir leur fils vivre en dehors des valeurs qu'eux tiennent pour vraies et qui lui imposent certaines obligations. Violence de l'enfant qui veut se faire comprendre, mais auquel on fait sourde oreille et qui force l'attention. Violence des personnes en autorité décidant à la place des autres, sachant ce qui serait le mieux dans les circonstances au nom du bien commun .

Ainsi de tout suicidaire. Son goût d'en finir par la mort au plus vite, nous signifie son goût de vivre en abondance sans barrière. Il ne veut absolument pas mourir; mais il veut à tout prix vivre autrement. Combien de suicidés espèrent revenir après un long sommeil et au sortir de cet hibernation enfin voir revenir le printemps. À son goût d'en finir et de s'enlever la vie, quelqu'un a le droit de lui mettre une barrière et l'empêcher: car s'il s'enlève la vie, il peut passer à côté du moment le plus intense de sa vie. Alors les barrières qu'on lui impose peuvent devenir chemin vers la vie.

D'avoir ainsi entendu la liberté de quelqu'un gémir au fond de sa prison autorise les interventions de toutes sortes, même les plus énergiques tant que la liberté reste le critère ultime de ses actions. Ne pas agir alors ne serait plus respect de l'autre, mais démission, non-assistance à une personne en danger. À l'appel secret de l'autre, il faut l'aider et vouloir passionnément sa vie, au risque d'y laisser la sienne.

Avant toute intervention de ce genre, quelqu'un doit bien s'examiner. Si j'interviens, est-ce avec le désir inconscient de changer l'autre en ce que je veux? Ou est-ce avec le désir sincère de l'aider à libérer le meilleur de lui-même, enfoui tout au fond de lui-même, mais auquel il n'arrive pas à percer par ses propres forces? Quand j'interviens dans la vie de l'autre, bien des intérêts peuvent être là cachés, et on peut faire violence à quelqu'un avec le désir inconscient de le changer en ce que l'on veut, et non pas de le libérer.

Il convient d'insister: avant d'intervenir dans la vie de l'autre, il importe d'abord de taire en soi le bruit des passions qui se mêlent à sa liberté et pourraient tellement brouiller les ondes. Avant de me lancer au secours de l'autre, je dois donc m'interroger sur ma propre liberté. Alors, je pourrai m'élancer promptement à la demande de l'autre, aussi ténue soit-elle.

DANS L'ARIDITÉ DE NOS AMOURS JAILLIT UNE SOURCE DE PURETÉ SANS MÉLANGE

Je pense à ce célèbre musicien qui, devenu sourd, continuait à composer et à exécuter de splendides symphonies pour la joie de ceux qui l'entendaient, sans que lui-même ne pût en goûter une seule note. Lorsque le public, après avoir écouté l'une de ses œuvres, éclatait dans un tonnerre d'applaudissements, il fallait le tirer par le pan de son vêtement pour qu'il s'en aperçoive et se retourne.

À travers l'aridité des consolations qui auraient pu lui venir de la reconnaissance et des applaudissements de son public délirant, cet amoureux de la musique découvrait une source plus pure de satisfaction. Non plus celle qui lui vient du fait d'être admiré, applaudi, aimé, mais bien celle qui vient de composer, de créer pour le simple goût de la musique. Voilà un homme que la vie avait conduit au dépouillement.

Qui oserait croire que la surdité empêche le musicien d'entendre la musique intérieure? Certaines symphonies inachevées de nos vies le sont par la séparation, la maladie ou la mort; mais qui ne s'est pas rendu compte que ces symphonies inachevées continuent de façon plus merveilleuse au delà de ces accidents de parcours. Elles trouvent un achèvement mystérieux, céleste, d'autant plus émouvant, qu'elles s'écoutent dans le silence. La surdité, au lieu d'éteindre la musique, la rend plus pure; c'est là l'effet des déserts de nos amours et de l'aridité dans notre prière et nos engagements: les rendre plus limpides, sans mélange.

Ce chemin de l'aridité, de la nuit, de l'écart est inévitable. Pas de dimanche sans vendredi, pas d'aurore sans nuit, pas de réveil sans sommeil. C'est un chemin incontournable: pas moyen de l'éviter. C'est le temps nécessaire à la purification de nos amours. De l'aridité de nos déserts jaillit une source d'une pureté sans mélange.

Nous avons souvent expliqué l'aridité de nos amours et de la prière, comme quelque chose se rattachant simplement à notre manque de constance, également occasionnée pas notre péché. Cependant le sens profond de la difficulté de l'amour et de celui qui veut être sérieux avec Dieu, n'est pas seulement une difficulté humaine, c'est un sens mystérieux, plus profond, théologique.

La nuit obscure de nos amours et de la prière est le temps qui nous fait entrer dans le mystère de profondeurs insoupçonnables, et par conséquent de la croix du Seigneur, seul moyen d'y entrer. Ceci explique pourquoi tous les spirituels, ceux qui ont voulu faire sérieusement l'expérience de Dieu, ont passé par la nuit de la tentation et l'aridité de la prière. Celui qui n'a pas connu la tentation ignore ce que l'espérance signifie, et par conséquent, il ignore les profondeurs de l'amour et de la prière véritable.

Combien refusent de se mettre en chemin dans l'amour par refus de souffrir? Celui qui veut aimer, mais ne veut pas affronter les difficultés, inévitables de telles expériences, n'aimera jamais. On veut les avantages de l'amour, la suite du Christ, mais pas les inconvénients.

Vraiment, Dieu est un feu dévorant! Celui qui n'est pas passé au crible de ce feu ne sera jamais un être d'amour, ni de prière, ni d'action profonde d'ailleurs. Il dira bien des paroles sur l'amour et la prière, mais il ne témoignera pas du sens de liberté et de paix que la solitude donne au cœur de l'homme. Ce n'est pas par hasard que tous les grands spirituels nous avouent leurs luttes au temps de la prière. Qu'on pense aux dix-neuf années d'aridité de sainte Thérèse d'Avila qui disait qu'elle aurait préféré n'importe quoi plutôt que de rester fidèlement à prier. Qu'on se rappelle le grand conseil d'Ignace de Loyola: «En temps d'aridité, fais les mêmes choses que tu ferais en temps d'enthousiasme».

L'aridité n'est pas seulement une épreuve, c'est aussi une grâce, un temps de Dieu en toi, temps où Dieu est en train de t'amener à la lumière en passant par la nuit.

Luther a des textes superbes sur cette expérience de la tentation comme expérience de la grâce de Dieu. «S'il veut nous rendre vivants, Dieu nous tue; c'est en nous conduisant dans la vallée des ténèbres que Dieu nous comble de sa lumière». L'aridité de l'amour et de la prière est le prix à payer inévitablement par celui qui veut entrer dans l'amour à l'exemple du Christ.

Tous ont affirmé un jour ou l'autre au sujet des leurs: «Mais ils sont en train de me faire mourir». Mais c'est normal: c'est ainsi qu'on débouche sur la Vie. «Il faut mourir afin de vivre», chante allègrement les chrétiens à l'église le dimanche; mais quand sur semaine ils font l'expérience de cette mort, ils serrent les dents. «Tout le monde veut aller au ciel mais personne ne veut mourir», disait le chant populaire.

Tu ne deviendras jamais un être d'amour, de combat et de prière, si tu t'arrêtes aux premières fatigues, aux premières aridités; au contraire, tu le deviendras si tu acceptes de persévérer dans la nuit de ton esprit, de rester parfois là sur place, en attente, sans ne rien sentir, fidèlement, en donnant à ton Dieu le temps perdu de la prière et tes essais d'aimer. Si tu ne passes pas à travers cela, tu ne deviendras jamais un être de prière, d'attente, de fidélité.

«La fleur du premier amour se flétrit si elle ne surmonte pas l'épreuve de la fidélité» écrit Kierkegaard.

QUAND ON MET QUELQU'UN DEHORS: QUE PEUT-ON EN ESPÉRER?

Un chat est un chat! D'un côté un chat, au milieu d'une pièce, grosse boule ronronnante et soyeuse, les yeux suavement mi-clos. De l'autre côté une souris, dans un angle de la pièce, petite chose grise et frémissante, inexpérimentée et inquiète qui se demande: «Le passage est-il libre? Que me veut cet animal énorme sur mon parcours?» Si je dis à la souris: le chat est une grosse pelote de poils, calme, paresseuse, merveilleuse à caresser, qu'arrivera-t-il? La souris découvrira, mais un peu tard, que le chat a aussi des griffes et qu'elles sont absolument cruelles. Le vrai chat n'est pas celui qui dort. Celui-ci en cache un autre, dangereusement, mortellement autre.

De la même façon dans nos amours, un chat est un chat; et un cul-de-sac peut parfois être un obstacle qui oblige des inerventions majeures. Il peut arriver à certains jours qu'on doive demander à quelqu'un de partir. Il n'est plus question de médecine douce, mais de médecine dure. Qui n'a pas connu ces «chemins d'exclusion» dans le cours de sa vie? Et ils sont nombreux les exclus d'aujourd'hui. La Bible, livre de vie, a-t-elle une parole à dire qui ait du sens pour les exclus, pour les jetés-dehors, pour les hors-foyer, pour les sans-famille?

Après qu'elle se soit rendue adultère, Osée décide de renvoyer sa femme et ose prendre les grands moyens: la mise à la porte. Les chemins de l'exclusion qui sont entrevus comme ultime solution. *«C'est pourquoi je vais fermer ton chemin avec des ronces, le barrer d'une barrière — et elle ne trouvera plus ses sentiers. Elle poursuivra ses amants sans les atteindre, elle les recherchera sans les trouver.Elle dira: «Je vais retourner chez mon premier mari, car j'étais plus heureuse alors que maintenant»* (Os 2, 8-9).

Il lui barre donc la route. Mais qui peut se permettre de mettre ainsi quelqu'un dehors? Avez-vous idée de ce qu'il en est de cette expérience endurée lorsqu'on est «mis dehors»? Que peut-on espérer d'un tel geste? Que peut-il bien en sortir? Au bout de ce rejet, de cette mise de côté, qu'est-ce qu'il y a à espérer? Est-ce la mort pour tous ces hommes et ces femmes, ces jeunes, que frappe l'exclusion?

Mais qu'est-ce qui est le plus difficile: être exclu ou exclure? Le savent les parents qui doivent mettre un enfant en dehors de la maison, de force parfois, pour qu'il puisse enfin se prendre en mains, se réaliser.

Le savent les pasteurs qui parfois doivent fermer la porte à certains fidèles vivant des situations irrégulières, leur refusant de s'approcher de la table de communion ou du pardon. Et pourquoi? Pour leur faire sentir qu'ils sont coupés de la communion au Christ et à son Église? Mais pas du tout! Alors pourquoi? Pour les obliger à chercher d'autres chemins de communion et de pardon. Pour s'assurer qu'ils ont bien entrevu toutes les solutions possibles avant de s'installer dans une solution définitive. Ce n'est pas une porte définitivement fermée, mais une porte entrouverte sur d'autres possibles. Quand une porte se ferme, c'est pour permettre à d'autres de s'entrouvrir.

Ainsi s'explique Jésus en l'évangile de saint Matthieu, au chapitre 18: le chapitre de la communauté guérissante et pardonnante. Que faire quand un frère vit une situation de séparation de la famille des croyants, où il s'exclut de la communauté par refus d'y entrer, à la suite d'un péché, par entêtement ou par refus de communion? Quoi faire pour un membre coupé ainsi de sa famille? Voici les conseils donnés par Jésus dans l'Évangile.

Si un frère a péché, va lui parler seul à seul pour le reprendre délicatement. Et tant mieux s'il t'écoute! S'il n'écoute pas, allez-y quelques uns, témoins de miséricorde et de douceur, ensemble pour l'envelopper d'un plus grand amour et d'une fermeté plus forte. S'il se ferme le cœur et se bute, alors confie-le à la tendresse maternelle de l'Église: à plusieurs milliers peut-être arriverons-nous à lui faire fondre la glace sur le cœur.

Et s'il ne veut rien savoir? Quand tout a été fait, humainement et spirituellement, alors qu'il soit considéré comme païen! Jette-le dehors, mets-le à la porte: ne t'en occupe plus, tu n'en es plus responsable. Tu ne peux plus rien y faire. Laisse-le aux mains de la Justice de Dieu. C'est-à-dire? À sa capacité d'ajustement: Dieu connait tellement sa faiblesse, qu'il saura bien s'y ajuster mieux que quiconque et s'y rendre pour le faire revenir. Seul Jésus y peut quelque chose. Et Dieu prendra bien sa revanche. Et comment? En aimant plus que jamais, en pardonnant toujours davantage.

Celui qui est ainsi mis à la porte de la communauté, hors-les-murs, privée de la chaleur communion, ne se sentira-t-il pas comme la brebis perdue? Et que fait Jésus pour la centième, dehors, sur la rue? N'est-ce pas pour elle la centième que Jésus bon berger, sort la nuit, hèle à tue-tête, court dans la montagne, au point de s'en écorcher les pieds et les mains?

Est-il perdu pour autant celui qui s'est fait mettre dehors de la communauté? Peut-être qu'à la prière ardente de frères et de sœurs l'inimaginable deviendra imaginable. «Si deux ou trois, se mettent d'accord pour demander quoi que ce soit, cela leur sera accordé par mon Père qui est dans les cieux. Car, là où deux ou trois se trouvent réunis en mon nom, je suis au milieu d'eux» (Mt 18, 20).

QUI A LE DROIT DE FAIRE ÇA À DES ENFANTS? PAUL-EMILE, MON FRÈRE, MON AMI

J'ai un ami haïtien, Paul-Emile qui s'est converti au christianisme dans un groupe de prière à Port-au-Prince. Son retour à Jésus fut radical. Comme Paul sur le chemin de Damas, la lumière l'a jeté en bas de son cheval . C'est comme si Dieu s'était tenu derrière lui, un lasso à la main, et que tout à coup il l'avait saisi et jeté par terre. Et depuis ses choix sont devenus clairs. Il a renoncé à toute sorcellerie, au vaudou, à toute forme de fétiches...

Sa mère qui est vaudouisante tient son bout. Elle l'oblige à quitter la maison. Parce qu'il a rencontré Jésus, du jour ou lendemain, Paul-Emile se retrouve seul, sur la rue, des mois et des mois ainsi à dormir à la belle étoile. En trouvant Jésus, il perd une mère, cinq frères et sœurs, et toute sa parenté. Toutes ressources financières lui sont enlevées du même coup; toutes vivres coupées, il doit renoncer à son université. «Qui a le droit de faire ça à des enfants qui croient vraiment ce que disent les grands»? Voilà ce qu'il en coûte parfois de devenir croyant.

Cette mise à l'écart est parfois le prix qu'on a à verser pour accéder à la liberté. Rêver de liberté sans être disposé à en payer le prix par quelques exclusions à vivre, relève de l'inconscience. Seuls sont en marche vers plus de liberté ceux et celles qui sont disposés à payer la liberté de son vrai prix: consentir à être exclus de toutes les facilités dont ils jouissaient du fait de leur dépendance.

Pour celui qui endure l'exclusion, il y a deux façons de réagir. Ou bien se cabrer, se durcir, entrer dans un *enfermement* plus étanche que jamais. Ou bien s'attendrir, se ramollir, fondre, se rendre, entrer dans une ouverture plus large que jamais. Ou bien reculer ou bien avancer. Ou bien se fermer ou bien s'ouvrir. Ou se durcir et devenir cœur de pierre ou s'attendrir et devenir vrai cœur de chair. Il n'en dépend que de nous.

À nous de choisir! L'exclusion ou la mise à la porte, qui rend pire ou qui rend meilleur. L'exclusion qui rend libre ou qui rend esclave. L'exclusion qui rend faux ou qui rend vrai. Une chance de s'accomplir nous est offerte, à nous de la saisir. Le pari nous est lancé.

Le fait d'être exclu ne doit donc pas être nécessairement tenu pour une catastrophe ou un malheur. Il n'y a malheur que si on est exclu pour s'être rendu insupportable. Mais être exclu devient une chance si on subit l'exclusion pour s'être refusé au mensonge ou au double jeu, par passion de la vérité.

Bien sûr il faudra compter sur le temps. Mais l'exclusion est toujours un temps de découvrir comment Dieu veille sur nous. Il se révèle à son meilleur, comme le Dieu des longues patiences. Les faits montrent que lorsque des humains, à titre individuel ou à titre collectif, sont frappés d'exclusion, on peut les voir évoluer aussi bien vers la vérité de l'homme que vers une véritable déshumanisation. L'exclusion endurée peut aussi bien ravaler l'homme au niveau de la bête et l'élever aux plus hauts sommets de la fraternité universelle.

Prenons à titre d'exemple ces hommes et ces femmes dont les corps sont restés accrochés aux barbelés du mur de Berlin. Ils avaient choisi de s'expatrier de leur terre pour ne pas vivre coupés, exilés d'eux-mêmes. Au lieu de vivre sur leur sol natal, ils préféraient en sortir pour ne pas renier leurs convictions les plus profondes. «Quant à perdre sa liberté intérieure, vaut mieux, se disaient-ils, perdre un semblant de liberté extérieure». Au prix du corps, ils ont payé le choix de mettre fin à ce mensonge. Et sans doute peut-on trouver parmi les réfugiés en terre étrangère — et aussi parmi certaines personnes séparées ou divorcées — bien des hommes et des femmes qui ont eu le courage de ne pas consentir à un enfermement mortel chez eux, ce qui aurait consisté à ne plus être vrai avec eux-mêmes.

À ceux qui avaient voulu fuir en sautant le mur de Berlin, et qui en avaient été empêchés par les balles, les gardiens pensaient donner un exemple, pour faire peur aux autres, en laissant leurs corps criblés de balles pendre au-dessus du mur. Il fallait dissuader quiconque de prétendre se soustaire à l'alignement exigé par le régime; l'exemple porte. Mais il signifie tout autre chose. Le souvenir de ces corps élevés de terre dit aux hommes qu'ils ne paieront jamais trop cher le bonheur de s'habiter eux-mêmes, de ne jamais perdre leur âme. Heureux ceux qui donnent plus de prix à la liberté de leur âme et conscience qu'à la nostalgie du sol natal où il perdrait leur âme.

Les tués sur le mur de Berlin nous donnent une leçon: c'est parfois le prix à payer d'y laisser son corps momentanément pour y retrouver son âme. En amour, «ne craignez pas ceux qui tuent le corps mais qui ne peuvent atteindre vos âmes, craignez plutôt ceux qui s'en prennent à l'âme».

Le Dieu crucifié dit aux hommes les vrais chemins à prendre pour accéder à la vérité de l'homme. Ces chemins sont toujours des chemins d'exode. Ce sont parfois des chemins d'exclusion. Il arrive que ce soient des chemins d'exil. Sur ces chemins, toute avancée se paye son vrai prix. Ce vrai prix est toujours le prix payé par Dieu lui-même, en Jésus-Christ: le prix du corps.

SORTIR DE LA PIRE DES PEURS: LA PRISON DE SOI

Mgr Tchidimbo a été retenu huit ans et demi en prison où on voulait le faire taire pour des raisons politiques. «En prison pour le Christ, j'ai trouvé la vraie liberté» confiait-il. Au sortir de la prison, il osait avouer: «À nouveau, je suis libre, mais je sais qu'il est bien d'autres chaînes que celles des gardiens et qu'il importe de s'en garder autant, si ce n'est plus». Chaînes de ceux qui veulent lui imposer le silence, l'empêcher de se battre pour la justice, le faire entrer dans l'ordre et le statu-quo...

Pas facile d'être libre! On ne devient pas libre du jour au lendemain, du simple fait d'avoir quitté les lieux d'emprisonnement. Pas si facile que cela de parcourir le chemin reserré qui mène à la liberté. C'est le fruit d'un long combat, d'une lente conquête.

Une fois sorti de la prison extérieure, on n'est pas pour autant rendu au bout de ses peines. Une fois la porte de la prison ouverte, le prisonnier est encore pris avec les portes fermées de prison intérieure. À côté des prisons intérieures de ses peurs, il y a des prisons extérieures qui sont bien douces. La peur des gardiens au dehors de soi n'est rien à côté des peurs à l'intérieur de soi.

À ce moment-là, beaucoup ne savent que s'enfermer à l'intérieur de quelques nouvelles citadelles et développent des systèmes protecteurs plus étouffants qu'une prison parfois. À l'enfermement derrière des murs de sécurité maximum, succède souvent l'enfermement dans un-chacun-pour-soi qui peut être encore plus étouffant.

Pensez aux Hébreux que Dieu voulait libérer de leur dur esclavage en Égypte. De la brique, toujours de la brique et chaque jour encore plus de briques. Et quand Dieu leur vint en aide et donna le coup de barre décisif pour les faire passer la mer Rouge, pour leur rendre leur liberté, ils ne sont pas au bout de leurs peines. Une fois sortis de la terre de servitude, les attendent d'autres tentations de revenir en arrière. «Où sont donc passé les oignons d'Égypte, l'ail, les poireaux, les concombres... Ah c'était le bon temps! Bien sûr nous étions esclaves, mais au moins nous avions le ventre plein. En ce temps-là au moins nous avions tout sous la main; tout était facile. Aujourd'hui, il faut se battre pour gagner sa vie». Une fois libérés de la terre de servitude, plus subtile que la tyrannie exercée sur eux par le Pharaon, leur reste à vaincre la tyrannie de leur propre peur.

Quand on vit enfermé, esclave, installé dans des habitudes de consommateurs, esclaves de systèmes où on a perdu son âme depuis un bon bout de temps, on se retrouve avec un ramassis d'anciens esclaves en soi. Après être sorti d'un temps de servitude où les autres nous enferment, on n'est pas automatiquement libre. On aime nos prisons, nos esclavages et leurs avantages. Notre vieille peau de dépendants nous colle longtemps aux os. Habitués à courber l'échine sous le fouet des contremaîtres du Pharaon, les nouveaux marcheurs plient facilement les genoux devant les nouvelles difficultés qu'ils ont à affronter. Quand on a plié toute sa vie sur les ordres des gardiens ce n'est pas d'un seul coup qu'on se redresse.

On a tout à apprendre en matière de liberté. Tout un chemin est à opérer. Devenir libre, c'est se défaire de tous nos liens qui nous attachent, nous enferment, nous emmurent. Pour certains de ces liens, c'est relativement facile. Mais il en est un que l'homme ne puisse rompre par lui-même: c'est le lien à soi-même. De toutes les prisons dont on peut échapper, la plus dure à se défaire, c'est la prison de soi.

La pire prison de l'homme: c'est lui-même. L'incapacité de sortir de soi: c'est ça l'enfer. C'est de soi qu'on a le plus peur: c'est de notre incapacité fondamentale d'aimer. On se méfie au plus haut point de soi: on s'est tellement joué de tours, tellement menti souvent. Oui nous sommes *gens de mensonge,* et cela nous terrifie.

À Malraux qui l'interroge pour savoir quelles sont ses principales difficultés, le président Nehru, alors dirigeant du peuple des Indes, répond: «J'ai trois ennemis: la famine, les Chinois et moi-même». Malraux poursuit: «Quel est le plus difficile?» Nehru conclut: «Moi-même».

Qu'est-ce qui fait perdre la plupart des guerres? Toutes les plus grandes guerres perdues le sont à cause de la cinquième colonne. Ce sont des ennemis, non pas dans le camp adverse mais dans son propre camp, qui sèment le doute, qui critiquent les ordres, qui minent le moral des troupes. Le pire ennemi de nos victoires, c'est toujours le doute en ses propres moyens, la non-confiance en soi-même, dans les nôtres et en Dieu.

Oui, Jésus a besoin de se dresser dans nos vies pour briser les murs de la honte qui nous enferment et dont nous sommes prisonniers. Lui seul peut nous dénouer de cette haine contre nous-mêmes dont personne d'autre au monde ne peut venir à bout que nous-mêmes avec sa grâce.

Cette liberté, à quel prix ne doit-on pas parfois la conquérir! Certains la paient aux prix de leur personne, de leur sang. «Libre, libre enfin! Dieu soit loué. Je suis libre enfin!» Voilà l'inscription sur la tombe du pasteur Martin Luther King, assassiné pour la liberté, l'égalité et la fraternité.

LA LIBÉRATION, MAIS À QUEL PRIX? AU PRIX DU CORPS ET DU SANG

Vous connaissez ce mot d'un ancien détenu, un an après sa libération de prison: «Je n'en suis sorti que pour devenir esclave de l'alcool». Lorsque nous prétendons être libres, nous sommes en fait captifs d'une multitude d'influences d'autant plus contraignantes qu'elles nous sont habituelles.

Lorsque quelqu'un sort de prison, toutes les portes sont grandes ouvertes devant soi; pourtant, une nouvelle prison l'attend. Voilà un enfermement imprévu: un emprisonnement pire parfois que le précédent, qu'il n'avait pas prévu: sa propre prison intérieure, sa propre dépendance. Nous voilà enfermés dans une logique dont on ne voit pas comment s'en sortir. C'est une sortie impossible par soi-même. Une intervention inimaginable pour nous en faire sortir s'impose.

Vous vous souvenez de cette femme dans l'Évangile qui avait été surprise en flagrant délit d'adultère (Jn 8, 1-11). Ses accusateurs avaient fait un cercle autour d'elle. Jésus se redressa et leur dit: *«Que celui d'entre vous qui n'a jamais péché lui jette la première pierre.»* Jésus a commencé par briser le cercle qui la gardait prisonnière de son passé d'erreurs et de péchés. *«Ils se retirèrent l'un après l'autre, à commencer par les plus âgés, et Jésus resta seul»* (Jn 8, 9).

Le cercle étouffant, accusateur, culpabilisant se trouve donc bel et bien dénoué. Pourtant, la femme est toujours encerclée, cernée et étouffée dans le cercle infernal: «Comme la femme était toujours là, au milieu du cercle, Jésus se redressa» (Jn 8, 9-10). Seul Jésus peut briser certains cercles étouffants, certaines prisons culpabilité et de honte qui nous étouffent. Seul, il a les clefs du Royaume de la liberté et ceux à qui il les confie. Seul il peut briser l'enfer de la peur. *«Femme, où sont-ils donc? Personne ne t'a condamnée?»*: «Personne, Seigneur» et Jésus lui dit: «Moi non plus, je ne te condamne pas: va, et désormais ne pèche plus» (Jn 8, 9-11).

Une grâce à demander ici? Le courage d'avoir peur: le courage d'aller au-delà de notre peur. Car c'est au-delà des portes de nos prisons que se trouve la vraie liberté. Hélas, il n'est pas facile de sortir de nos prisons car elles sont souvent une protection contre l'insécurité de l'avenir. Elles nous gardent fidèles à notre passé. Un être humain qui a peur de changer, ne priera pas. Un être humain qui priera vraiment, vaincra sa peur. S'ouvrir au futur, aux surprises, à l'imagination de Dieu fait souvent trembler. On devient alors un pèlerin, un marcheur, éternellement jeune et libre.

Au fond, qu'est-ce qui est à l'origine de toutes les peurs? C'est la peur de la mort. Elle nous paralyse, enlève le goût du risque, le goût de l'audace. Dans l'épître aux Hébreux, un texte peu connu et d'une clarté totale dit: *«Il est venu pour libérer ceux qui toute leur vie durant avaient été tenus esclaves de la peur de la mort»* (He 2, 15). Et seul celui qui a vaincu la mort, peut nous libérer de cette peur source de bien des maux.

Cet itinéraire de la libération, de la sortie de nos prisons, du rachat des captifs, tout un chacun peut l'entreprendre. Tous peuvent le parcourir jusqu'au bout. Cela fait partie de nos moyens. Il suffit d'y mettre le prix. Ce prix ne se paye qu'en monnaie forte: angoisse et fatigue, sueurs et larmes, sang parfois. N'a-t-on pas été racheté au prix du sang? Le sang d'un Dieu.

On ne devient un vrai homme, une vraie femme qu'au prix du corps. Il s'agit de le payer au vrai prix qu'il doit leur en coûter: «au prix du corps». Du sang parfois! Sur les chemins de l'amour, pas d'avancée qui ne se paye à son vrai prix. Ce vrai prix est toujours le prix payé par Dieu lui-même, en Jésus-Christ le prix du corps. Voilà le prix qu'il en coûte pour devenir un vrai homme, une vraie femme... Que d'amours arrêtent en cours de route parce que les conjoints ne veulent pas y mettre le prix, refuser d'y laisser leur vie, «d'y passer».

Le savent les parents... qui ont appris ce que c'est d'être père et mère, non le jour où ils ont mis au monde un enfant, mais le jour où cet enfant par son éloignement, ou par sa révolte peut-être, même par son départ, les contraint à naître à leur propre vérité. La savent les couples qui... deviennent couples — deux dans une seule chair — non pas le jour de leur mariage, mais le jour où se pardonnant des choses qu'ils n'auraient jamais cru pouvoir se pardonner..., le jour où fermant les yeux sur des blessures qu'ils se sont faits, découvrent une profondeur de leur amour encore insoupçonnée...

Le savent les jeunes qui... deviennent jeunes non pas le jour de la célébration de leur dix-huit ans, mais du moment qu'ils sont capables de retrouver un nouvel enthousiasme, relever un nouveau défi, affronter des obstacles que seuls les jeunes peuvent surmonter. Quand après toutes les bonnes raisons du monde de prendre un coup de vieux à la suite d'une déception, ils reprennent un coup de jeunes et reprennent allègrement le chemin, alors ils deviennent jeunes.

Un jour, des élèves se mirent à dire à leur maître d'école qu'ils l'aimaient. Celui-ci réagit peu à leur déclaration, ce qui irrita les élèves. Le maître leur demanda: «Savez-vous ce qui me fait le plus souffrir?» Les élèves, étonnés, se regardant les uns les autres, répondirent qu'ils ne la savaient pas. Alors le maître leur dit: «Comment pouvez-vous me dire que vous m'aimez si vous ne savez pas ce qui me fait souffrir?»

QUAND S'ÉBRANLENT NOS ÉCHAVAUDAGES: QUE S'ÉCROULENT NOS TOURS DE BABEL

Mariée au fils d'un incroyant, une jeune femme avait noué des relations d'une merveilleuse cordialité avec ce beau-père aussi profondément anticlérical qu'elle-même était profondément chrétienne. Dévoré par un cancer brutal, cet homme voulut vivre ces derniers instants en n'ayant auprès de lui que sa belle-fille. Il se fit apporter par elle le vieux crucifix suspendu au mur de la chambre. «Lui, oui!» murmura-t-il dans un dernier souffle.

«Lui, oui!», que de choses ces deux syllabes recellent et nous indiquent comment peut s'opérer le passage étroit,

le corridor obligé où nous mène souvent le mouvement de la vie. Les changements brusques — comme le cancer de cet homme — qui s'opèrent parfois de façon inattendus sont souvent la brèche nécessaire par laquelle des vérités s'imposent à soi. Voilà des moments de vérité sur soi, sur les nôtres, sur Dieu auxquels nous ne pouvons échapper.

Ils pullulent aujourd'hui les individus et les groupes qui se prennent pour Dieu. C'est très courant aujourd'hui dans tous les les milieux. Le Nouvel Âge d'ailleurs n'est pas sans renforcir cette position chez un grand nombre: il vise à faire croire qu'on peut se passer de Dieu puisque chacun de nous est dieu. Tous et chacun veulent être le nombril du monde et Maître de sa vie.

Rien de nouveau sous le soleil: déjà au début de l'humanité, chacun voulait se construire sans Dieu. Chacun veut édifier sa tour de Babel qui s'élèverait plus haut que le ciel pour pouvoir se passer de Dieu. Qui n'est pas tenté de se prendre pour un autre?

Maîtres de positions politiques, financières, administratives, religieuses, militaires ou autres, combien ont fini par se perdre en chemin. Ces gens-là sont alors sortis de leur vérité humaine. Exilés loin de leur cœur, ils n'y reviendront qu'en rentrant en eux-mêmes. Pour se retrouver eux-mêmes, il faudrait qu'ils se retrouvent exclus de la position qu'ils occupent.

Du jeune à l'adulte, du leader politique au responsable religieux, du chef d'entreprise au militant syndical, tous ont besoin de connaître l'exclusion de leur position qu'ils croient inviolable, que la Bible appelle l'Exil, pour prendre le chemin qui les ramène à la source, à leur cœur. Ces êtres ne seront jamais plus les mêmes après la traversée de tels ébranlements de terrains où leurs échavaudages s'écroulent pour être enfin vrais. Être exclu de la tour de contrôle où il détenait le pouvoir permet à chacun de reconnaître qu'il n'est pas Dieu.

Bien sûr, cela ne se fait pas tout seul; le plus souvent, la vie s'en charge. Un jour on perd tout... L'affaire que nous avions monté de peine et de misère s'écroule: c'est la faillite. Terribles chemins d'exil! C'est le drame. Plus rien qui ne tienne. Un effondrement de terrain se produit. Tout semble s'écouler sous nos pieds, comme un château en Espagne: plus rien de sûr. C'est comme du sable mouvant du désespoir qui glisse sous nos pieds. Terrible impression que de s'être fait rouler: «Vous m'avez monté un beau grand bateau; vous m'avez fait de bien grandes vagues...» chantait Gerry Boulet.

À quoi servent ces chutes, ces déportations, ces ébranlements de nos échavaudages? On joue tous un jeu sur la grande scène du monde sur laquelle on se produit; on veut faire ses preuves, briller sous les feux de la rampe. Un jour ou l'autre, on se doit d'enlever le masque, de déposer le personnage. Nul être humain ne se débarasse des oripeaux du personnage qu'il joue, tant qu'il n'est pas exclu, du moins pour un temps, de la pièce qui se joue.

À quoi servent encore ces exclusions, ces écroulements de nos tours de Babel? À devenir plus vulnérables dans nos contacts avec autrui. En perdant nos vieilles carapaces dans lesquelles nous étions enfermés pour nous défendre contre la vraie vie qui veut nous envahir, nous sommes plus vrais que jamais. Ceux qui ont vécu cette expérience insistent rarement sur ces carapaces qu'ils ont perdues. Ils parlent plutôt de nouveaux chemins qui se sont ouverts devant eux, des eaux vives où ils étanchent leur soif, de la lumière qui a chassé de leur existence les ténèbres antérieures.

Oui, ces moments de mises en quarantaine de nos amours sont toujours précieux. Il n'est pas rare que des hommes, des femmes après s'être obstinés à poursuivre un rêve illusoire, au besoin en piétinant et détruisant la vie autour d'eux, sortent un jour de ce rêve, par la force des choses. On a l'impression que leurs yeux s'ouvrent à leur propre vérité. Ces situations sont pour ceux qui les vivent une possibilité de se retrouver eux-mêmes, de préférer au rêve la réalité, de se voir en quelque sorte rendus à leur propre vérité. Aussi servent-elles à les sortir de leurs rêves illusoires, fait de prétentions mensongères où l'être humain s'enferme si facilement lui-même au risque de s'y déshumaniser.

Peut-être est-ce à ce moment que nous sommes le plus proches de Dieu? «Il m'arrive de penser écrit Jean Sulivan, qu'il est impossible d'être fidèle à ce qu'on nomme Dieu sans l'être au plus vrai de soi».

Bien sûr ce n'est pas sur le coup qu'on comprend. Mais c'est habituellement après coup qu'on voit le sens des coups durs, même injustes, dont on a été frappé. Alors, après coup, on y reconnaît notre chance.

FAUT-IL REMPLACER CEUX QUI NOUS QUITTE OU ACCEPTER LA SÉPARATION DANS LA JOIE?

Un jeune souffre d'un cancer à la gorge qui a déjà gagné le visage et risque de se répandre à tout le corps. Le médecin propose de tenter d'arrêter la contagion du mal en amputant la langue. Après un certain temps de réflexion, le malade accepte, non sans hésitation, la proposition du spécialiste. Le matin de l'intervention, le médecin prend du temps avec le patient: «Tu risque de perdre l'usage de la parole. Qu'aimerais-tu pouvoir dire?»

— «Je voudrais le remercier. — Et pourquoi remercier, puisque tu peux perdre la parole? — Docteur, il m'avait prêté l'usage de la parole pour plus de vingt ans... Je perd la voix, mais je ne perd ni mes yeux, ni mes bras, ni mes jambes. Docteur, je perd la parole, mais il me reste la foi, l'espérance, l'amour...»

Oui, un jour on peut perdre un mari, une femme, un enfant, un parent, un ami, la santé, la réputation, un emploi, un avenir, une chance... Il est rare que de telles transformations soient le fruit d'une pure décision. La plupart du temps, ils sont le fruit d'un événement déclancheur ou d'une série d'événements sur lesquels nous n'avons aucune prise: le parent impuissant devant son propre enfant... le responsable démis de ses fonctions... le fier-à-bras frappé de paralysie... l'intellectuel convaincu de légèreté par ses collègues... Que de situations où on se voit déporté hors de domaines sur lesquels on semblait régner auparavant en roi et maître tout-puissant.

Des parents dont le fils est en prison, dans la drogue, dans la paralysie, dans la maladie mentale... La mère qui a perdu un fils dû à un accident, à la maladie, à la mort, à la drogue, à un règlement de compte... Le mari qui a perdu son épouse... L'enfant qui a été séparé de ses parents... La fiancée qui a perdu son ami... Allez-vous leur demander à chacun d'être dans la joie, de rendre grâce, de louer et de bénir en tout temps? Peut-être y arriveront-ils un jour après un long trajet; mais pour le moment peut-on leur demander d'être dans la joie? Leur demander d'en faire le deuil, cela veut-il dire pour autant qu'il n'y a plus de souffrance?

«Celui qui a Dieu, rien ne lui manque», dit Thérèse d'Avila. «Dieu seul suffit», de renchérir Jean de la Croix. «Quoi qu'il advienne, soyez toujours dans la joie» vient couronner saint Paul. Ils ont évidemment raison. Cela est vrai, mais attention! Il faut savoir mettre des bémols. Mais cela ne nous empêche pas de sentir un vide douloureux quand nous devons nous séparer d'une personne aimée.

Dans les polyvalentes, quand les jeunes découvrent, à leur grande surprise, que je suis prêtre depuis vingt-cinq ans déjà, ils s'interrogent. «Es-tu heureux?» «Oui, je suis heureux. Mais heureux comme les gens qui sont en amour. Et en amour, on n'est jamais parfaitement heureux, parce qu'on souffre et qu'on a peur. Peur de blesser, peur de ne pas assez aimer, peur de ne pas être à la hauteur...»

Dietrich Bonhoeffer sait de quoi il parle puisqu'il a été privé des siens par le camp de concentration et y a laissé sa vie. Voilà son témoignage à ce sujet: «Rien ne peut compenser l'absence de quelqu'un que nous aimons, et ce serait une erreur d'essayer de trouver un remplaçant. C'est absurde de dire que Dieu remplit le vide. Il ne le remplit pas, au contraire, il laisse le vide libre. Ainsi il nous aide à garder notre amitié vivante, même si cela fait mal».

On dit parfois que, quand on choisit le célibat pour le Royaume et qu'on se donne sans réserve à Dieu, il comble tous les vides. Alors il n'y a plus de déceptions, tous les besoins sont satisfaits. Mais en est-il toujours ainsi? N'y a-t-il pas de ces soirs où la chair crie, où le cœur saigne?

Dans tout célibat et toute séparation, les vides et la douleur sont ressentis parfois à chair vive. Il arrive donc qu'il reste certains vides douloureux; mais ils ne troublent nullement la joie parfaite qui a sa source dans le centre. Chez ceux qui ont traversé la nuit, c'est une souffrance qui est tout à fait acceptée et assumée.

Que de fois j'ai vu des maris quitter leur femme et les remplacer aussitôt, à la première occasion, pour continuer à vivre comme si de rien n'était. Que d'épouses déçues, laissées là par un mari lassé, n'ont pas pris le temps de vivre le deuil de leur situation et se sont relancées dans une nouvelle aventure pour prendre leur revanche, ou pour camoufler leur blessure. Que de femmes brisées par un conjoint alcoolique, violent, dépendant, après l'avoir quitté, se retrouvent avec un autre possédant le même problème et continuent à jouer la victime.

Quand un jeune amoureux perd son amie, il se trouve toujours sur sa route des consolateurs pour le rassurer: «Une de perdue, dix de retrouvées». Non, une amie, une épouse dont on a été amoureux ne se remplace pas, ni un époux, ni un ami, ni un enfant, ni un parent... Quand tu perds quelqu'un d'aussi cher, ce n'est pas pour en retrouver aussitôt un autre; mais bien pour te retrouver toi-même. Alors ne le remplace pas trop tôt, car tu risques de t'y perdre.

Et pourquoi essayons-nous si vite, de remplacer la personne perdue? Parce qu'on a peur d'avoir mal en laissant la plaie à découvert. Pourtant, c'est cette exposition, «à l'air libre», qui crée l'ouverture, toute la place grande ouverte, et nous prépare à un nouvel avenir.

QUAND SURPREND LE TEMPS DES CRISES: LA PEUR MORTELLE DE L'AMOUR

Nos vies ressemblent étrangement à une vision qu'eut un jour le prophète Ezéchiel racontée au chapitre 47 de son livre. En prière, il vit un cours d'eau qui sortait des portes du Temple et descendait dans les rues de la ville. Il était poussé par un ange à traverser les rues de la ville. Au début l'eau lui montait jusqu'aux chevilles, pris un peu plus tard jusqu'aux genoux, puis jusqu'aux reins. Et après un certain temps, l'eau avait tellement monté, il en avait jusqu'au cou... C'était devenu un fleuve infranchissable, comme un torrent... *«Pour le traverser, il m'aurait fallu nager»* avoue-t-il.

Dans les premiers temps, la rivière de nos amours montait, montait... comme les eaux d'une rivière au printemps. Au début, nous avions de l'amour jusqu'aux chevilles, puis jusqu'aux genoux, enfin jusqu'aux reins... Jusque là, tout allait assez bien. Nous étions bien partis. Nous vivions sur notre air d'aller. Tout allait comme dans le meilleur des mondes. Tout à coup, le ciel de nos vies s'est obscurci. Puis un jour, tout a pris le bord.

De tels changements brusques ne s'opèrent pas sans transition brutale. Notre couple s'effondre. Un mur infranchissable s'est élevé: «On ne se comprend plus». «Sors-moi donc Albert, amène-voir des choses un show... Autrement du couple qui ne se comprend plus, cela fera un de plus...» chantait Félix Leclerc. Un «horrible fossé» s'est creusé: «C'est l'enfer!» de s'exclamer chacun. Comment se fait-il que nous n'avions pas vu venir ce moment de crise?

Au printemps de nos vies, la rivière de nos amours monte et veut tout emporter. Nous sommes là sur le bord de ce torrent qui déborde, et nous n'arrivons plus à le contenir. Arrive un jour où les eaux de nos amours ont monté; là nous ne sommes plus devant un filet d'eau, mais devant un torrent infranchissable. Devant ces profondeurs de nos amours, ces fols ébats des eaux tumultueuses de nos amours, nous sommes dépassés. Comme rivière en crue au printemps, nous sommes emportés. Nous ne tenons plus au lit de nos amours creusées de peine et de misères, nous débordons... Quelqu'un doit nous forcer à s'y maintenir: *«L'ange m'emmena puis me ramena»* (Ez 47, 6).

Une telle peur nous envahit: peur d'être emporté par le courant. *«Puis il mesura mille coudées: c'était un torrent que je ne pouvais traverser, car l'eau avait monté: c'était de l'eau où il fallait nager, un torrent infranchissable»* (Ez 47, 5). Une voix nous dit de plonger, de faire confiance et de nager en nous laissant porter par la force du courant. Mais nous avons peur de nager, peur d'être conduit là où ne voulons pas.

Moment critique entre tous que ceux-là. Nous sommes dans une impuissance totale. C'est l'heure de l'ultime tentation, l'heure de re-choisir. J'arrête ou je continue? Fin ou re-commencement? Dé-mission ou re-mission? Retour en arrière ou percée vers l'avenir? Mort ou ré-surrection? À nous de choisir! Entre la vie et la mort. Une voix se fait entendre: «Lève-toi et marche!»

Parfois il en est ainsi de nous. Chacun croit savoir qui est son Dieu, son conjoint, ses parents, ses enfants... Puis un jour, on est amèrement déçu: «On s'attendait à autre chose; et c'était rien que ça!» Que de questions surgissent alors: pourquoi donc les nôtres ne sont-ils pas, ni le conjoint, ni les enfants, ni les parents que nous aurions aimés? Pourquoi n'avons-nous pas la santé, la profession, l'image, la sainteté que nous avions tellement imaginés? Nous devons mourir à nos idées sur nous et sur les autres pour nous ouvrir à du neuf.

Dans tout amour, tout projet, arrive un jour où chacun est placé comme devant une mer infranchissable. Pour «passer l'épreuve», pour traverser sur l'autre rive, un acte de confiance déraisonnable est exigé. Accepter d'être là sur le bord d'un précipice sans fond, sans rampe pour se protéger, est absolument de mise.

Un geste total de remise de soi dans la main de l'Autre est demandé. Et Dieu sait à quel prix! Ah ce qu'il en coûte de sueurs froides, d'angoisse amères, de larmes essuyées. Que de nuits blanches à ne pas fermer l'oeil, de questions sans réponses, de vertiges sans précédents. C'est le prix à verser.

Combien se sont arrêtés là paralysés, estomaqués par la peur. Souffle coupé, jambes tremblantes, pétrifiés comme statue de sel. Incapables de surmonter seuls leur peur! Et quelle est cette peur mortelle qui les paralyse à ce point? C'est la peur de l'amour, de ses exigences, de ses requêtes. La peur d'entrer dans un monde inconnu: peur du futur, de l'imprévu, de l'imprévisible de Dieu. Au fond, c'est la peur de changer. Et la peur est mauvaise conseillère. Souvent elle nous fait arrêter d'avancer, retourner en arrière, cesser de prier. Au fond, nous avons peur du changement.

Au fond, c'est la peur de lâcher prise et d'être emporté par le courant et le grand vent de l'Esprit. Celui qui aime vraiment, qui prie en vérité accepte de ne pas gérer sa propre vie mais de la remettre, inconditionnellement, entre les mains d'un Autre. Et cela est effrayant. La peur nous saisit devant l'avenir que Dieu nous offre: «Cela va me mener où? Jusqu'où cela va aller?» Le présent dans l'amour, cela s'endure encore; mais c'est l'avenir qui nous fait mourir.

DU NOUVEAU TEMPLE JAILLIT LA SOURCE DE LA VIE

Voici la vision qui fut donnée au prophète Ezéchiel alors qu'il était en prière.

Le Seigneur me fit venir vers l'entrée du Temple; or, de l'eau sortait de dessous le seuil de la Maison, vers l'orient: L'eau descendait au bas du côté droit de la Maison, au sud de l'autel.

Il me fit sortir par la porte nord; puis il me fit contourner l'extérieur, jusqu'à la porte extérieure qui est tournée à l'orient: et voici que l'eau coulait du côté droit. Quand l'homme sortit vers l'orient, le cordeau à la main, il mesura mille coudées. Il me fit traverser l'eau: elle me venait aux chevilles. Puis il mesura mille coudées et me fit traverser l'eau: elle me venait aux genoux.

Puis il mesura mille coudées et me fit traverser l'eau: elle me venait aux reins. Puis il mesura mille coudées: c'était un torrent que je ne pouvais traverser, car l'eau avait monté: c'était de l'eau où il fallait nager, un torrent infranchissable...

Il me dit: «As-tu vu, fils d'homme?» Il m'emmena, puis me ramena au bord du torrent. Quand il m'eut ramené, voici que, sur le bord du torrent, il y avait des arbres très nombreux, des deux côtés. Il me dit:

«Cette eau s'en va vers le district oriental et
descend dans la Mer Morte; elle pénètre dans la
mer; quand elle s'est jétée dans la mer les eaux
sont assainies.
Et alors tous les êtres vivants qui fourmillent
vivront partout où pénétrera le torrent. Ainsi le
poisson sera très abondant, car cette eau
arrivera là et les eaux de la mer seront
assainies:
il y aura de la vie partout où pénétrera
le torrent.
Au bord du torrent, sur les deux rives,
pousseront toutes espèces d'arbres fruitiers;
leur feuillage ne se flétrira pas et leurs fruits ne
s'épuiseront pas; ils donneront chaque mois une
nouvelle récolte, parce que l'eau du torrent sort
du sanctuaire. Leurs fruits serviront de
nourriture et leur feuillage de remède.»

(Ézékiel 47,1-9.12)

CHAPITRE IV

QUAND LA FORCE DU COURANT CREUSE LE LIT DE NOS CŒURS...

«Ma grâce te suffit; ma puissance donne toute sa mesure dans la faiblesse. Car lorsque je suis faible, c'est alors que je suis fort».

(2 Co 12, 8. 10)

Une spiritualité de conflit:
Une Bonne Nouvelle pour nos situations de fragilité!

POUR CRÉER DES CHEFS D'ŒUVRE:
ENVELER CE QU'IL Y A DE TROP

Michel-Ange, le grand artiste florentin, aimait travailler enfermé pour n'être vu de personne. Il ne montrait ses oeuvres qu'une fois qu'elles étaient achevées. Quand il eut fini les célèbres statues des *«Esclaves»*, on fit une grande fête à Florence. Tous les nobles, artistes et autorités étaient impressionnés d'une telle oeuvre d'art. Aux félicitations et compliments, le génie créateur répondit: «Mais je n'ai rien fait. Quand on m'a apporté la pièce de marbre, il y avait déjà cette sculture. Je n'ai fait qu'enlever quelques petits morceaux de trop qui la recrouvaient».

Quand Jésus a rencontré Simon-Pierre, cet homme tout d'une pièce, ce pêcheur mal équarri, il a vu d'avance ce qui pourrait sortir de ce bloc de pierre non-dégrossi. À une condition: accepter d'être travaillé par le Maître d'art, à coup de ciseaux, à coup de marteaux. Pour devenir un chef d'oeuvre d'art, ce qui importe c'est que soit enlevé ce qu'il y a de trop. Que son cœur de pierre devienne cœur de chair: et cela, coûte que coûte.

Comme Pierre, le Seigneur nous a destinés à être une oeuvre d'art entre ses mains. Mais que de choses nous emprêchent d'être libres pour suivre les chemins qui mènent à l'amour et servir le Seigneur! Alors il lui faut enlever tout ce qui nous embrasse.

Ce qui fait problème en amour, ce n'est pas ce qui nous manque, mais ce qui nous encombre et nous empêche de marcher libres sur les chemins. Si nous pouvions résumer en une seule phrase en quoi consiste cette purification, nous dirions: enlever ce qu'on a de trop.

Pour évaluer la température du corps humain, les degrés de fièvre, un instrument utile est le thermomètre. Pour mieux connaître les changements de température de l'atmosphère, on utilise les baromètres. Pour mesurer le taux d'alcool dans le sang, on a inventé l'ivressomètre. Et pour connaître le degré de nos amours, nous pouvons utiliser l'amouromètre.

Mais attention! Généralement, nous mesurons nos offrandes à la quantité que nous donnons. Celui qui donne le plus est considéré comme le meilleur. Mais pour déterminer l'intensité de nos amours, il ne s'agit pas tant de mesurer ce que nous donnons, mais ce que nous refusons de donner. Voilà de que l'amouromètre détecte: non pas ce qui est sorti de nos bourses, mais bien plutôt ce qui y reste encore.

Un jour Jésus observait les foules au Temple de Jérusalem. Des riches mettaient des sommes importantes dans le trésor, en faisant sonner bien fort leurs dons. Une pauvre veuve avait deux piécettes d'argent sans importance. Mais comme elle avait tout donné ce qu'elle avait pour vivre, sans rien garder pour soi, sa capacité d'amour se révélait plus grande.

Pour devenir le plus grand évangélisateur de toute l'Église, Pierre dut être purifié pendant de longues années et de diverses manières avant de commencer à accomplir sa mission. La vocation spéciale à laquelle il était appelé exigeait une plus grande purification. Souvent nous sommes bâillonnés et entravés sur la route que nous suivons parce que le Seigneur nous prépare pour une mission beaucoup plus importante. Si nous nous échappions de ce brasier, nous perdrions l'occasion d'être forgés.

Comme l'or est épuré au feu, la purification est le four où est forgé le disciple de Jésus qui veut suivre sur les chemins escarpés de l'amour. Si on ne met pas la brique au feu pour la cuire, elle ne pourra jamais servir à la construction. Tous les grands prophètes sont passés par le feu de la purification. La vraie foi se mesure dans l'adversité.

Dans la fournaise de l'épreuve du feu, les trois jeunes gens fidèles à leur Dieu, chantaient ses louanges (Dn 3, 24-90). Et leurs voix brûlées par le feu de la purification n'en n'étaient que plus vives. Et la famille des Macchabées martyrisés pour leur foi, sous les coups qu'on leur porte, s'écrient: *«Si Dieu nous sauve, nous croirons en Lui, mais s'il ne nous sauve pas, ce n'est pas pour cela que notre foi sera diminuée, nous croirons encore plus»*.

Les obstacles sur le chemin, l'échec nous permet de faire halte sur le chemin et de rectifier le sentier que nous suivons. Il n'est pas une oeuvre importante dans le monde qui ne soit née des conséquences d'un échec. C'est toujours quand Jérusalem a été détruite qu'il a été possible de bâtir à neuf. «Le seul examen qu'on réussi dans la vie est celui qu'on échoue».

Pensons à tous ces juifs passés au four de la purification lors de la dernière guerre dans les camps de concentration, comme l'or au creuset. Ceux que leur foi soutenait jusqu'au bout en étaient que plus purifiés et plus transparents. Un de leur ancêtre dans la foi Habaquq, au sein de la crise s'écrie: «*Le figuier ne bourgeonnera plus, plus rien à récolter dans les vignes, les champs ne donneront plus à manger, mais moi je me réjouirai dans le Seigneur, j'exulterai en Dieu mon Sauveur! Il rend mes pieds pareils à ceux des biches, sur les cimes il porte mes pas»* (Ha 3, 17-19).

POURQUOI LE SUIVONS-NOUS?
NOUS MARCHERONS SUR LES EAUX POUR L'AIMÉ

Le jeune Sancho Panza, en quête d'un sens à sa vie, s'était follement épris de Don Quichotte, l'idéaliste qui prétendait atteindre de lontaines étoiles et conquérir des royaumes inexistants. Quand on essaya de persuader le jeune disciple Sancho d'abandonner son maître, lui faisant voir qu'avec ce chevalier monté sur un coursier extravagant, il ne gouvernerait jamais la moindre petite île, c'était peine perdue. Quand on voulait le convaincre de mille et une façons qu'il ne tirerait aucun avantage de cette aventure chevaleresque, si ce n'est que moqueries et rires. Quand on exigea de lui une raison logique pour laquelle il suivait le fou de la Mancha, alors le paysan rebondit, les larmes aux yeux, et donna la raison de fond:

Je le suis parce que... parce que... je l'aime, je l'aime beaucoup, et je ne peux plus le laisser seul. Même si nous n'atteignons pas les étoiles et que nous ne pouvons vaincre les ennemis, même si nous ne détournons pas les géants du mal et que nous ne désenchantons pas les princesses..., je dois le suivre jusqu'à la fin. Sinon, qui va le relever lorsque le moulin à vent l'aura fait tomber? Qui va panser ses blessures? Qui osera devenir son écuyer? Qui partagera ses disgrâces?

Comme le disciple d'un tel maître, Pierre est un homme très généreux — à ne pas douter —, regardonsle. Au fond, Pierre c'est un peu chacun de nous; c'est un exemple, un miroir, un modèle. À travers ses hauts et ses bas, à travers ses combats et ses victoires, nous pouvons le suivre. Il nous indique les étapes que nous avons aussi à traverser.

Un nuit, voyant Jésus qui, défiant toute loi de la nature, marche sur les eaux et vient à sa rencontre en déclarant: *«Ayez confiance, c'est moi, soyez sans crainte»*... Pierre dit: *«Seigneur, si c'est bien toi, donne-moi l'ordre de venir à toi sur les eaux»* (Mt 14,26).

«Venir à toi sur les eaux», est une parole très forte. *«Marcher sur les eaux»* est le propre du Seigneur; c'est une caractéristique de Dieu dans l'Ancien Testament.

Pierre est audacieux: demander de faire ce que fait Jésus, c'est participer à la force de Dieu. C'est faire des choses que seul Dieu est capable de faire. Nous aussi, en suivant Jésus, nous avons été investis de sa force: ne nous a-t-il pas communiqué ses pouvoirs de chasser les démons et de guérir les malades, de déplacer les montagnes qui bloquent nos routes, de marcher sur les eaux de nos problèmes? Nous entrons donc dans cette communication de puissance avec foi, amour, générosité, nous participons à la force de Dieu; et Jésus y consent.

«Viens» dit Jésus. Et Pierre, descendant de la barque, se mit à marcher sur les eaux et vint vers Jésus». (Mt 14, 29)

Nous aussi, il nous est arrivé de marcher sur les eaux. Les premiers temps où nous étions en amour, nous flottions; rien n'était à notre épreuve. Et nous nous sommes jurés mer et monde: «Nous, cela ne sera pas comme les autres». Et nous aurions renversé les montagnes, escalader les hauteurs, plonger dans les profondeurs. Et les premiers mois de notre conversion aussi nous serions allés au bout du monde. Nous aurions accepté de nous faire brûler vifs, d'être martyrs... Et tout allait comme dans le meilleur des mondes...Hélas quand vient les tempêtes en haute mer, le bâteau risque de couler.

«Mais, voyant le vent, il prit peur et, commençant à couler, il s'écria:«Seigneur, sauve-moi!» (Mt 14, 30)

«Seigneur, sauve-moi!» Ce cri révèle que Pierre ne se connaissait pas: il présumait de ses forces. Se laisser renverser par les vents et les eaux s'impose pour éprouver notre confiance. Il n'avait pas pensé à tout cela; il imaginait un jeu plus facile, alors bouleversé, il crie. Pierre ne connaissait pas Jésus, car à un moment donné, il n'a plus eu confiance en lui, il n'a pas compris que Jésus était le seul Sauveur et qu'au milieu de l'ouragan violent,

là où se manifestait sa propre faiblesse, Jésus était là pour le sauver.

Qu'est ce que Pierre apprend de cette expérience? L'apôtre, comme tout amoureux, veut partager la force de Dieu, sa puissance. Mais il refuse de partager l'épreuve à laquelle nous sommes tous soumis en suivant le chemin de l'amour. Participer à la toute-puissance de Dieu, oui, il le veut; mais partager à la faiblesse de Dieu, non, il refuse. Pourtant participer à la puissance de Dieu signifie aussi partager les épreuves de Jésus. On veut être maître des vents et des marées, mais on n'avait pas imaginé qu'il fallait aussi se laisser renverser par le vent et les marées d'abord.

Quand les vents nous sont contraires, bien sûr comme Pierre, les peurs nous envahissent. Voilà la mer houleuse sous ses pieds. Le Seigneur n'attend qu'un cri et un geste de confiance de notre part pour nous tendre la main et nous rassurer: «N'aie pas peur. C'est moi!» Au lieu de tant gémir nos peurs, regardons-les en face: elles contiennent une force capable de nous donner un élan, des ressources inouïes et des grâces inexploitées. Alors il nous tend les mains pour nous sortir des eaux où nous nous enfonçons.

Quand se déchaîne la «tempête» sur le «lac», avec quel calme réussissons-nous à «dormir» ou à apaiser d'un mot de confiance le «vent» et les «vagues»? Telle est la question essentielle de toute notre vie.

LE REGARD DE JÉSUS SUR PIERRE: POURRAIS-JE JAMAIS OUBLIER?

Imagine deux prisonniers dans un camp de concentration. L'un des deux — c'est toi! — a tenté de fuir, en sachant que cela entraînerait la peine de mort. Ton compagnon est inculpé, à ta place, et il se tait; il est torturé en ta présence, et il ne te dénonce pas. Tandis qu'on l'amène enfin au lieu de l'exécution, un instant seulement, il se retourne et te regarde en silence, sans l'ombre d'un reproche.

Revenu chez toi, pourras-tu désormais être comme avant? Pourras-tu jamais oublier ce regard?

Combien de fois, en entendant parler ou en parlant moi-même de la Passion du Christ, du fait qu'il a pris ma place pour me sauver d'une condamnation certaine, j'aurais le goût de me répéter, presque en colère contre moi-même, ce vers célèbre dans l'*Enfer* de Dante Alighieri: «Si tu ne pleures pas, de quoi pleureras-tu?»

L'apôtre Pierre lui-même a fait une expérience semblable, et s'il put crier ces terribles paroles aux foules, c'est parce qu'il les avait d'abord criées contre lui-même: «Toi, toi, tu as renié le Juste et le Saint!».

Jésus lui-même, d'ailleurs, déclara aux saintes femmes qui le suivaient dans sa passion: «Ne pleurez pas sur moi» (Lc 23, 28). Alors sur qui pleurer? Sur Pierre — et c'est chacun de nous — qui ne comprend pas encore. Sur nous qui le crucifions, et tous ceux que nous crucifions en chemin. Sur les souffrants et les crucifiés d'aujourd'hui qui continuent encore à endurer un sort injuste «par notre faute, notre très grande faute» .

Pendant la passion de Jésus, interrogé sur ses relations avec Jésus, Pierre nie catégoriquement connaître son Maître. De quelles lâchetés, comme lui, ne sommes-nous pas capables? À ce moment, Jésus sur le chemin qui le conduit à sa mort, croise Pierre du regard. *«Alors le Seigneur, se retournant, fixa son regard sur Pierre. Et sortant dehors, il pleura amèrement»* (Lc 22, 61). Le regard de Jésus le transperça de part en part et le retourna. Ah ce regard qui «envisage» au lieu de «dé-visager»!

C'est ce regard-là que Rembrandt donne à Jésus. Regard qui va d'emblée jusqu'à la part enfouie, inavouée et honteuse si souvent, mais aussi part douloureuse, celle de la blessure dont on ne guérit pas. Le regard de Jésus semait ainsi, sur son passage, les semences d'innombrables résurrections, des miracles à venir, dont les évangiles, faute de place, ne disent mot.

Tous ceux et celles qui se sont laissés regarder par lui, qui ont consenti à ces yeux-là, ressurgissent d'un abîme. Ils tiennent debout, ils marchent, ils dansent; aucun démon du dégoût, de la honte, ne les possède plus.

Dans ces yeux-là, je peux enfin me regarder en face. Je suis débusqué de mes mensonges et de mes faux-fuyants,car «qui ne se grime pas». Je me retrouve *«tout-nu»* et sans masque, au beau milieu d'éclats épars, de beaux miroirs brisés. Quand je me vois dans ses yeux au si beau et si profond regard, il y a de quoi frémir et pleurer de joie.

Ces yeux-là me disent: *«Passe sur l'autre rive...»* Et passer sur l'autre rive expose toujours à la tempête. *L'autre rive!* Elle est la part sauvage, rebelle, la *«part maudite»* que nous portons tous et qui attend d'être affrontée à visage découvert, sous peine de nous rendre à jamais orphelins de nos plus élémentaires ressources... Elle est *«l'abrupt»* ou la faille secrète, qui attend inexorablement, et surprend toujours: l'échec, *«l'effondrement perpétuellement masqué»*, la mort...

Quand la barque de ma vie est battue par la vague, «le vent étant contraire» et que je voudrais marcher sur les eaux comme Pierre pour passer à travers la tempête de ma vie (Mt 14,22-33), ces yeux-là me disent *«Viens».* Après avoir marché courageusement sur les eaux, on risque toujours de perdre pied, de prendre eau et de frapper le fond. Alors on remonte des eaux et on n'en sort qu'en tendant la main au Maître des flots.

Ces yeux-là me disent que l'existence est un chemin où l'essentiel est seulement de savoir donner la main. Mais celui qui n'a jamais *«perdu pied»*, comment saurait-il ce que c'est que de *«tendre la main»*? Celui qui a tendu la main, en criant *«au secours»,* entendra mieux le cri, silencieux, d'autres mains tendues vers les siennes... Ces yeux-là me disent: «Tous ceux-là qui se perdent en mer, ils sont les tiens, comme un miroir...» Que feras-tu pour eux? Leur tendras-tu la main, leur ouvriras-tu les bras?»

Quand de tels yeux se posent sur nous, comment ne pas pleurer nos péchés et reconnaître notre faiblesse?

Celui qui connaît son péché est plus grand que celui qui ressuscite un mort. Celui qui pleure une heure sur lui-même est plus grand que celui qui enseigne le monde entier... Celui qui connaît sa faiblesse est plus grand que celui qui voit un ange... Celui qui suit le Christ en secret et avec repentir est plus grand que celui qui jouit d'une grande réputation dans les Églises.

LES CHANCES DE DIEU: DES PÉCHEURS QUI S'OFFRENT À SA GRÂCE!

Un grand pianiste, qui a donné sa vie à l'amour de la musique, Pablo Casals a joué et a été applaudi sur toutes les grandes scènes du monde. À ne pas en douter, c'était un virtuose. Un jour, la maladie se met de la partie; atteint de rhumatisme inflammatoire grave, il est obligé d'arrêter de jouer. Pour gagner sa vie, il devient donc professeur. Comme il ne peut plus jouer devant ses élèves, il les écoute jouer.

Après douze ans de paralysie, le vie se répand à nouveau et reprend dans ses articulations. Il monte à nouveau sur scène et il reprend donc ses tournées à travers le monde. Il joue de la musique comme il n'a jamais joué; c'était à vous faire frémir. Tous se demandent à quoi est dû un tel approfondissement. Quel est donc la source d'une telle puissance de vibration et d'émotion...? Lors de la célébration de ses quatre-vingt ans, il ouvre son cœur.

> *Quand j'étais plus jeune, je jouais la musique de mes émotions. Depuis que j'ai été forcé par les événements de la vie à écouter la musique de mes élèves, alors j'ai tellement grandi en me mettant au diapason de leurs cris, leurs déchirements et leurs espoirs. J'étais plus fait pour écouter que pour jouer. Aujourd'hui, c'est la musique de ceux de qui j'ai appris tout au long de ces années de silence, de solitude, de mûrissement que je porte. Aujourd'hui, je joue les émotions des autres, leur musique intérieure, alors tous s'y reconnaissent.*

Qui Jésus a choisi pour marcher à sa suite? Après sa Résurrection, qui Jésus cherche-t-il pour être ses témoins? Sûrement pas des gens parfaits. Ni Pierre, ni Thomas, ni les disciples d'Emmaüs n'étaient des modèles de vertus. Mais des gens qui ont longtemps écouté la musique silencieuse de tous ceux qu'ils ont croisés en chemin et la musique intérieure de l'Esprit.

Chacun d'eux porte en lui-même l'échec le plus caché, le plus navrant. Chacun d'eux l'a découvert: il n'est lui-même «qu'un homme, rien qu'un pauvre homme», rien de moins qu'un pécheur. Et confronté à l'échec qu'il est à lui-même, il ose se découvrir devant Jésus. Sa faiblesse acceptée peut devenir ainsi un miracle continuel de la grâce de Dieu.

Où le Seigneur a-t-il le plus de chances de nous rencontrer? Les meilleures chances de Dieu, c'est notre chance d'être pécheurs. Où Dieu court-il le plus de chances de nous rejoindre? Sinon dans notre fragilité, notre fissure, notre péché, notre désarmement: dans nos pêches ratées, nos nuits blanches, nos non-succès. Quelle est sans aucun doute la seule condition pour être touché par la grâce et pouvoir y consentir? Reconnaître et accepter notre fragilité!

Que cherche le Seigneur avant tout? Qui appelle-t-il pour être ses témoins? Des modèles de vertus? Qu'à cela ne tienne! Souvenons-nous en: Jésus n'est pas venu appeler les justes mais les pécheurs (Lc 5, 32). Qu'on se le tienne pour dit! Alors que cherche-t-il avant tout? Nos grâces, nos vertus, nos mérites? Allons donc: il ne sait que faire de la vertu que nous pensons avoir. Ce qu'il cherche avant tout, c'est notre point faible!

Quelles qualités Jésus demande-t-il à ceux qu'il désire en faire ses disciples? Aucune qualité exceptionnelle n'est exigée chez ses premiers témoins! Aucun examen de performance n'est à passer, et encore moins un diplôme d'excellence. Plusieurs auraient été disqualifiés sur le champ. Si les disciples avaient passé les examens exigés aujourd'hui par les firmes d'embauche pour trouver le bon candidat, avec les qualités requises pour être un bon apôtre selon nos critères mondains, qui aurait été sélectionné? Seul Judas aurait probablement eu les qualités requises pour répondre aux critères. Les autres auraient tous été disqualifiés au départ.

Qu'attend donc Jésus des siens? Ce qu'il attend, c'est leur faiblesse reconnue, leurs échecs inconscients, leur fragilité d'être, leurs défauts insoupçonnés, leurs limites cachées. Son amour a soif de tous ces endroits malades en chacun de nous qui ne peuvent être saisis et portés que par l'amour et sur lequel son amour peut intervenir avec sa toute-puissance. Dès que la plaie est découverte, Jésus peut exercer sa puissance guérissante et en faire une créature nouvelle.

Ainsi nos limites, notre faute peut devenir un facteur dynamique qui libère des sources nouvelles. Là où nous sommes le plus blessés, nous sommes le plus ouverts. Ce n'est pas par notre force, c'est par notre blessure que Dieu entre en notre âme: «Là où le péché s'est multiplié, la grâce a surabondé» (Rm 5, 20). Dieu utilise notre résistance comme moyen et chemin, il transforme notre péché en bénédiction. Le même événement peut-être source de bénédiction ou de malédiction: tout dépend de la façon dont nous l'assumons.

Se réconcilier avec sa faiblesse: voilà ce qui nous est demandé. Ces coups dans le vide, ces trous dans le filet qui fait que tout nous échappe, voilà à quoi il faut s'attendre. Que la vertu nous échappe, et elle nous échappera toujours, est un signe plein d'espoir.

La fissure, c'est une chance à Dieu et à sa grâce. Toute une chance, dites vous...! Ce n'est que dans l'expérience de notre faiblesse que l'on rencontre la puissance de Dieu. Et, merveille des merveilles, cela est au cœur de la Bible!

AU DELÀ DE LA MALADIE, LA VIE:
DIEU A RAISON DE TOUT

On a rapporté le dernier mot de Charles Maurras. Il était sourd, épouvantablement sourd, comme Beethoven. Au moment d'expirer, il murmura: «Pour la première fois, j'entends venir Quelqu'un». Je souhaite à chacun de nous lorsque l'heure sera arrivée, d'entendre Quelqu'un venir nous chercher, Quelqu'un vers qui toute notre vie aura soupiré, Quelqu'un à qui je dirai: «Enfin, je vais voir ton visage!»

Chaque fois que nous serons à la limite de la peur, de la détresse, de la désolation, seuls dans la foi, incapables de se défendre, dans des situations où tout semble compromis, et nous avec, alors nous sentirons la puissance de Dieu. Voilà que chacun doit se rendre à l'évidence. Une grâce est à demander: se réconcilier avec sa faiblesse. Une leçon à apprendre: grandir, coûte que coûte, à travers la tentation. Un programme de toute une vie à découvrir: la puissance de Dieu cachée au cœur de toute faiblesse humaine.

Heureux êtes-vous si vous vous sentez tellement démunis devant les situations qui vous dépassent, vous trouverez alors la grâce pour surmonter tous les obstacles. Heureux êtes-vous si les forces vous manquent complètement, vous trouverez la force en Quelqu'un de plus fort qui viendra à votre rescousse. Heureux êtes-vous de vous sentir tellement pauvres, vous êtes riches d'une richesse inestimable.

Comment ne pas être touché par la grâce qui se déploie dans la faiblesse et ne pas être conquis par la force au creux de la fragilité? Quelles merveilles de bonté, quand un pauvre se prête à son action. Quelles surprises l'Esprit n'est-il pas capable, quand un corps même malade s'offre à son opération.

Nos faiblesses ne sont pas une excuse, ni nos limites une raison suffisante pour que Dieu interrompe son plan. Notre faiblesse ne sera jamais plus grande que sa puissance. Dieu ne dépend en rien de nous, et encore moins arrêté par nos défauts. Moïse, en est un exemple: quand il fut appelé pour libérer les Hébreux de l'esclavage, il s'écria: «Mais qui suis-je pour aller trouver Pharaon? Je ne sais pas parler et je suis bègue». Dieu lui répondit: «Je

serai avec toi et je t'enseignerai ce que tu devras dire»
(Ex 3, 11-12).

La tentation n'a pas été épargnée ni à Moïse, ni Jérémie, ni à Pierre, ni à Marie-Madeleine, ni à Paul, ni à François, ni à Claire d'Assise... Il leur est beaucoup plus profitable de demeurer dans la tentation, afin d'apprendre comment la puissance de Dieu est capable d'agir au cœur de la faiblesse. Ni la force de chacun, ni sa victoire personnelle n'ont ici d'importance, mais seule sa persévérance dans la tentation et en même temps dans la grâce.

Quel émouvant aveu où Paul dans un extrême péril, condamné à mourir, s'avoue «accablé à l'extrême», «au delà de ses forces», au point de «désespérer de la vie». Voilà les sentiments qui habitaient alors le cœur de l'apôtre: faiblesse, désarroi, impuissance. Voilà la situation de l'apôtre que le Seigneur laisse apparemment renverser par les flots de la tempête, du désarroi total mais dans laquelle cependant Dieu est présent. Voilà le dialogue entamé entre la faiblesse de Paul et la force de la grâce. Écoutons son vibrant témoignage.

> *Car nous ne voulons pas, frères, vous le laisser ignorer: le péril que nous avons couru en Asie nous a accablé à l'extrême, au-delà de nos forces au point que nous désespérions même de la vie. Oui, nous avions reçu en nous-mêmes notre arrêt de mort. Ainsi notre confiance ne pouvait plus se fonder sur nous-mêmes mais sur Dieu qui ressuscite les morts. C'est lui qui nous a arrachés à une telle mort et nous en arrachera; en lui nous avions mis notre espérance: il nous en arrachera encore.* (2 Cor 1,8-11)

Comment concevoir que Dieu puisse consentir à ce que la mort anéantisse celui qu'il avait personnellement aimé? Peut-être l'apôtre se souvient-il: «L'amour est fort comme la mort». Alors il en est absolument sûr: la maladie fait accourir les médecins, la nuit prépare l'aurore, la mort annonce la vie, la faiblesse fait surgir la puissance de la résurrection... Dieu a raison de tout.

Vous vous êtes déjà posés la question: comment se fait-il que les bleuets poussent des années après que les feux de forêts ont ravagé ces terres? Sans ces feux qui semblent tout ravager sur leurs passages, les pousses des bleueutières pourraient-elles jaillir et donner de si beaux bleuets? Les terres les plus favorables sont, sans conteste, celles qui sont passées par les feux de l'épuration.

Et pensons aux volcans. Des années après qu'ils se sont éteints, des pierres précieuses en sortent, des mines d'or s'y cachent, des réserves d'eau de source en jaillissent d'une limpidité incroyable. Un volcan s'éteint, une vie nouvelle s'éveille!

Dès qu'on est prêt à ne plus refouler sa pauvreté et son angoisse mais à l'accueillir librement, Jésus peut devenir ce que son nom signifie: celui qui sauve. Pour celui ou celle qui se sent seul et angoissé, et qui reconnaît sa solitude et son angoisse, il est plus facile de se tourner vers Dieu. Il peut trouver en lui une sécurité si grande et si profonde qu'il puisse vivre en paix, même s'il reste un peu d'angoisse à la surface. Il est même possible que les moments d'anxiété deviennent des occasions d'entrer plus profondément dans la paix et la sécurité de Dieu.

LA FORCE DE DIEU DANS LA FAIBLESSE: LE TÉMOIGNAGE DE SAINT PAUL

Venons-en maintenant au témoignage de la fragilité de Paul que nous pouvons lire dans la deuxième épître aux Corinthiens chapitre 11 et 12. Un jour, il doit se défendre et répondre aux Corinthiens qui l'accusait de ne pas être à la hauteur d'un véritable apôtre (2 Co 11-12).

Que lui reproche-t-on? D'être faible, timide, craintif.

Et comment répond-il à l'accusation? Par la force des choses, il commence d'abord par se défendre honorablement. Vraiment, il ne s'en laisse pas imposer. Contraint par ses adversaires d'énumérer tous ses titres, dans l'espoir de faire accepter son témoignage, il commence par se vanter de tout ce qu'il reçut et qui le situe en bonne position face à ceux qui doutent de sa mission. Il sort tous ses titres de gloire, ses mérites, ses bons coups, ses trophées. Mais à la fin, il préfère se vanter de ses faiblesses.

Ses titres de noblesse ont vite été oubliés. Ses trophées de vertus, ses méritas ne servent plus à grand chose, sinon à se souvenir de ce qu'il aurait aimé être, au personnage auquel aurait voulu accéder, à l'image qu'il aurait voulu donner. Mais ce sont de ses faiblesses, de ses fragilités dont il préfère se vanter. Oui, Paul aurait pu s'appuyer sur ses titres de gloire, sur son passé glorieux, mais non... L'écharde dans sa chair, cette défaillance qu'il porte à chair vive, lui rappelle sans cesse sa fragilité d'homme. Comment ne pas demeurer alors dans une humilité profonde.

> *Et pour que l'excellence même de ces révélations ne m'enorgueillisse pas, il m'a été mis une écharde dans la chair, un ange de Satan chargé de me frapper. Par trois fois, j'ai prié le Seigneur pour qu'il l'éloigne de moi. Mais il m'a déclaré, pour m'éviter tout orgueil:* «Ma grâce te suffit: car ma puissance se déploie dans la faiblesse». *C'est donc de grand cœur que je me vanterai surtout de mes faiblesses, afin que repose sur moi la puissance du Christ. Oui, je me complais dans mes faiblesses, dans les outrages, les détresses, les persécutions, les angoisses endurées pour le Christ; car lorsque je suis faible, c'est alors que je suis fort. (2 Co 12,7-10)*

Quelle était donc cette épreuve dans sa chair? Quelle était cette terrible honte par laquelle il était affligé pour qu'elle le mine à un tel degré? Mais de quelle tentation s'agit-il pour qu'elle soit à ce point intolérable et innommable? Quel était ce combat magistral à livrer?

Qui sait? Une santé défaillante qui lui est un handicap désolant pour un ministère qui l'amène à de continuels déplacements? Une difficulté navrante de porter la parole qui constitue un inconvénient majeur pour ce prédicateur appelé à affronter les publics les plus divers? Un tempérament sujet à des crises impromptues qui lui rend difficile de vivre en équipe et de bâtir des amitiés durables? Une épreuve humiliante dans sa sexualité de l'ordre d'une déviance gênante qui l'oblige toujours à demeurer sur ses gardes, dans un état crucifié et le maintient dans une humilité profonde pour l'assurer de porter témoignage dignement? On ne saura jamais. D'ailleurs peut-être est-ce mieux ainsi. Car chacun de nous peut se retrouver dans sa limite.

Oui il en est rendu là: à parler de ses blessures comme une tendresse, de ses failles comme une grâce, de ses échecs comme des trophées, de ses fuites comme des méritas? Le héraut chrétien n'a rien d'un Goldorak, d'un Zoro, d'une Super Woman, ou encore d'une Sœur Volante ou d'une Femme Bionique, ou encore l'Ange Jonathan dans les Routes du Paradis.

Chacun de nous ne porte-t-il pas à chair vive cette écharde dans sa chair, cette blessure au cœur? Cette partie ombragée de nous-mêmes qu'on ne confie qu'à quelques très rares amis. Cette ombre de nous-mêmes qui nous humilie tant! Cette plaie béante qui nous fait soit nous révolter ou bien nous effondrer. Ou montrer le poing ou ouvrir les mains. Ou désespérer ou adorer.

La pauvreté de cœur n'est pas toujours très «belle», elle n'est pas nécessairement le fruit mûr de vertu et d'ascèse. Elle peut être humiliante: elle peut être un handicap physique ou psychique, constitutionnel ou une conséquence du milieu. Mais pourquoi cela ne donnerait-il pas accès au «royaume des cieux»?

Quelle est la seule condition sans aucun doute pour être touché par la grâce et pouvoir consentir à elle? C'est toujours dans l'expérience de notre faiblesse que l'on rencontre la puissance de Dieu: *«Car lorsque je suis faible, c'est alors que je suis fort»* (2 Co 12, 10). Voilà une donnée fondamentale, une veine de fond qui coule à travers toutes les pages de la Bible, du commencement à la fin. Et aussi dans la vie des saints, petits et grands, qui surgissent tout au long de l'histoire de l'Eglise, depuis les débuts jusqu'à aujourd'hui.

> *De mes faiblesses surtout je me vanterai,*
> *sur moi reposera la puissance de Dieu.*
> *Ce qu'il y a de faible dans le monde,*
> *Dieu l'a choisi pour confondre la force.*
> *Ce que l'on méprise, Dieu l'a choisi,*
> *afin que personne n'aille se glorifier devant lui.*

AU GRÉ DE LA GRÂCE:
AU CŒUR DE TOUTE FAIBLESSE UNE FORCE

Quand un serpent s'introduit dans un poulailler, à quels oeufs croyez-vous qu'il va s'attaquer en premier? Les oeufs fécondés à coups sûrs! Si vous êtes porteurs d'un grand projet, d'une mission particulière, d'un avenir brillant, vous êtes des sujets privilégiés aux piqûres de serpents. Bien sûr si vous êtes des oeufs où les poussins sont morts-nés, vous n'êtes pas une proie de choix aux esprits déstabilisateurs.

Saint Paul a souvent témoigné d'être visité par cet esprit de mensonge qui voulait faire avorter ses projets dans l'oeuf. D'ailleurs, il n'est pas un cas unique dans l'histoire de la sainteté à porter pareilles fragilités. Des exemples en grand nombre pourraient illustrer cette constance dans le défilé des marcheurs en quête de la sainteté. Un exemple pourrait suffire, celui de Paul Liberman.

Voilà un homme qui a appris à vivre avec un handicap de santé, qu'il appelait «sa chère maladie». Pourtant il souffrait de violentes crises d'épilepsie et de toute une série d'handicaps physiques et psychologiques très ennuyeux. Pourtant cela ne l'a pas empêché d'être un apôtre au cœur de feu, un missionnaire intrépide, un fondateur de communauté. Mais de ceux-là, c'est à des centaines d'exemplaires qu'on pourrait citer à la barre des témoins. Nous pourrions aussi penser à Marthe Robin, Padre Pio, Annette Desautels... Tu vois que les apôtres peuvent composer avec leur «écharde en leur chair».

L'impression constante d'échec qui nous accable, constitue la petite fissure, à peine visible, au travers laquelle la grâce essaie de se faufiler en nous. Nous pouvons toujours tenter d'introduire du béton pour camoufler et même étouffer la blessure, essayer de colmater cette fissure, mais c'est peine perdue... Aussi longtemps que nous nous opposons de mille et une manières à notre faiblesse, la puissance de Dieu ne peut agir en nous. Se réconcilier avec notre faiblesse, voilà qui s'impose! Nous pouvons toujours faire de notre mieux pour que rien ne paraisse et vivre tant bien que mal au-dessus de la réalité, mais ce n'est que partie remise... Jusqu'au jour où la barque prend l'eau à nouveau et qu'une nouvelle fissure donne une fois de plus une chance à Dieu et à sa grâce d'agir en nous.

Que serait une table bien polie, vernie, protégée sous l'effet de l'eau qui voudrait la traverser de bord en bord pour l'imbiber? Mieux vaudrait être une table crevassée, fendillée, craquée qui se laisse travailler par l'eau? Que serait une cheminée qui voudrait tirer le feu sans passage libre, sans espace vide? Que serait le feu sans le bois qui résiste? N'est-ce pas dans la nature même du feu de vaincre les résistances?

La grâce ne détruit pas la nature; elle s'y greffe. Et sait faire flèche de tout bois. Et sait faire prendre feu à toute bûche. Et tout en ennoblissant la nature, en la guérissant, elle sait lui laisser ses tares et ses crevasses qui lui permettent de laisser passer le courant de l'eau de l'Esprit. La grâce ne vient pas se greffer d'abord sur notre force ou notre vertu, mais seulement sur notre nature fragile dans son état anémique, atrophié.

Jésus aussi a eu besoin d'être réconforté. Lui aussi s'est senti faible, fragile: il a eu besoin d'aide. Déjà à la Samaritaine il avait demandé: «Donne-moi à boire». Souvenez-vous à l'agonie: «Ne pouvez-vous veiller une heure avec moi». Et son cri sur la croix à vous fendre l'âme: «J'ai soif».

Depuis que Jésus a souffert de notre faiblesse jusqu'à en mourir, pour ensuite en ressusciter, la puissance de Dieu est cachée au cœur de toute faiblesse humaine, telle une semence qui va germer au travers de la foi et de l'abandon. Jésus est venu jusqu'à nous pour prendre sur lui notre faiblesse et transformer celle-ci en force. Il est mort une fois pour toutes au péché et a été ressuscité des morts, par son Père, pour une vie nouvelle.

Dieu crucifié, il boulverse l'image qu'on se faisait de la divinité. Dieu n'est plus connu comme un potentat, indifférent aux détresses humaines, ou écrasant l'homme de sa hauteur. Dieu est désarmé. Il ne peut plus protéger son cœur. Son amour s'épanche sur tous. Il nous supplie de nous laisser réconcilier avec lui. Dans son abaissement il nous réconcilie avec nos limites. Il peut nous réconcilier les uns les autres parce qu'ensemble il nous remet en marche et nous attire à lui.

Je crois que, méditant à la lumière de tout ce que nous avons dit sur Isaïe, Jérémie, Paul, Pierre, Liberman... nous pouvons nous aussi répondre à cet appel de ressusciter au-delà de ce qui nous fait mourir. Quelle que soit la puissance qui nous menace elle s'écroulera, et la Victoire du Ressuscité aura le dernier mot. Il serait peut-être bon de demander la grâce et la force dans la faiblesse.

Seigneur, je te remercie,
car tu m'appelles tel que je suis, faible,
incapable de parler comme Jérémie,
avec les lèvres impures comme Isaïe,
hostile à toi comme Paul,
lourd, obtus, calculateur comme Pierre;
tu as appelé chacune de ces personnes,
tu m'appelles aussi parce que je suis comme cela
et j'accepte de l'être .
Pourvu que ta force me soit donnée!

LA GLOIRE DE DIEU:
C'EST LA GLOIRE DE L'HOMME ET SA PAUVRETÉ

Quand, le matin du 16 mars 1978, Aldo Moro se dirige vers le Parlement, au Montecitorio, c'est vraisemblablement l'homme le plus «puissant» de l'Italie: avec le prestige et l'autorité que lui seul possède, il est en train de porter à son terme l'action politique la plus importante de l'histoire de la République italienne: l'entrée du PCI dans la majorité parlementaire.

Quelques minutes plus tard, c'est un homme fini. Ses gardes du corps abattus, et lui-même arraché à sa liberté, à ceux qu'il aime, il se trouve affronté au calvaire de deux mois d'agonie où l'on se joue de lui, avant de la juger comme ennemi du peuple. C'est ainsi qu'il trouve la mort. Comme l'homme est fragile; tout peut être arraché. Quel mystère de fragilité!

Dans le même Aldo Moro, deux réalités chevauchent l'une à côté de l'autre. Comme mariées l'une à l'autre. La force et la fragilité. La grandeur et la petitesse. La gloire et faiblesse. La richesse et la pauvreté. L'infiniment grand et l'infiniment petit. La puissance et l'impuissance. Dans l'un et l'autre Moro, il y a un monde qui les sépare.

Ces deux réalités dans le même homme, un abîme les sépare: la puissance de l'homme d'état et l'impuissance du prisonnier. Mais c'est un abîme que cinq minutes suffisent à franchir. Cinq minutes qui durent une éternité. Là le temps s'arrête. C'est sûrement le moment le plus long de sa vie. Il ne sera jamais plus le même homme. Il y a un avant et un après. Qui sondera ce mystère insondable de tout homme?

On sait maintenant que Moro, comme tous les autres hommes, porte en lui la fêlure que rien ne peut protéger. Il en fut ainsi de John F. Kennedy, de Martin Luther King, Dog Hammarskjöld, Pierre Laporte, Oscar Romero, Jean-Paul II... Et pour chacun de nous, un jour ou l'autre. Tout semble aller comme dans le meilleur des mondes: santé, puissance, liberté, influence, pouvoir, réussite, prospérité, gloire et richesse. Puis un jour, sans qu'on s'y attende, c'est un coup porté, un tir d'aplomb, un malencontreux accident, une catastrophe, et, — dans une fraction de seconde —, c'est le virage inattendu. Panique, impuissance, écrasement, perte de contrôle, emprisonnement.

«Quand tu étais jeune Pierre, tu nouais ta ceinture et tu allais où tu voulais; lorsque tu seras devenu vieux, tu étendras les mains et c'est un autre qui nouera ta ceinture et te conduira là où tu ne voudrais pas» (Jn 21, 18).

C'est cette fêlure que nous nommons pauvreté radicale; celle qu'une célèbre image biblique — si bien décrite au chapitre 2 du livre de Daniel — appelle les pieds d'argile qui supportent la statue en métaux précieux. Que les pieds soient fauchés et la statue s'effondre.

Voilà ce que l'homme est: pauvreté. Sa fragilité: il est essentiellement *l'être-de-besoin*. C'est cette pauvreté radicale de l'homme qui est sa plus grande richesse. *Pauvreté* n'est pas son synonyme de *finitude* mais ouverture à l'infini de Dieu. «La finitude dans mon corps me révèle l'infini de mon appel». Oui nous parlons de la pauvreté *radicale* de chacun. «La gloire de Dieu, c'est l'homme vivant pauvre». Cette expression d'Oscar Romero constitue la définition même de l'être humain à la lumière de la révélation de l'amour divin.

Pourquoi Dieu aime l'homme? En quel sens Dieu préfère-t-il les pauvres? Qu'est-ce que Dieu aime fondamentalement dans l'être humain? En chacun, c'est le pauvre que Dieu aime: ce n'est pas ce que l'homme a, ni même ce qu'il est, mais son *être-de-besoin* qui est besoin d'avoir et d'être. Dieu, dit une formule audacieuse et vraie, n'aime pas l'homme parce qu'il est aimable, mais pour le rendre aimable.

Pourquoi Dieu aime chacun de nous? Pour rien de ce que nous possédons: ni pour nos vertus, nos qualités, notre amabilité.... Non, pour rien de tout cela. Alors pourquoi nous aime-t-il? Seulement pour l'image de Dieu en chacun de nous. Voilà ce qui nous rend aimable à ses yeux. Or, cette image de Dieu, rien ne peut nous l'arracher. La ternir, oui peut-être; nous l'enlever, jamais! C'est l'assurance absolue que chacun est aimé pour rien qui nous guérit du besoin maladif d'être aimé pour quelque chose. Oui, ce qui nous rend aimable à Dieu, c'est son image en chacun de nous, c'est ce qu'il a de plus pauvre.

Dans l'homme, il y a toujours ce caractère fondamentalement aimable qui est, en lui, l'image de Dieu; une image brouillée sans doute, mais qui ne s'efface jamais. Car l'homme depuis son baptême en porte le caractère ineffaçable, les marques indélébiles: Dieu se reconnaît dans cette image et intervient pour l'enrichir, la développer, la rendre parfaite.

Affirmer que Dieu préfère les pauvres, n'est-ce pas mettre une limite à son amour? Mais non, absolument pas! Quand nous parlons de la prédilection de Dieu pour les pauvres, nous ne mettons pas une limite à son amour — comme si Dieu n'aimait que ceux qui vivent actuellement dans des situations de pauvreté —: mais nous indiquons le lieu privilégié où reconnaître cet amour. Dans la préférence de Dieu pour les pauvres de ce temps, on témoigne de quel amour il aime tous les humains: dans leur pauvreté radicale.

DES CADEAUX MAL EMBALLÉS: DERRIÈRE DES ÉPAVES, DES DIAMANTS D'ÉTERNITÉ

Louise Brissette est célibataire et mère de dix-neuf enfants, de quinze ans à cinq mois, tous handicapés: paralytiques cérébraux, trisomiques, — ses mongols d'amour, comme elle se plaît à les appeler —, enfants fragiles, enfants aveugles. Toute une famille, direz-vous!

Dans un livre émouvant, *Des cadeaux mal emballés*, aux Éditions Novalis, Louise apporte un formidable témoignage d'espérance. Elle se raconte, bien simplement, à travers son propre cheminement et la vie quotidienne de sa famille. Elle nous présente ceux et celles qui font sa joie et son bonheur quotidien. Ils sont pour elle des cadeaux mal emballés qui renferment des trésors d'amour. Il suffit de les déballer... Puisse ce témoignage avec la famille de Louise Brissette vous ouvrir à la merveille, à l'enfance, et à Dieu qui vient habiter nos limites et nos faiblesses.

> *Ces êtres fragiles nous amènent à nos propres fragilités, parce que parfois on ne peut rien pour les soulager. On ne peut que leur montrer notre tendresse, notre amour. Il sont surtout et avant tout des cadeaux, mal emballés, peut-être, mais qui ont tellement à donner. Pour peu qu'on se donne la peine de les déballer, ils nous touchent le cœur et nous apprennent un amour gratuit qui nous fait aller au-delà de nos limites et bien plus loin qu'on se croyait capable d'aller. On peut toucher leur beauté, leur candeur, leur grandeur.*

> *Ils n'ont rien, ils peuvent alors tout donner et tout recevoir. Ils nous amènent au plus intime de nous, à nos limites, à nos souffrances pour nous faire percevoir qui nous sommes, et pour nous apprendre à dépasser l'emballage, justement... Alors, entre deux personnes qui communiquent du plus intime au plus intime, tout est possible.*

Qui n'a pas été émerveillé des richesses de certains corps accablés par la vie, mais brillants d'un tel éclat sous des handicaps navrants? Chacun sait que sous les apparences de véritables épaves, physiques ou psychologiques, peuvent nous voiler, provisoirement, des diamants d'éternité qui brilleront de mille feux au jour du grand dévoilement.

Dans cette perspective, on peut affirmer qu'une présence invisible réalise en eux, à leur gré, les miracles de l'Évangile: les aveugles «voient», les boiteux «marchent», les morts «ressuscitent»..., du moins le peuvent-ils. En ce sens, à chacun de compenser ce qu'il n'a pas par ce qu'il est; car au plan de ce qu'il est, en son corps propre, il ne connaît de handicaps que ceux qu'il afflige à lui-même. Aucun pouvoir humain ne pourra contraindre la liberté de l'Esprit de Dieu à l'œuvre dans l'histoire et dans le cœur des hommes!

Qui n'a pas vu cette lumière plus lumineuse que le soleil dans les yeux de certaines personnes qui ont souffert. On pressent parfois la réalisation du ciel dans l'âme dans le contact avec certaines personnes âgées. Leurs yeux ont retrouvé la transparence et la limpidité des yeux d'un tout petit enfant. On peut dire d'eux que, sur leur fin de leur vie, ils sont devenus à «l'état naissant».

J'ai éprouvé, pour ma part, cette impression il y a quelques années. C'était à la rencontre d'un vieux frère, clerc de Saint-Viateur, je crois. Il avait au-delà de quatre-vingt ans. Cet homme avait passé le meilleur de sa vie comme missionnaire en Chine, consacré au service des plus démunis. Lors de la révolution de la Chine communiste, il avait été emprisonné pendant plus de vingt ans, puis expulsé du pays par la suite.

Vingt ans plus tard, je garde le souvenir de ce regard qui m'avait transpercé de bord en bord. Les yeux de ce bon vieux frère étaient des yeux de ressuscité. Ils témoignaient qu'en lui une chair, apparemment en bout de course, était en réalité une chair déjà menée presque à terme par l'éclat de la lumière invisible qui l'habitait. «Marchez comme si vous voyiez l'invisible» se réalisait à la lettre chez lui.

Qui connaît le revers de chaque être? L'aurore, si souvent, se trouve derrière la montagne. Quelle grâce que de savoir deviner l'envers de la médaille, la face cachée des événements.

Tout sage sait qu'il ne sait rien de l'autre. «Ce que je sais, c'est que je ne sais rien» pourrait-il avouer. Alors, invitation nous est faite d'entrer chez l'autre, comme on entre dans une immense cathédrale. Vénérer son mystère comme on vénère ce qui est sacré. Et toujours se souvenir: «La terre que tu foules est une terre sainte». Alors qu'on ne profane, ni ne piétine, ni ne force cette terre sacrée et privée.

Le loqueteux difforme qui nous tend la main, sait-il que le corps humain humilié en sa personne siège avec le Christ, tout rayonnant de gloire au paradis, au-dessus de tous les êtres de création? Peut-être pas.

C'est pour cela que les croyants demanderont chaque jour la lumière pour dépasser le scandale: «Seigneur, donne-nous des yeux myopes pour toutes les choses qui passent et des yeux pleins de clarté pour toute ta vérité».

LE POINT CULMINANT DU DÉNOUEMENT DE LA CRISE: LES PLAIES D'ÉGYPTE OU DE L'ÂME

Dans un monastère, un vieux frère chargé de la ferme apprend un jour qu'une bête donne un lait suspect. Elle n'était ni vraiment malade, ni bien portante. Pour la guérir, il lui fait une petite blessure; les microbes sont attirés par cet endroit propice à leur développement, mais par contrecoup l'organisme se mit à réagir, et en peu de temps la bête fut guérie.

N'en est-il pas ainsi aussi souvent dans la nature? Quand l'hiver vient, pour se protéger contre les rigueurs de nos durs hivers, les érables retirent leur sève de leurs feuilles et de leurs branches pour les enfouir profondément dans leurs racines pour se protéger des rigueurs du froid hivernal. Mais dès que vient le printemps, par un coup donné à l'érable, on l'entaille. C'est à ce prix que la sève se met à nouveau à couler et irrigue tout l'arbre d'une nouvelle vie.

Chacun de nous et la société dans son ensemble, nous sommes dans un état de crise comparable: on sent bien que la sève est enfouie, en réserve, mais qu'elle ne circule plus dans l'arbre de nos vies. On ne sait par quel bout réagir: on est plutôt porté à laisser aller ou à s'acrocher, comme des désespérés à un point-fixe. Qui ne s'est pas fixé à sa bouée de sauvetage de peur de sombrer dans le vide? Cette fixation, peut être le pouvoir, l'argent, la domination, la dépression, la consommation, le sexe... Avec le temps, cette fixation peut grossir, s'aggraver et prendre beaucoup de place dans nos vies, et même toute la place. Cela devient alors un abcès de fixation.

Comment se dénouent de telles situations faussées? Comment on se sort de telles impasses? Par où on commence pour en voir un jour le bout? Dieu, oui ou non, peut-il intervenir dans une pareille situation? Là est tout la question. La manière de Dieu est de faire surgir ce qui était latent et il intervient généralement en nous secouant, en causant une blessure.

Ainsi quand Dieu veut libérer son peuple d'un trop long hiver d'esclavage où il croupissait en Égypte depuis trop longtemps déjà, quatre cents années infernales, il secoue durement les siens. «C'était l'enfer!» devaient-ils se répéter. Alors qu'est-ce qu'il imagina Dieu pour les aider à les sortir de cet enfer? Les dix plaies d'Égypte.

Ce sont *«dix épreuves»* qui secouent «les Egyptiens» que nous sommes tous et qui dominent et opressent «les fils d'Israël» en nous. *Dix bons coups* que la vie donne aux Egyptiens dominateurs pour qu'ils prennent le bord et qu'ils sombrent en mer, pour que «l'Hébreux» en nous se lève debout et se transforme intérieurement .

Ce sont *«dix entailles»* aux érables que nous sommes tous, *dix plaies* qui nous sont faites pour que la sève se réveille et envahisse l'arbre de nos vies. «Je suis la vraie vigne et mon Père est le vigneron. Tout sarment qui, en moi ne porte pas de fruit, il l'enlève et tout sarment qui porte du fruit, il l'émonde, afin qu'il en porte d'avantage encore(Jn 15,1-2). Dix fois de suite, les Hébreux vont connaître ces coups de sécateurs pour aller puiser en eux-mêmes d'étonnantes richesses.

Ce sont *«dix contractions»* de la *mère-Égypte* qui retient les enfants d'Israël en son ventre, pour desserrer le col trop resserré de la matrice et que naisse enfin *l'enfant-Israël*. *«Dix contractions»* de la mère «en travail» d'accouchement, pour briser l'enveloppe étouffante qui garde en serre-chaude l'enfant qui ne demande qu'à naître pour qu'il sorte de l'étouffement, pour devenir enfin libre.

Ce sont les *dix bons coups sur coups,* que Dieu permet pour nous faire aboutir, pour nous faire venir au monde, pour nous faire passer de fils et filles d'Israël à des fils et des filles de Dieu... Ne faut-il pas neuf mois pour former un enfant? Et un dixième pour faire naître un enfant de Dieu... Les *dix plaies d'Égypte* sont la description de ce lent processus de retournement, de métamorphose, de revirements subits.

Chacune de ses plaies, comprenons-le bien maintenant, va creuser le clivage, la séparation entre l'«Égyptien» et l'«Hébreu», que nous portons tous en chacun de nous.

Saisissons bien ce temps de séparation, car le mariage ne pourra se faire qu'au terme de ce processus de séparation de ce qui était auparavant confondu.

On ne peut nier que la Rencontre avec Dieu, qu'elle soit lumineuse ou obscure, puisse être un poids lourd à porter pour le corps et l'âme. Rencontrer l'amour est toujours une expérience bouleversante. Et à plus forte raison, si on rencontre un amour qui «surpasse toute connaissance».

Thérèse d'Avila se sentait parfois comme anéantie et disloquée après une extase: «Quelque bref que soit ce martyre, il laisse le corps comme disloqué... au point que pendant deux ou trois jours, l'on n'a pas même la force d'écrire, et l'on est en proie à de vives douleurs. À mon avis, le corps en reste toujours plus faible qu'il n'était auparavant».

Jean de la Croix écrit que l'amant est d'autant plus sain qu'il porte plus de blessures, et le remède qu'apporte l'amour est d'imprimer, de creuser plus profondément la blessure, jusqu'à ce qu'enfin la plaie ait une telle étendue que l'âme en vienne à n'être plus qu'une plaie d'amour. Et ainsi, brûlée et changée en plaie d'amour, elle est entièrement guérie, parce que transformée en amour.

LA NUIT COMME LE JOUR ILLUMINE: ENNUIS PSYCHIQUES OU NUIT OBSCURE?

Voici la prière d'un juif qu'un soldat américain trouva dans la barraque d'un camp de concentration. Avant d'entrer dans la chambre à gaz, ce juif avait écrit ce message sur un papier d'emballage.

Seigneur lorsque tu viendras dans ta gloire, ne te souviens pas seulement des hommes de bonne volonté. Souviens-toi aussi des hommes de mauvaise volonté, de nos bourreaux, de ceux qui nous ont maltraités, sauvagement battus, écrasés comme des bêtes de sommes.

Mais ne te souviens pas alors de leur cruauté, de leurs sévices, de leur violence, souviens-toi plutôt de ce que nous sommes devenus, des fruits que nous avons portés à cause de ce qu'ils nous ont fait. À cause d'eux, le meilleur de nous a jailli. Souviens-toi de la patience des uns, du courage des autres, du support que nous nous sommes apportés, de la camaraderie, de l'humilité, de la grandeur d'âme, de la fidélité qu'ils ont réveillé en nous. Et fait, Seigneur, que les fruits que nous avons portés soient un jour leur rédemption.

Dieu est un maître dans l'art du recyclage. Il sait utiliser les déchets! L'économie du salut est entièrement basée sur le recyclage. À celui qui aime, tout sert: ainsi Dieu profite de nos côtés négatifs pour nous sanctifier. Les déchets deviennent des matériaux dans les mains du Seigneur, lui le maître d'œuvre. Même nos fautes et notre impuissance à nous libérer d'elles sont des éléments potentiels d'où peut jaillir un rebondissement vers une nouvelle situation plus harmonieuse.

Si nous doutons de cela, il suffit d'ouvrir notre Bible. Les souffrances qui frappent Israël, même celles causées par sa propre faute, sont utilisées par Dieu pour éduquer son peuple. Il les fait entrer dans sa pédagogie.

La question qu'il faut se poser à l'occasion d'une maladie n'est pas «pourquoi» ou «d'où vient-elle?» mais «où mène-t-elle?» Quel but Dieu a-t-il en permettant la maladie? C'est l'attitude de Jésus quand il rencontre l'aveugle-né. Les disciples demandent: «Est-ce de sa faute ou celle de ses parents?» Et Jésus répondit:«Ni lui ni ses parents. Mais c'est pour que les œuvres de Dieu se manifestent en lui» (Jn 9,3). Il ne considère pas la cécité comme une suite des péchés du passé mais comme un chemin vers quelque chose de nouveau: les œuvres de Dieu doivent être manifestées en lui (Jn 9,3).

Lorsqu'une personne éprouvée me demande:«Est-ce que ce que je traverse pourrait être la nuit qui peut me conduire à plus de lumière?», je réponds souvent:«Cela dépend de vous». Si vous vivez dans l'amertume et la révolte, votre souffrance est stérile et détruit votre vie. Mais si vous dites *«oui»*, alors celle-ci peut devenir un élément de votre nuit. Vous rencontrez alors Dieu en cette souffrance; vous apprenez à connaître Dieu d'une façon nouvelle.

La condition de cette transformation est que la souffrance soit acceptée. Une souffrance non acceptée nous écrase. Mais si nous accueillons et assumons la souffrance, elle devient une partie de notre nuit obscure, mais d'autant plus obscure qu'une lumière plus intense prépare son entrée dans nos vies. Et nous savons que la nuit n'est pas une punition, mais une grâce. Ô nuit bienheureuse! Elle est vraiment une «pâque», le passage de la mort à la vie.

Chaque «oui» à Dieu, tout acte d'abandon en un moment difficile lui donne un peu plus de liberté pour faire son œuvre purificatrice. Si l'on est fidèle, si l'on continue à dire: *«oui, Père»*, le jour vient inévitablement où l'on se voit entouré d'un nuage où on n'y comprend rien. Mais cette obscurité est produite non pas par le manque de lumière, mais par le trop de lumière qui nous envahit. Pas de souffrance qui ne puisse devenir une nuit purificatrice.

Pourquoi les «vases manqués» ne deviendraient-ils pas «vases d'élection»? Pourquoi les murs écoulés par les guerres de la vie ne deviendraient-ils pas des «temples de Dieu»? Pourvu que nous choisissons l'obéissance. Si nous disons «oui» à Dieu, nous choisissons le chemin étroit qui mène au royaume des cieux. Encore une fois: que choisissons-nous? Arrivons-nous à reconnaître Dieu en tout cela, comprenons-nous que c'est sa façon de nous libérer de notre *ego*? Notre pauvreté devint alors «bienheureuse» et nous devenons d'humbles instruments du Seigneur pour lesquels il peut faire de grandes choses.

L'essentiel n'est pas ce qui est arrivé en notre vie, mais ce que nous faisons de ce qui est arrivé; ou mieux encore, ce que nous laissons Dieu faire de cela. Dès qu'on connaît son erreur ou son péché et qu'on les met dans la miséricorde du Seigneur, c'est lui qui prend la responsabilité des conséquences de cette erreur. Ce qui semblait une souffrance absurde, inutile est transformée par lui en une croix qui sauve non seulement celui qui la porte, mais aussi beaucoup d'autres.

Écoutez Jean de la Croix: «Dieu lui découvre les plans et les voies de sa sagesse... Il lui fait voir avec quel art et quelle splendeur il tire le bien du mal et ordonne à un plus grand bien ce qui fut une cause de ruine».

CES VISAGES MARQUÉS PAR LE MALHEUR: JÉSUS S'IDENTIFIE À EUX

Un homme inspiré par Dieu — dit une parabole — marcha dans le grand vide jusqu'à ce qu'il atteignît la porte du mystère. Une fois arrivé, il frappa et la voix lui dit: «Que cherches-tu?» Il répondit: «J'ai annoncé ta parole à des étrangers, à des indifférents, à des mourants. Mais ils m'ont fait la sourde oreille; alors je me suis lassé et j'ai désespéré. Je suis venu ici pour que tu écoutes et me répondes.» Mais la voix lui dit: «Retourne en arrière, ici il n'y a pas d'écoute. J'ai caché mon écoute dans la surdité des mourants».

Le Dieu qu'on cherche en dehors de l'histoire est le Dieu qui dit: «Retourne en arrière, car j'ai caché mon écoute en ceux que tu rencontres, à qui tu parles et qui te font la sourde oreille». Comprenez-vous: pour trouver le Dieu des chrétiens, nous n'avons pas à sortir de l'histoire mais à y entrer jusqu'au bout. Le Dieu chrétien est le Dieu vivant dans le temps des hommes, un Dieu qui s'est fait histoire et se cache dans l'histoire des hommes. Un christianisme qui serait fuite du monde, fuite de l'histoire, est trahison du mystère de l'Incarnation de Dieu.

Déjà en venant au monde certains êtres ne sont «pas comme les autres». Même leur entrée sur la scène de l'histoire, ils la ratent. Ils n'arrivent pas au bon moment. Ils ne sont jamais à l'heure juste. Ils manquent toujours la correspondance. Ils ne répondent pas à l'idée qu'on s'était fait d'eux. Toute leur vie, ils la passent à s'excuser. Leur langage les trahit: «Je ne suis pas arrivé au bon moment». Quand ils viennent à la maison, vous leur demandez: «Qui est là?», la réponse ne tarde pas: «C'est personne, c'est moi!»; «Ne vous dérangez pas, c'est pas important, c'est rien que moi».

Comme un colis dont les trains se débarassent comme des poids trop encombrants sur le quai d'une gare perdue, ils ont ainsi été jetés dans l'existence, comme s'ils étaient de trop. «Je me suis toujours senti de trop» font-ils remarquer. Comme des colis qu'on ouvre portant une étiquette, un numéro et dont le contenu déçoit: «Ah, je m'attendais à autre chose,» ainsi se sentent-ils décevants. «Ce n'est pas un cadeau», font remarquer les destinataires. L'enfant réel n'est pas l'enfant rêvé.

Très tôt, autour de ces enfants considérés «non-désirés», «pas-attendus», «pas-un-cadeau», «vraiment-detrop», un mur de silence s'élève, quand ce n'est pas le mur de la honte. Ils portent l'image de la malédiction. Et ne mêlez pas les roses à la croix: leur vie est un calvaire, un chemin de croix, sans déboucher sur le chemin de joie.

Que de visages ainsi atrocement marqués par le malheur! De ces êtres tenus pour rien, «pas-comme-lesautres», qui ne comptent pas, qui sont oubliés, ils sont en grand nombre. Mais qui les remarque; qui en tient compte? Ils viendront probablement joindre à leur tour tous ces oubliés de l'histoire.

De ces histoires-là, qui ne tiennent pas debout, heureusement Jésus est venu en changer le cours. Tel est son choix. Changer nos regards de direction, en les dirigeant vers les oubliés de la terre. Ceux-là se reconnaissent dans cet homme de la Galilée...

Le Crucifié n'hésite pas à s'identifier à tous les crucifiés de l'histoire: «J'avais faim et vous m'avez donné à manger; j'avais soif et vous m'avez donné à boire; j'étais étranger et vous m'avez accueilli; nu, et vous m'avez vêtu; malade, et vous m'avez visité; prisonnier, et vous m'avez visité» (Mt 25,35-40). Aimer le Christ et le suivre, c'est vouloir adoucir les croix de ceux qui souffrent et lutter par la parole et par la vie contre ce qui est à l'origine de ces croix.

À travers la finitude humaine, quelle étonnante rencontre du Seigneur ressuscité, dans laquelle le Crucifié est mystérieusement présent *(cf Mt 25, 31)*. «Quand il est apparu en Judée — écrit Elsa Morante dans son roman *La storia* — le peuple n'a pas cru que Dieu parlait en lui, parce qu'il se présentait comme un pauvre et non avec l'uniforme de l'autorité. Mais s'il revient, il se présentera encore plus misérablement, dans la personne d'un lépreux, d'une mendiante difforme, d'un sourd-muet, d'un enfant handicapé...»

«Moi... je ne me suis jamais éloigné de vous, nous fait remarquer le Seigneur. C'est vous qui me manquez tous les jours, ou pire encore qui passez sans me voir, comme si j'étais l'ombre d'un cadavre pourrissant sous terre. Mille fois, chaque jour, je vous croise, je me dépense pour vous tous, mes signes remplissent chaque pouce de l'univers et vous autres ne les reconnaissez pas, cherchant qui sait quels signes vulgaires...»

Et pourquoi cela nous choque-t-il? Pourquoi le refusons-nous quand il vient à nous sous cet aspect si déroutant des pauvres et des petits? Aurions-nous à tel point peur de nous laisser déranger par Lui sous l'habit du pauvre?

Il est beaucoup plus facile de croire à des apparitions spectaculaires de la Vierge ici et là, que de croire aux apparitions du Christ dans les sidatiques, les abandonnés? Plus facile de le reconnaître dans ses privilégiés comme Vassula, ou d'autres mystiques. Pourtant où sommes-nous le plus sûr de le rencontrer? Assurément dans les pauvres. Ce sont des apparitions à ne pas manquer celles-là! Les autres sont toujours suspectes, rien d'absolument sûr.

TU M'AS TOUT DEMANDÉ

Véronique est une femme qui, à 58 ans a été atteint de la lèpre. Elle a écrit une prière qui représente à mes yeux l'exemple le plus émouvant de ce qu'est une existence réconciliée avec sa souffrance et ses limites.

«Seigneur, tu es venu, tu m'as tout demandé,
et je t'ai tout donné.
J'aimais la lecture et maintenant je suis aveugle.
J'aimais courir dans les bois
et maintenant mes jambes sont paralysées.
J'aimais cueillir les fleurs au soleil du printemps
et je n'ai plus de mains.

Parce que je suis femme
j'aimais regarder la beauté de mes cheveux,
la finesse de mes doigts, la grâce de mon corps:
à présent, je suis presque chauve,
et à la place de mes beaux doigts fins,
il ne reste plus que des morceaux de bois rigides.

Regarde, Seigneur,
comme mon corps gracieux est abîmé.
Mais je ne me révolte pas. Je te rends grâce.
Toute l'éternité, je te dirai merci,
Car si je meurs cette nuit, je sais que ma vie a été
merveilleusement bien remplie.

En vivant l'Amour, j'ai été comblée
bien au-delà de ce que mon cœur désirait.
Ô mon Père, comme tu as été bon
pour ta petite Véronique.

Et ce soir, ô mon Amour,
je te prie pour les lépreux du monde entier.

Je te prie surtout pour ceux que la lèpre morale abat,
détruit, mutile et terrasse.
Ceux-là surtout, je les aime
et je m'offre en silence pour eux
car ils sont mes frères et mes sœurs
Ô mon amour, je te donne ma lèpre physique,
pour qu'ils ne connaissent plus le dégoût,
l'amertume et la froideur
de leur lèpre morale.

Je suis ta petite fille, ô mon Père,
conduis-moi par la main
comme une maman conduit son bébé.
Presse-moi sur ton cœur
comme un Père presse sur son cœur son petit enfant.
Plonge-moi dans l'abîme de ton cœur
et que j'y demeure avec tous ceux que j'aime
durant tout l'éternité.

Véronique

CHAPITRE V

COMME UN FLEUVE D'EAU VIVE IRRIGUANT LA VALLÉE...

«Cette eau descend dans la Mer Morte; quand elle
s'est jetée dans la mer, les eaux sont assainies.
Partout où pénètera le torrent,
le poisson sera très abondant.

Au bord du torrent pousseront toutes espèces
d'arbres fruitiers; ils donneront chaque mois
une nouvelle récolte.
Leurs fruits serviront de nourriture
et leur feuillage de remède.»

(Ez 47,8-9.12)

Une Bonne Nouvelle sur l'avenir de nos communautés
chrétiennes exposées au grand vent de l'histoire!

SUR LES BORDS DU FLEUVE SAINT-LAURENT:
MÉDITATION SUR L'OCCIDENT

Quand j'étais petit gars, à la fin de la journée j'allais souvent me poster à la pointe de l'île d'Orléans face au fleuve, pour contempler les derniers feux du soleil couchant. Devant moi, les ombres se profilaient: le Vieux Québec, la cathédrale Notre-Dame, le Petit Séminaire de Québec, l'ancienne Université Laval, l'Hôtel-Dieu des Hospitalières, le couvent des Ursulines, le Château Frontenac, les plaines d'Abraham, la Citadelle, et tout en bas la petite Église Notre-Dame-des-Victoires... C'était la ville de Québec des années cinquante.

Je ne pouvais pas m'empêcher de me demander si les cloches de Notre-Dame-des-Victoires sonnaient toujours victoire? Si le Séminaire de Québec et les Ursulines transmetteraient toujours la solidité de la foi, si les sœurs Hospitalières seraient toujours hôtel-Dieu pour redonner espérance aux malades? S'ils arriveraient à garder vivante la petite mais vivace flamme de l'espérance?

Aujourd'hui, près de quarante ans plus tard, du haut du Mont-Royal surplombant la ville qui s'endort tranquillement, regardant le nouveau Montréal des années 2000, je reste toujours songeur. La ville recouverte de son manteau de neige, engourdie par les froids qui sont toujours trop durs et trop longs, passera-t-elle à travers son hiver et débouchera t-elle sur un nouveau printemps? Alors que la nuit descend et que les lumières de la ville s'allument les unes après les autres, que scintillent les étoiles au firmament, comme un veilleur, je m'interroge.

«Qui suis-je en train de veiller ce soir? Suis-je devant un mourant qui s'éteint à jamais ou devant un vivant qui s'endort pour se réveiller pour de bon? Suis-je devant les derniers feux du couchant s'éteignant sur le fleuve? Qu'arrive-t-il à nos amours, nos mariages, nos fiançailles?

Y a-t-il encore pour Montréal, Québec, le Canada, l'Occident, un avenir, une espérance? Y-a-t-il encore chez nos jeunes, sur notre planète, des réserves vierges de forces créatrices?» Voilà les questions que je pose aujourd'hui.

Lorsque j'accompagne et veille un jeune au soir de sa vie, qui se débat entre la vie et la mort, j'entends les mêmes questions: «Je m'éteins ou je m'allume? J'arrête ou je continue? Je crève ou je me relève? Je retourne en arrière ou je fonce tête première vers l'avant?». Qui ne serait pas ému presqu'aux larmes devant de telles questions, à un rond-point si crucial?

Et sur le plan de la foi? Puisque c'est précisément là où je veux en venir. Assiste-t-on à la fin de la foi et de l'espérance chez les jeunes ou à un nouveau commencement? Ce qu'on voit encore de foi chez nos enfants serait-ce les derniers feux du couchant? Leur foi est-elle en train de s'éteindre ou en train de se réveiller plus belle que jamais? Et leurs amours: passeront-ils au travers, en viendront-ils à bout? Tiendront-ils le coup? À nous d'en décider.

Dans un nouveau projet de société qui ne voudrait plus d'une certaine religion, la foi a-t-elle encore sa place? Mais pourquoi pas? Cela tient entre nos mains. Sommes-nous conscients du proche avenir qui «nous pend au bout du nez» si nous ne faisons rien?

Professeurs de religion, assistons-nous à une foi qui se meurt et rend son dernier souffle ou en verrons-nous la relève? Parents, arriverons-nous à transmettre la foi à nos enfants ou baisserons-nous les bras? Nous contenterons-nous de nous consoler à bon compte en espérant qu'ils auront la foi malgré tout, une foi anonyme, même si rien n'est fait de notre part? Faut-il hisser le drapeau noir ou lever bien haut le flambeau de la victoire?

Le feu de la foi de nos jeunes couvre sous les cendres. La petite fleur têtue de l'espérance arrivera à coup sûr à percer le béton, tout comme les audacieuses perce-neige. Quelles sont les chances du christianisme de demain? C'est une question de feu..., du feu de l'Esprit. Dans la vie chrétienne, rien ne démarre, rien ne se passe, rien ne se rend à terme sans le feu de l'Esprit, sa puissance. C'est ainsi que prend forme tout grand projet, tout véritable renouveau. Au départ de tout œuvre, il y a ce feu qui couvre sous la cendre et qui n'attend qu'à sauter vif et joyeux sur l'occasion.

L'étincelle de l'Esprit est là cachée, sous des tonnes de déchets, enfouie elle n'attend qu'à se frayer un chemin. Quand tout à coup elles sont déblayées, instantanément la voie étant rendue libre, comment l'Esprit de nouveauté ne s'y engouffrerait-il pas? Il en est du Royaume comme un germe souterrain de la Vie — l'incessante, la frémissante —, qui cherche de toutes ses forces, entre les pierres, la brèche où jaillir. Et ce ne sont ni nos pierres, ni nos erreurs, ni nos peurs qui vont la retenir. Vous verrez bien!

Quand le miracle de cette résurrection de nos Églises surgira-t-il? C'est lorsque nous aurons touché le fond. Le fond de la détresse et de l'impuissance. Alors, toutes les vannes de l'Esprit seront ouvertes. Le miracle viendra, comme ces impatients sauvages, aux fleurs violettes et blanches qui s'obstinent à proliférer dans la ferraille des cimetières de voitures et des champs de bataille désertés, au milieu des carcasses et des barbelés, sans les obliger à s'écarter, avec pour seule autorité l'harmonie déchirante de leur corolle et leur irrésistible désir de boire le soleil debout.

NUIT OU AURORE?
C'EST ENTRE NOS MAINS

Une jeune cégepienne doit faire un travail de philosophie sur la mort. Elle va garder ses neveux; celui de sept ans lui lance: «Ma tante, c'est quoi mourir?». Prise au dépourvu, elle lui répond: «Mourir, c'est s'endormir le soir et ne plus se réveiller le lendemain matin». Le plus jeune, cinq ans, fait alors remarquer: «Alors moi je ne mourrai jamais». «Mais comment cela?» lui demande sa tante. «Vois-tu, moi, maman vient me réveiller à tous les matins».

Heureux ces enfants qui ont une mère pour les réveiller à la vie et leur donner le goût de la savourer à chaque matin. Heureux ces jeunes qui ont un père présent, capable de s'opposer à leur goût de revenir en arrière, de tout lâcher, de décrocher et assez fort pour les entraîner à la vie en douceur ou de force si cela s'impose. Heureux les jeunes capables de s'entendre dire par leur père: «Si tu ne crois pas en toi, moi, je crois en toi». Ils seront alors autorisés, confirmés, énergisés.

Chez les nôtres, reverrons-nous le goût de vivre reprendre de plus belle et les verrons-nous mordre dans la vie à belles dents? Les entendrons-nous à nouveau, réunis autour d'une table, se raconter les joies de transmettre la vie et de savourer cette joie de vivre qui est le retour d'une vie donnée?

Chez les nôtres assisterons-nous à la remontée de la foi vive, d'une foi qui fait vivre et entraîne tout sur son passage comme un frisson, signe du passage d'un puissant courant de vie? Comme les coureurs épuisés retrouvent un second souffle pour le sprint final, retrouverons-nous cet élan initial, cette poussée fantastique de réserves vives jaillir comme fleuve d'eau vive chez les vrais croyants?

Tout dépend de ces chrétiens capables de réveiller la foi chez les leurs à chaque matin. Tout dépend de ces mariés du matin capables de transmettre la flamme. Tout dépend de ces êtres balayés par l'Esprit capables de susciter de nouveaux départs. Disons-le tout de suite: la situation actuelle peut être une chance unique pour notre foi et l'avenir du christianisme. Personnellement je crois très fort à l'avenir de l'Évangile, de notre Église, mais ne ressuscitons pas la chrétienté d'hier, ni celle d'avant hier; nous devons créer du neuf.

Ne serions-nous pas à un moment crucial d'un nouveau départ? C'est à nous d'y voir! Le moment ne serait-il pas venu pour une nouvelle Pentecôte? Un nouveau départ sous le souffle puissant de l'Esprit. L'Église ne se réduit pas à ce que l'on peut en voir dehors. Là où les observateurs diagnostiquent une agonie, les croyants, sans risque d'erreur, discernent une renaissance.

Nuit ou aurore que les temps actuels? Cette nouvelle aurore sur l'Église et le monde, pourquoi ne la ferions-nous pas se lever? Elle sera ce que nous la ferons. Elle ne dépend que de nous et de l'Esprit Saint. Automne ou printemps de l'Église? Il appartient aux chrétiens d'en décider.

Que ferons-nous de l'avenir? Comme tout moment de crise, celle-ci peut être un moment de rebondissement sans précédent. Que renaîtra-t-il de ces années de grands bouleversements? Qui sait? En s'ouvrant à ce mouvement de renouveau, une nouvelle page de l'Église est en train de s'écrire. Alors supplions l'Esprit de nous envoyer ses témoins en grand nombre.

C'est comme aux noces de Cana. Nos cruches débordent d'eau, mais cela ne suffit pas: c'est du vin nouveau que l'Église doit donner aux chrétiens et à notre monde. Le vin nouveau ce sont des hommes, des femmes, des jeunes qui vont se livrer corps et âme à l'Esprit et qui, animés d'un souffle nouveau, vont apporter du neuf, du jamais vu!

L'enjeu de la foi est entre les mains des passeurs. Mais alors, si les premiers passeurs de la foi ne font plus de passes, qui va compter? Sur qui pouvons-nous compter? Parents, vous rendez-vous compte que vous êtes les premiers passeurs de la foi, vous êtes ces tours de transmission par lesquelles la foi, comme le courant, se transmet? Grands-parents, verrez-vous la foi chez vos petits-enfants: seront-ils baptisés, iront-ils à l'église, vivront-ils leur sacrement de mariage? Ou seront-ils à jamais privés de ces richesses?

Comment ferons-nous face à la transmission de la foi aux jeunes générations? Une stratégie de rebondissement, un sursaut est attendu. S'il n'y a pas de courageux «coups de barre» personnels et collectifs, pour sauver la situation, cela pourrait être catastrophique. C'est maintenant ou jamais. Peut-être nous faudrait-il des croyants qui savent lire les signes des temps, qui discernent de loin comme des navigateurs.

Comme ces navigateurs polynésiens, maintenant disparus, qui pouvaient accoster sur une minuscule île de corails, à des milliers de kilomètres, dans un Océan Pacifique à perte de vue, sans routes visibles, sans nos instruments modernes de navigation. Leur secret? Ils savaient lire les vagues et distinguer les mouvements superficiels qui ne menaient nulle part, des courants de fond qui menaient vers des directions précises et espérées. Puissions-nous discerner ces courants!

SIGNES DE LA PRÉSENCE DE L'ESPRIT: D'UNE ÉGLISE RENOUVELÉE EN TRAIN DE NAÎTRE

Les signes du déclin sont multiples et par trop évidents: baisse de la fécondité, vagues submergentes d'immigrés, montée des suicides chez les jeunes, évasion dans la drogue et les paradis artificiels, recherche effrénée de la sécurité, peur de l'engagement et des responsabilités, les mouvements migratoires vers les sectes religieuses, la crise des vocations... Les prophètes de malheur ont donc beau jeu. Les faits sont incontournables. Il faut savoir les regarder en face. Faut-il pour autant hisser le drapeau noir?

L'Église d'ici n'en est pas à sa première crise, mais jamais peut-être a-t-elle eu à faire face à une situation aussi déroutante. Les croyants peuvent-ils désespérer pour autant dans l'avenir de l'Église et du monde? Comme écrit l'historienne Nicole Ninive: «L'état actuel de l'Église catholique du Québec ne peut les pousser à la désespérance, car ce serait renier un passé trop riche, ce serait surtout oublier que le Maître est lui aussi dans la barque». Les forces gigantesques du passé chrétien sont une garantie d'avenir.

«Mais il ne se passe plus rien dans notre Église!» de faire remarquer plusieurs. À l'heure actuelle, même si quatre-vingt-cinq pour cent des chrétiens ne fréquentent pas l'Église, ils possèdent cette étincelle de foi qui couve en eux. Les gigantesques forces de vie du patrimoine chrétien avec son ferment révolutionnaire sont encore latentes. Et si la tâche principale des témoins et petits prophètes d'aujourd'hui que nous sommes tous serait de rallumer la mèche fumante, de maintenir vivante dans les cœurs la flamme de l'espérance et ceci, même dans un temps de brouillard?

Le temps n'est-il pas venu de se poser les bonnes questions. Demain de quoi sera-t-il fait? Quelles sont nos chances d'avenir pour une nouvelle évangélisation? Ce long hiver de l'Église qui n'en finit plus arrivera-t-on enfin à coups de printemps à le traverser pour déboucher sur une nouvelle saison? Quels sont les signes avant-coureurs de ce nouveau printemps? Les choses ne sont peut-être pas aussi simples à vivre qu'à dire; et bien des déboires nous attendent. Mais tout n'est pas négatif dans la situation présente. Heureusement, il y a aussi des signes de la présence de l'Esprit.

Ma conviction profonde, c'est que nous sommes à vivre une situation de transition. Nous sommes dans un état de décomposition d'une certaine conception de l'Église pour que quelque chose d'autre naisse. Nous sommes dans l'entre-deux; entre deux mondes, l'ancien et le nouveau, entre deux âges, entre deux rives, entre deux courants.

C'est comme si nous avions des conceptions anciennes qui ne sont pas encore totalement mortes et des conceptions nouvelles qui ne sont pas encore clairement apparues. Alors, en attendant, nous nous débattons tant bien que mal entre les deux. Nous ne sommes pas encore à voir émerger une nouvelle façon de vivre l'Église; et nous ne pouvons plus nous contenter de ce qui se fait depuis des années.

Quand des formes anciennes ne nous vont plus, mais que de nouvelles ne sont pas encore en place, alors nous entrons dans une période de désarroi, de décomposition. Nous vivons justement entre cette agonie qui n'en finit pas de mourir — comme nos hivers québecois qui n'en finissent plus — et cette vie qui renaît au printemps et qui se fraye difficilement un chemin.

Nous n'arrivons pas à voir éclater cette nouvelle manière de vivre l'Église que l'Esprit-Saint est en train d'inspirer. Pendant ce temps d'entre-deux, faute de trouver mieux, les choses vont comme-ci, comme-ça. Nous nous accomodons de compromis et d'aménagements pastoraux, toujours greffés sur du vieux.

Nous continuons d'espérer reconstruire une Église nouvelle sur des vieux murs de Temple écroulé. Pourtant nous ne foncerons pas dans l'avenir en améliorant ce qui s'est toujours fait. Ne pensons pas améliorer notre Église en continuant à reproduire des vieux modèles adaptés. C'est du neuf qu'il faut créer de toutes pièces sur les nouveaux chantiers de notre monde en reconstruction. Un jour, il faudra comprendre qu'on n'a pas inventé l'électricité en améliorant les chandelles.

Pourquoi l'Église nouvelle qui est en train de naître sous le coup de force de l'Esprit ne serait-elle pas toute fraîche et neuve? Ne perdons pas notre temps à vouloir relever les murs écroulés. Ce fut l'erreur du peuple juif de s'entêter à reconstruire chaque fois le Temple détruit sur les restants de l'ancien Temple. Pourquoi la construction nouvelle devrait-elle se refaire obligatoirement dans nos anciens murs, avec nos vieilles cloisons? Mais avons-nous une idée de ce qui s'en vient comme Église nouvelle?

À tous ceux qui ont laissé la pratique religieuse, qui ne se sentent pas chez eux dans cette Église, je voudrais dire:«Pardonnez-nous... Aujourd'hui, je sais: il nous aurait fallu faire autre chose que nous n'avons jamais inventé. Nous avons manqué d'imagination, d'audace. Nous n'avons pas été les prophètes que nous aurions dû être. Mais avec vous, nous pourrions imaginer, inventer... «On n'attend pas l'avenir comme on attend un train, l'avenir, on le fait!» s'écriait Bernanos.

CHANGER SON FUSIL D'ÉPAULE:
PASSER DE SOULIERS FERRÉS AUX PAS FEUTRÉS

Voilà un vieux sage de quatre-vingt-treize ans, parfaitement lucide, en excellente forme, rencontré à un foyer de personnes âgées; pour seul handicap la surdité. Dans notre brève rencontre, il se vante de tirer profit de toute situation dont il sait «virer le capot de bord pour y trouver tout son profit» comme il dit. «Il n'y a rien de mal à savoir tirer le meilleur parti d'une situation embarassante... ne trouvez-vous pas?» de faire remarquer ce père de treize enfants.

Au sujet d'une de sa fille qui vit avec le même ami depuis quatorze ans déjà, sans être marié, avec cinq beaux enfants et vit une très belle aventure amoureuse, il fait remarquer: «Je ne comprends vraiment pas pourquoi ils ne se marient pas... Avant j'aurais trouvé ça décourageant. Aujourd'hui, j'ai changé mon fusil d'épaule. Je les accepte comme ils sont; je me suis ajusté. Et je me dis que Dieu va bien être obligé de s'ajuster lui aussi; il doit juste faire comme moi: il va bien falloir qu'il change son fusil d'épaule avec ce monde-là...» Les chrétiens sont aussi invités devant certaines situations imprévisibles, à changer leur fusil d'épaule.

Prenons l'exemple de tous ceux qui se sont consacrés au Seigneur et au service des siens dans son Église pour apporter une espérance à notre monde en mal d'espérance. Quand nous avons donné nos vies — il y a une vingtaine d'années — l'immense majorité de nous choisissait une façon de se donner à Dieu pleine de vitalité et d'énergie débordantes, avec des défis et des risques pour emballer n'importe quelle jeunesse.

Nous voulions changer le monde, et nous avions là un moyen efficace. Il nous semblait que nous nous enrôlions dans une «armée de combattants» prêts et aguerris pour les plus nobles combats, capables d'accomplir à peu près n'importe quoi. Nous avions tout pour nous. D'abord nous étions tous dans la fleur de l'âge et nous étions en grand nombre, et nous avions les œuvres de jeunesse, de santé, d'éducation, de services sociaux, et les moyens financiers, et la ferveur des commencements... Il nous était alors facile d'être remplis d'espoir.

Mais les temps ont bien changé. Nos forces de frappe ont grandement diminué; l'âge moyen a sérieusement augmenté. «Nous n'avons plus vingt ans» entendons-nous souvent; nous avons «pris un coup de vieux». Nous n'avons plus le mordant, l'agressivité, la combativité qu'on nous a connu jadis. Nos forces vives en sont pour autant affectées. La force des habitudes nous a grandement paralysés et l'usure a miné le meilleur de nos énergies. Une certaine fatigue apostolique, pour ne pas dire la déprime, nous a visités.

Voilà autant de facteurs à tenir compte dans un premier temps. Mais tout est-il démoralisant dans cette situation dans laquelle nous sommes plongés jusqu'au cou? Y aurait-il au cœur même de ces cassures et brisures, des brèches par où l'eau de l'Esprit pourrait se faufiler pour une nouvelle espérance? Tout est-il négatif dans ces situations constatées, ou si de bonnes nouvelles sont possibles si nous savons nous ouvrir à l'Esprit?

Malgré les réelles et sérieuses difficultés que les consacrés doivent affronter aujourd'hui, il y a cependant un certain nombre de bonnes choses qui peut sortir de tout cela. À travers ces mauvaises nouvelles n'y a-t-il pas aussi de bonnes nouvelles? «Il faut mourir afin de vivre», chantons-nous ensemble de bon cœur et à pleine voix, depuis des années. Mais quand cela devient une réalité, croyons-nous à la résurrection après la mort?

Comparer la situation présente à celle d'il y a vingt ans, je crois que nous connaissons beaucoup mieux notre impuissance, notre faiblesse, nos limites, non seulement en tant qu'individus, mais aussi en tant que groupes. Mais dans cet effrondrement de nos effectifs, dans ce sentiment d'impuissance, dans cette expérience de vulnérabilité... n'y a-t-il pas là une bonne nouvelle? Qui pourrait dire quelles merveilles de la grâce nous pourrions trouver dans une telle perte? En bref, il nous est demandé d'expérimenter, d'accepter et de vivre pleinement la parole de saint Paul: *«Ma puissance se déploie dans la faiblesse»*.

Bien sûr, il n'y a pas si longtemps encore, religieux et religieuses allaient par le monde du haut de leur grandeur avec des souliers ferrés. Aujourd'hui ils sont là au milieu du monde dans toute leur fragilité, s'y rendant à pas menus, feutrés. N'est-ce pas une bonne nouvelle?

Nous partageons aussi plus ouvertement et franchement qu'avant nos souffrances, nos limites et nos angoisses entre membres de la famille. Nous avons appris à mieux nous faire confiance. Nous semblons être davantage en rapport avec la vraie vie, qui est «un mystère en mouvement». Nous sommes plus ouverts au changement et au mystère. Voilà autant de bonnes nouvelles!

Ces bonnes nouvelles, il est important de les découvrir. «Les mauvaises nouvelles font grand bruit, alors que les bonnes nouvelles arrivent à pas feutrés». J'aime croire que nous faisons peut-être plus de bien à travers ce témoignage de notre fragilité que nous n'en avons jamais fait à travers le témoignage de notre force apparente.

ACCEPTER UN RETOURNEMENT DE SITUATION:
IL FAUT QUE ÇA CHANGE!

Un jour près d'un terrain de jeu, Marianne s'arrête un instant, tout à fait par hasard, question d'y observer les enfants. Une connaissance de longue date, Arsène, se trouve là, par hasard. Non pas grand et fier, distant et froid, arc-bouté et debout comme à l'ordinaire, mais recroquevillé, en petit bonhomme, à genoux. Agenouillé devant un petit bout d'homme de quatre ou cinq ans, à qu'il rattachait les chaussures, mouchait le nez, nouait l'écharpe...

L'enfant se laissait faire comme un petit prince, nullement surpris que cet homme inconnu, qui manifestement n'était pas son père, s'agenouille à ses pieds pour le servir. Lorsque Arsène se releva, le petit eut ces mots extraordinaires: «Avant aujourd'hui, je ne t'avais pas connu. Je croyais que tu n'existais pas». Son amie non plus, avant, ne l'avait pas connu. Avant qu'il s'agenouille pour lui dire seulement: «Attends, je vais t'arranger cela...», elle ne l'avait pas découvert cette connaissance de longue date.

Et n'en est-il pas ainsi de Dieu? Avant qu'il s'agenouille devant moi, pour me dire simplement: «Tes lacets sont défaits, tu vas te casser la figure, je t'en prie, permets-moi de te les rattacher...», je le connaissais par ouidire mais non de cœur. Avant qu'il me dise: «Ton cœur est tout démantibulé, pourquoi l'as-tu laissé piétiner de la sorte? Donne-moi ta main, laisse-moi entrer dans ta maison, dis seulement une parole, que je puisse te guérir».

Quand un nouveau départ est-il possible? À partir du moment où nous pouvons avouer: «Avant aujourd'hui je ne te connaissais pas mon Dieu; j'ai encore tout à découvrir». Quand un véritable changement peut-il s'opérer? Quand une nouvelle espérance commence-t-elle à poindre à l'horizon? À partir du moment qu'on s'agenouille devant les plus petits qui sont nos maîtres, et qu'on se met à leur école. Quand peut-on espérer un renouveau véritable de notre Église? D'abord et avant tout quand il y a une profonde insatisfaction en soi-même et dans un groupe. Quand la frustration se fait sentir et éclate à tous les niveaux. Quand une sainte colère monte qui nous fait crier: «Cela a assez duré; il faut que ça change!»

D'ordinaire, un changement n'a lieu que lorsque quelqu'un ou le groupe n'est pas content de sa manière de vivre, de la qualité de ses relations avec les autres et avec Dieu, de l'intégrité de ses choix, de la profondeur de son engagement. Il faut donc un certain degré de malaise, de mécontentement, d'auto-critique: c'est à partir d'un tel sentiment qu'un nouvel élan est possible.

Rien ne sert de fuir ou de supprimer ces sentiments désagréables issus d'une telle situation ou de les considérer comme négatifs en soi. Tout dépendra de la façon dont on se comportera à leur égard: soit qu'ils conduisent à un découragement fatal ou une vivifiante créativité. Ces sentiments, si pénibles soient-ils, sont des invitations déguisées à rechercher une vie nouvelle; en effet, le grand ennemi de tout changement intérieur, du virage radical ou de la conversion est une confortable complaisance.

Refuser d'entrer dans ses propres ténèbres, dans ce monde de chaos intérieur, c'est se priver non seulement d'une excellente connaissance de soi, mais de Dieu lui-même mystérieusement présent dans ces ténèbres et ce chaos. Si nous acceptons l'invitation d'entrer dans cette démarche de conversion, nous nous sentirons conduits des ténèbres à la lumière, du désordre à un ordre harmonieux.

Comme point de départ, de tout renouveau, tous et chacun doivent prendre conscience de cette insatisfaction, de leurs faiblesses, limites et péchés, voire même de la pauvreté de leurs désirs. Toucher notre désespoir, notre impuissance de changer cette Église par nos propres forces, mais uniquement par un vent de Pentecôte, œuvre de l'Esprit: voilà le ressort qui peut déclancher une autre manière de vivre, un nouveau point de vue.

Le désespoir, c'est un état où l'homme désire toujours être ce qu'il n'est pas et ne consent pas à être ce qu'il est. Voilà donc le point de départ de la conversion: l'acceptation de sa radicale pauvreté. Alors l'Esprit créateur et transformeur peut travailler sur ce matériel dépourvu qui est tout ce dont il a besoin pour agir efficacement et qui est d'ailleurs tout ce que nous pouvons offrir. Ce n'est pas la richesse des moyens humains qui édifie l'Église; au contraire, ce n'est pas malgré, mais par le manque de moyens humains que l'Église est édifiée!

Oui, une foi peut renaître de ses cendres. À condition que les souffleurs veuillent bien souffler sous les cendres après que le feu ait été consumé, le bois tout brûlé; là se cache un brasier qui ne demande qu'à être réanimé, à reprendre de plus belle. Ces brasseurs de cendres, ces ramoneurs sont plus nécessaires que jamais. Oui, la planète peut être sauvée à condition que ces allumeurs de réverbères veuillent bien rallumer les lumières de leur petite planète à chaque matin. Oui, la foi de la génération montante peut reprendre de plus belle pourvu que des réveilleurs de la foi réveillent, à chaque matin, celle des leurs.

Esprit de Dieu, tu es le feu,
Patiente braise dans la cendre,
À tout moment prête à surprendre
Le moindre souffle et à sauter
Comme un éclair vif et joyeux
Pour consumer en nous la paille
Éprouver l'or aux grandes flammes
Du brasier de ta charité.

UNE FOI QUI SE TIENT:
ON DEMANDE DES CERTITUDES

Un jeune de dix-sept ans demande le baptême, avec semble-t-il un authentique désir du sacrement, mais il est incapable de dire quelque chose sur Jésus. Au prêtre qui lui demande s'il sait comment Jésus est mort, il répond en confondant avec Jeanne d'Arc: «N'est-ce pas celui qu'on a brûlé?». Cet exemple est quasi caricatural mais réel. Je pense aussi à cet autre jeune, alors que ceux de sa classe sont en train de se préparer à leur profession de foi, qui refuse de la faire. «Et pourquoi?» de lui demander son professeur. «Il n'y a pas grand avenir dans cette profession là à ce que je peux voir» de répondre le jeune.

«Les jeunes ne savent plus rien, c'est l'ignorance totale» se plaint-on un peu partout. Ils ne savent plus l'abc de leur foi. Ils se demandent à quoi s'accrocher. Ils sont comme des voyageurs partis à la recherche de l'or, mais sans port d'attache, sans savoir à qui, à quoi s'accrocher. Danger alors les guette de prendre la bouée de sauvetage pour le navire.

Mais qui le leur reprocherait? Est-ce vraiment de leur faute? Leurs adultes dans la foi n'ont-ils pas été visités par la conspiration du silence à cet effet depuis un certain nombre d'années? N'a-t-on pas caché la lampe sous l'escalier au lieu de l'accrocher bien haut pour que tous en soient éclairés?

Sans certitudes absolues, ne sommes-nous pas perdus à la dérive comme des épaves ballotées sur la mer houleuse de la vie? N'y a-t-il pas alors un danger réel de sauter sur la première occasion, la dernière philosophie à la mode, sur la première venue, comme on s'accroche à une bouée de sauvetage comme quand on est perdu en mer. Quand il n'y a plus de certitudes absolues pour nous donner les balises, pour nous conduire à bon port, n'y a t-il pas danger de prendre des lueurs dans le ciel pour des soucoupes volantes?

Un jeune raconte que, parti en tournée avec des jeunes de son école pour découvrir d'autres religions, à la fin de la journée il fait remarquer au professeur de religion qui les accompagne: «On est tout mêlé; à force d'en voir, on ne sait plus trop... C'est tout mélangé dans nos têtes; c'est quoi qui est le meilleur? C'est comme si toutes les religions se valaient: c'est du pareil au même. On arrive plus trop à savoir qui nous sommes...».

Et le prof «cool» le serrant dans ses bras, éclatant de rire leur répond simplement: «Mais qu'est-ce que ça peut bien faire? Vous en êtes encore à vous poser des questions pareilles? Mais voyons donc: si vous trouvez quelqu'un qui vous garde sur le chemin de la connaissance, allez-y. Ne vous occupez pas de son étiquette; suivez-le. Pourvu que cela vous fasse grandir, pas de problème, avancez! Il n'y a rien là!».

Mais tout est-il du même au pareil? Tout est-il à mettre sur le même pied d'égalité? Toutes les religions se valent-elles? Si oui, alors pourquoi tant s'en faire? S'il n'y a plus rien de sûr, d'absolu, d'éternel, alors à quoi bon? Si la réincarnation vaut aussi bien que la résurrection, alors pourquoi tant s'en faire? Si la présence symbolique du Christ, telle que nous l'enseigne nos frères protestants, vaut aussi bien que la Présence réelle telle que les catholiques le croient, alors pourquoi faire des différences? Quelle fiancée ne sera pas choquée de se faire avouer candidement par son fiancé débonnaire: «Tu sais, ta photo symbolique dans mon porte-feuille vaut autant pour moi que ta présence physique à mes côtés». Allons-donc!

Mais cette ouverture d'esprit mal comprise, risque de déboucher sur un grand vide doctrinal sans balises, sans références, sans guides. C'est le vide tout court qui risque de visiter cette génération.

Une demande générale qu'on retrouve chez bon nombre de jeunes aujourd'hui, c'est celle des certitudes. On réclame une cohérence dans la foi: une foi qui se tienne. On recherche une colonne vertébrale à sa foi: une structure de base indéracinable. On espère des balises sûres où on est certain de retrouver son chemin: c'est de bonne santé qu'il en soit ainsi.

Cette présentation du message, cette catéchèse de base ne peut être laissée au hasard: du sérieux s'impose, un effort est exigé. Le christianisme, avec ses références, ses points d'ancrage, est nécessaire à l'avenir de l'humanité pour lui éviter d'aller à sa perte. Le monde n'échappera à la destruction et ne sera vraiment habitable que s'il accepte de se référer à Dieu. Il en a besoin pour sa survie. Comme l'écrit Jean Rigal:

> Ce monde est violent et injuste: il cherche une éthique.
> Ce monde est désemparé:
> il a besoin de points d'ancrage.
> Ce monde est pluriel: il demande des références.
> Ce monde est sollicité par l'avoir et le pouvoir:
> il réclame un retour à l'être.

Qui laisserait des étudiants sans expérience, ni aucune notion de base, dans un laboratoire d'explosifs nucléaires? Une erreur est si vite arrivée et le pire est à prévoir: tout pourrait sauter. Et que dire quand nous avons entre les mains les vérités les plus explosives qui soient et qu'il est question de notre éternité! Des erreurs d'aiguillage peuvent être fatales; ne pas en connaître les fondements de base, l'abc peut être mortel. Qui les renseignera, les informera? Une reprise de la parole s'impose.

RIEN NE SE FAIT SANS ESPÉRANCE:
SANS ELLE TOUT S'ÉTEINDRAIT

J'ai fondé, à Montréal, pour apporter une espérance à des jeunes en difficulté, une maison appelé le Pharillon. Quand en haute mer il ne se passe plus rien, quand la pêche n'est pas bonne et que tout semble mort au fond de la mer, les pêcheurs peuvent toujours descendre un pharillon en pleine mer. Il s'agit d'un instrument de pêche très développé, qui ressemble à un fanal, contenant une lumière très douce et tamisée mais intense, qui émet des rayons de chaleur à haute intensité. Plus le phare descend dans les profondeurs des eaux, une chaleur intense s'en dégage et agit efficacement créant un courant chaud, un remou dans les eaux.

Alors la vie sous les eaux reprend de plus belle: ce qui dormait se réveille et ce qui était mort ressuscite. Et voilà que les poissons qui se refusaient à faire leur apparition, attirés par la douce lumière et la chaleur bienfaisante, remontent à la surface à l'étonnement et au bonheur des pêcheurs. N'est-ce pas une promesse que Dieu a fait aux croyants: «Là où se rendra le fleuve d'eau vive les eaux de la mer Morte seront assainies et les poissons revivront» (Ex 47,9).

Notre monde s'en va comme un paquebot à la dérive, en pleine nuit dans un épais brouillard, par une tempête qui pourrait être fatale. Dans une telle situation catastrophique, le sort des navigateurs et de leur bâteau tient aux lumières du phare. En temps de brouillard, pour que naviguent en sécurité les navires et que décollent les avions, les données de la tour de contrôle sont plus nécessaires que jamais.

Tout le monde le constate: la communication ne se fait pas. Le fossé se creuse, le mur s'épaissit. Les experts et le peuple ne communiquent pas. Les croyants n'arrivent pas à passer leur foi à la génération montante. Le message venu d'en haut ne se rend pas à la base. Le contact avec le monde extérieur est court-circuité. Pas surprenant alors que dans l'épais brouillard, on risque de se perdre et de décrocher. Quand les gardiens de phares ne guident plus, n'arrivent plus à prévoir et n'ont plus de projets, il arrive souvent alors que les navigateurs se perdent en mer, les aviateurs dans les airs.

Rien ne se fait sans cette espérance; sans elle tout s'arrêterait. L'Église est née d'un mouvement d'espérance. Pour un nouvel élan, c'est ce mouvement qu'il est indispensable de réveiller encore aujourd'hui. Ce n'est que par elle que tout renaîtra. Pour conquérir à nouveau le monde, il faut d'une façon neuve réinventer le message. Et cela ne se réalisera pas sans frais nouveau. Que s'allument donc les phares pour éclairer nos nuits! Que des Pharillons réchauffent et éclairent nos mers refroidies où sommeillent dans les profondeurs les poissons pour les faire remonter en surface!

La foi, l'espérance, la charité, — ces trois vertus théologales — comme elles vont bien ensemble et se complètent si harmonieusement. J'aime les concevoir avec Charles Péguy comme trois sœurs: les deux grandes marchant chaque côté, et la petite au centre. Elles avancent ensemble, en se tenant fièrement par la main. J'aime beaucoup les deux grandes, la foi et la charité; mais en vérité, celle que je préfère beaucoup, à vrai dire, c'est l'espérance.

À les voir ainsi aller, il semblerait que ce soient les deux plus grandes marchant de chaque côté qui entraînent la petite. Détrompez-vous, c'est tout le contraire: c'est la plus petite au centre qui entraîne les deux grandes. «Vous savez celle qui compte le plus à mes yeux, à vrai dire, c'est la plus petite, la dernière venue, la moins connue, la plus oubliée. Et justement parce qu'elle est si humble, toute menue, si discrète, elle sauvera le monde. Vous verrez...» semble vouloir nous dire Dieu. D'où l'importance de l'espérance: sans elle tout s'arrêterait. Nous devons nous laisser prendre par la main par la petite fille espérance.

C'est ce qui se passa, en fait, pour les apôtres. Ils expérimentèrent la force et la douceur de l'espérance. Ce fut l'espérance à l'état naissant qui les rassembla à nouveau, après la déroute, les faisant s'écrier de joie l'un à l'autre: «Il est ressuscité, il est vivant, il est apparu, nous l'avons reconnu!» Ce fut l'espérance qui fit revenir sur leurs pas les disciples tout tristes d'Emmaüs et les ramena à Jérusalem.

Le Christ en ressuscitant a descellé la source même de l'espérance. Comme des eaux retenues par des digues, depuis trop longtemps déjà, il est venu briser les obstacles, les murs, les retenues pour libérer la prise. Il a ouvert une brèche dans le mur terrible de la mort, à travers laquelle tous peuvent le suivre, il a glissé l'échelle par où chacun peut s'y rendre. «Qui m'aime me suive»!

Depuis quelques semaines, le grand-papa de Marc-André se mourrait d'un cancer des os. L'enfant de sept ans posa alors à un ami prêtre cette question: «Bernard, quand vas-tu nous amener chez-toi dans ton église, voir la grande échelle qui monte jusqu'au ciel chez Jésus, pour que je puisse un jour aller visiter grand-papa?» La réponse prit quelques secondes à venir: «La grande échelle qui va chez Jésus, Marc-André, elle n'est pas loin... Elle est toute proche de toi, là dans ton cœur», répondit-il à l'enfant qui le fixait avec des yeux tout pétillants. Tu peux y monter un peu chaque jour, cela ne dépend que de toi...»

Qui osera parler aux enfants de l'escalier qui conduit à Jésus, aux jeunes d'un amour qui ne veut pas mourir, aux découragés de la vie un nouvel élan toujours possible? Sans cette espérance, tout s'éteindrait; avec cet espoir, des chemins d'avenir s'ouvrent devant eux.

LES PASSEURS DE LA FOI: ÊTRE DES TOURS DE TRANSMISSION

Je pense à un ami Marc. Je l'ai accompagné alors qu'il n'avait que 15 ans, pour l'aider à passer à travers ses problèmes de consommation. Il y a quelques années, il me demandait de baptiser son premier enfant. Au goûter qui suivait la célébration du baptême, le père de Marc me rappelait ces années catastrophiques. Et vous savez ce que faisait le père de cet adolescent pour lui garder une lampe allumée au bout de son tunnel?

Chaque matin, son père téléphonait à Marc qui travaillait en restauration, à quatre heures du matin, chaque jour pendant des mois et des mois, pour lui dire: «Marc, c'est ton père. Quelqu'un t'a-t-il dit aujourd'hui qu'il t'aimait? Je voulais être le premier à te le faire savoir.» Et le jeune coupait vite la communication. Le père n'a jamais reçu aucun commentaire de son fils.

Huit ans plus tard, le père de Marc tombe gravement malade, d'une maladie qui aurait pu être mortelle. Il est hospitalisé pendant de longs mois. Chaque jour, à quatre heure du matin, son fils l'appelle: «Papa c'est Marc. Est-ce que quelqu'un t'a dit qu'il t'aimait aujourd'hui? Je voulais être le premier à te le dire»...

Voilà comment les enfants se revengent souvent de l'amour reçu de leurs parents. Voilà comment, de génération en génération, de fil en aiguille, se transmet des paroles et des gestes d'espérance et des guérisons de cœur. Voilà des gens à qui on pourrait remettre des maîtrises en espérance.

Si vous aviez à remettre un certificat d'espérance à des gens qui ont été des transmetteurs de la foi, des passeurs d'espérance, à qui les remettriez-vous?

Ils sont nombreux les parents à qui il faudrait remettre une palme d'or pour leur témoignage de foi. Nombreux sont ceux à qui on pourrait remettre une maîtrise en espérance. Et je n'oublie pas ici les catéchistes, les initiateurs aux sacrements, les ministres masculins ou féminins, animateurs, professeurs; car chez ceux-là aussi, il y a de sacrés bons passeurs de la foi au quotidien!

La communication de la foi au quotidien, à la maison, chez nous aujourd'hui, n'est peut-être pas rendu au point mort comme on le croit parfois. Car certains allument des lumières pour faire reculer le brouillard.

Ce sont autant de lignes de transmission à haut voltage qui, comme des tours hydro-électriques, permettent à la foi de se rendre sur le terrain, de village en village, de maison en maison, de chambre en chambre, de bouche à oreille. La spiritualité ne passe pas par les câbles à haute tension, loin des maisons, mais par les fils du réseau domestique, cachés dans les murs des expériences humaines: l'amitié, l'aide, la lutte, le conflit, la souffrance, les tensions, l'amour...

Dans les prochaines années, comment se transmettra la foi aux jeunes générations d'ici? Comment se passera la Bonne Nouvelle, le Feu, l'Amour? Qui seront les nouveaux passeurs de la foi, transmetteurs d'espérance?

C'est comme pour les lignes de transmission de l'électricité. La principale «ligne de transmission» de la foi fera de plus en plus de croyant à croyant. Tout se passe comme si aujourd'hui et demain, la communication de la foi chrétienne se fera plus que jamais d'une génération à l'autre. Et cela au rythme d'un enfantement douloureux et permanent.

Vous aimeriez un exemple de ces passeurs de leur foi, de quelqu'un diplômé en espérance? Un jeune, aujourd'hui universitaire, prend une distance de toute pratique religieuse par manque d'intérêt et négligence. Depuis onze ans, il n'a pas mis les pieds à l'église. Un jour, il rencontre une jeune fille qui a de fortes convictions religieuses et qui l'invite à revenir fréquenter à nouveau l'Église et les sacrements. Après quelques dimanches où il participe à l'Eucharistie, le jeune univertaire, — génie en mathématiques —, heureux et fier, à l'heure du repas familial dominical, fait remarquer à sa mère: «Imagine maman, onze ans sans fréquenter la messe. Tu te rends compte? N'es-tu pas heureuse aujourd'hui de ton fils?»

Et elle toute souriante de lui répondre: «Mais tu ne sais pas compter. Tu n'as jamais manquer le messe une seule fois». Étonné le jeune ne comprend pas tellement. «Tu vois, moi ta mère, à chaque dimanche je me rendais à l'église à ta place. Et je communais pour les deux, trois, quatre qui ne mettaient jamais les pieds à l'église.»

Chacun sait qu'il n'est pas facile pour les parents de transmettre la foi à leurs enfants. Comment trouver les mots pour le dire? Comment mettre sa foi dans des mots qui aient du punch pour les jeunes générations? Comment trouver le langage que les jeunes comprennent? Comment dire des vérités de toujours en mots d'aujourd'hui? Qui nous donnera ce charisme?

Tâche difficile que d'être passeurs de la foi, mais pas impossible! Fions-nous à l'Esprit! Les premiers apôtres n'ont-ils pas reçu ce charisme à la Pentecôte de parler un langage que tous pouvaient comprendre? Et ils furent 3,000 à adhérer à la communauté quand pour la première fois Pierre ouvrit la bouche. Puis 5000 la deuxième fois. Pas si mal comme fécondité!

UN GESTE PEUT TOUT DÉTRUIRE
OU TOUT SAUVER: QUE SE LÈVENT DONC
CES PASSEURS DE FLAMBEAU

Voici un exemple: l'aviateur qui a lancé la bombe sur Hiroshima n'a eu qu'à presser sur une manette, et 80,000 Japonais ont été tué d'un seul coup! Cet aviateur, réfléchissant après coup, en a eu la conscience torturée, et il s'est fait trappiste. Pas de meilleur moyen de se reprendre en devenant, par la prière, une bombe d'énergie solaire à haute tension non plus pour détruire le monde, mais pour réchauffer la planète en train de se refroidir.

Si une décision technique peut mettre en jeu l'existence de millions d'hommes, alors que dire de nos décisions morales. Sodome et Gomorrhe auraient été épargnés si Abraham avait eu l'audace de se rendre au bout de sa prière (Gn 18, 16-33). Un geste peut tout détruire; mais un geste peut tout reconstruire.

Si le petit Jonas, que la baleine avait renvoyé sur la grève, ne s'était rendu à Ninive la très grande ville qui lui faisait peur — le New-York de ce temps là — pour réveiller les habitants par son invitation pressante et urgente à se convertir, que seraient devenus ses cent vingt mille habitants? Son omission aurait pu être catastrophique, voire mortelle.

Si André n'avait pas parlé de sa rencontre du Christ à son frère Pierre, cela n'aurait-il pas changé à tout jamais le visage de l'Église? Si Marie Madeleine, l'ancienne prostituée — qui avait le diable au corps avec ses sept démons — n'avait pas pris feu sous le choc électrocutant de la Résurrection et n'avait pas énergisé le monde de son temps de la charge explosive qui l'habitait, notre monde ne serait-il pas mort de froid?

Si Ananie n'était pas allé, à son corps défendant, à la rescousse de Paul brûlé par la Force solaire — une Lumière d'en-haut mille fois plus brûlante que tous les soleils du monde — et ne lui avait pas révélé qu'il était un instrument de choix pour toutes les nations, le message de l'espérance se serait-il rendu au monde païen? Et que serait devenu ce monde s'il n'avait pas été mis au courant?

Si l'évangéliste Philippe ne s'était pas laissé pousser par l'Esprit sur des routes neuves, vierges, pour y rejoindre l'eunuque éthiopien, la révolution explosive du message chrétien ne ce serait peut-être jamais rendu sous le chaud soleil d'Afrique. Et si ce n'eut été de Lydie, cette dynamique commerçante de vêtements de qualité, qui, par son entrain et son enthousiasme de vendeuse, n'avait communiqué le message de l'Évangile, celui-ci aurait-il fait le tour des postes de commerce, qui fût la porte ouverte pour la transformation de la foi chrétienne à toute l'Europe?

Et les Actes des Apôtres ne sont-ils pas l'histoire d'un petit groupe d'hommes et de femmes très simples! Pères et mères de familles, célibataires de toutes conditions, grâce à la foi desquels la force de l'Esprit de Dieu et la joie du salut se sont allumés, de proche en proche, les feux du Royaume de Dieu dans tout le monde connu d'alors.

C'est ainsi que l'Église a commencé. Que la pierre s'est mise en mouvement. Que l'Esprit a couru comme étincelle dans la paille. Que se lève donc les nouveaux Marie-Madeleine, André, Ananie, Philippe, Lydie... allumeurs de feux, porteurs du flambeau de la foi, passeurs d'espérance!

Bien sûr je connais les objections... Mais le message de l'Évangile est tellement exigeant. Qui veut l'entendre? Les jeunes ne font-ils pas la sourde oreille? Bien entendu ils ont tellement été déçus par l'amour, pas surprenant alors que l'avenir de leurs amours les fasse trembler, que les exigences de l'amour leur fasse peur. «Nous n'aimons guère être affrontés à l'amour quand il se fait trop exigeant pour notre médiocrité». Mais notre devoir est de leur rappeler les beautés et les exigences de cet amour, sans délayer le message.

Mais comment voulez-vous que nos enfants acceptent les exigences de la foi et de la vie tout court si nous les éduquons dans l'illusion de la facilité? Nous leur avons fait miroiter des rêves loin de la réalité: plusieurs n'ont-ils pas été gâtés trop tôt par la facilité et parvenus trop facilement sans effort. Alors le combat, les résistances leur sont difficiles. Comment les relancerons-nous?

D'ailleurs, s'ils n'écoutent plus notre message évangélique ne serait-ce pas qu'il est devenu insipide, inodore, sans saveur? Ne manquerait-il pas de piquant, de verbe, de couleur? Ne leur parlerait-il pas assez aux trippes? À force d'arrondir les coins, n'aurions-nous pas perdu toute crédibilité?

Il y a beaucoup de manières de faire mourir son prochain, de tuer ses propres enfants. Certains péchés d'omission sont de véritables meurtres. Qui ne s'est pas rendu compte qu'au Québec, depuis un certain nombre d'années où on ne délivre plus le message, le cœur s'enlise. On est plus démissionnaire que missionnaire, pas surprenant que les plus fragiles en crèvent.

«Mais cela nous dépasse», disent certains paralysés par la peur. Ceux de ma génération, ceux qui ont connu la révolution tranquille et qui vivaient le temps des belles promesses des années 1960, vous vous souvenez? Nous voulions changer le monde. Sommes-nous rendus si vieux pour nous refuser de poursuivre ce rêve?

LA PLUS BELLE CHOSE DU MONDE:
PORTER LE FLAMBEAU DE L'ESPÉRANCE

Un jour, j'ai accompagné Luc, un jeune qui, depuis l'âge de seize ans, voulait connaître ses véritables parents. Il désirait voir leur visage, savoir à qui il ressemblait. Après toutes les démarches qui s'imposaient, où je l'aidai à frapper aux bonnes portes, à dix-neuf ans, ils les a retrouvés. Vous auriez dû voir sa joie au moment des retrouvailles! Un jour il m'amène un autre de ses amis dans la même situation. Je le provoque: «Ce que j'ai fait pour toi, fais-le à ton tour pour un autre». Quelle aide, quel support il fut pour cet ami à la recherche de ses parents. Quelle ne fut pas sa joie débordante lorsque ce dernier vécu les retrouvailles des siens!

Arrive un jour où tu veux à tout prix faire découvrir la trouvaille à une autre personne qui vit les mêmes drames que toi et l'aider à chercher et trouver ensemble la solution. Tu es sauvé le jour où tu mets quelqu'un sur le chemin de son salut. Quelle est la chose la plus utile, la plus urgente, à offrir à notre monde en désarroi? Donner l'espérance est la plus belle chose qu'on puisse faire au monde. Je parle en connaissance de cause.

Comme dans une course à relais, ainsi les coureurs olympiques se passent la flamme pour qu'elle puisse se transmettre de ville en ville. Ainsi dans la course de la vie, tous attendent les porteurs de ce flambeau d'espérance! Porter le flambeau de l'espérance à ceux que vous rencontrez, aux jeunes en particulier, et ils viendront vite allumer leur feu au vôtre. En attendant le jour béni qui ne tardera pas, où ils viendront réallumer le vôtre au leur. Je vous l'assure.

Qui n'a pas été un jour impressionné lors de grands rassemblements, d'un pélerinage par exemple, où les fidèles allument l'un à l'autre leur cierge, à partir du célébrant qui l'a allumé lui-même d'abord au cierge pascal, symbole du Christ ressuscité, Lumière du monde. Ainsi devons-nous nous passer l'un à l'autre l'espérance théologale qui gît, comme feu sous cendres, ensevelie dans le cœur du peuple chrétien. Se passer de main en main, de père en fils, de mère en fille, de jeune à jeune, d'enfant à parent, la divine espérance, comme une contagion, voilà qui s'impose plus que jamais!

En se communiquant ainsi le feu de l'espérance, comment ne pas espérer que quelque chose ne puisse changer dans l'avenir? Comment ne pas tout attendre de l'avenir? Comment ne pas faire mentir les faits et souvent les défaitistes, qui laissent croire qu'il n'y a plus rien à attendre. Je refuse catégoriquement que tout va continuer fatalement comme il en a toujours été et qu'il n'y aura jamais rien de nouveau sous le soleil. Que chacun se mette donc à espérer comme jamais!

Espérer veut dire croire que «cette fois-ci» ce sera différent, même si cent fois tu l'as déjà cru et que chaque fois tu as été démenti. Tant de fois, peut-être dans le passé, as-tu décidé en ton cœur d'entreprendre le «saint voyage» de la conversion: lors d'une fête de Pâques, d'une retraite, d'une rencontre importante. Tu as comme pris ton élan pour sauter le fossé; hélas tu as vu cet élan s'affaiblir et s'éteindre à mesure que tu t'approchais du bord et tu t'es retrouvé, chaque fois, dans tes vieilles habitudes, sur les rivages de l'Égypte, pris à nouveau dans l'engrenage fatal. Combien amère fut encore une fois ta déception! Si, malgré tout, tu espères encore une fois, tu toucheras enfin le cœur de Dieu qui viendra sûrement à ton aide.

De toute façon il viendra ce jour de la conversion qui, depuis longtemps, se prépare. Ce moment de l'explosion de la grâce met fin à une crise intérieure, car il est rare qu'une conversion ne soit pas un aboutissement. «On crie parfois au miracle et l'on n'a pas tort, car c'en est un, mais c'est un miracle lent. La préparation remonte à des années en arrière. L'explosion est subite, mais la mèche était longue» écrit Julien Green.

Vous savez ce qui émeut le plus Dieu, ce qui l'étonne toujours? Dieu s'émeut devant l'espérance de ses créatures. C'est Charles Péguy qui met ces mots sur les lèvres de Dieu. «La foi que j'aime le mieux, dit Dieu, c'est l'espérance. La foi ça ne m'étonne pas. Mais l'espérance, dit Dieu, voilà qui m'étonne. Que ces pauvres enfants voient comme tout ça se passe et qu'ils croient que demain ça ira mieux. Ça c'est étonnant et c'est bien la plus grande merveille de notre grâce. Et j'en suis étonné moi-même. Et il faut que ma grâce soit en effet d'une force incroyable».

À Sainte-Anne de Beaupré, lors d'un ressemblement de près 1000 jeunes, lors de mes 25 années de sacerdoce une question m'a été posé par les jeunes. «Si tu mourais ce soir, qu'est-ce que tu ne voudrais pas te reprocher? Quel serait ton message?» Si je partais ce soir, je ne voudrais pas, pour tout l'or du monde, qu'on me reproche de ne pas avoir assez aimé..Que la blessure de l'amour de Jésus ressenti un jour, à chair vive, comme une bienheureuse blessure, jamais ne se ferme! Que jamais je ne m'habitue aux surprises de l'Esprit chez ceux que je rencontre! Qu'on n'ait jamais vu mon espérance indéfectible mettre dans les veines d'un bon nombre le courage inébranlable de mener le même combat pour bâtir un monde meilleur!

La rencontre d'un jeune avec ses rêves de jeunes et ses folies me pose toujours question: «Où en suis-je avec ma propre jeunesse?» Quand je rencontre l'enfant chez l'autre, c'est mon propre enfant qui est aussi réveillé dans cette rencontre. Quand je rencontre des amoureux perpétuels, encore remplis de feu et de tendresse, cela me pose plein de questions: «Où en suis-je dans mes amours?»

COMME DES TRÉSORS CHARGÉS DE MERVEILLES: SANS ESPÉRANCE TOUT S'ARRÊTERAIT

Donald est un enfant handicapé physique et mental. Ses parents l'amènent à un rassemblement du Renouveau charismatique. Après l'Eucharistie où le célébrant avait porté la Parole sous la mouvance de l'Esprit, l'enfant tout enflammé fait remarquer à sa mère: «Pendant qu'il parlait et priait, cela brûlait dans mon cœur; c'était comme un feu en moi de la tête au pied. J'en suis sûr, c'est Jésus qui me parlait».

Nous le voyons aussi dans la vie de chaque jour. Lorsque quelqu'un en arrive vraiment à ne plus rien espérer, il est comme mort. Mais dès qu'un feu s'allume en son cœur au contact d'un témoin, embrasé, alors l'espérance renaît et la vie reprend. Mais sans éveilleur de vie, pourquoi s'étonner alors qu'il se laisse mourir à petit feu ou se donne effectivement la mort? Comment faire lever tôt le matin quelqu'un qui n'attend absolument rien de la vie?

À celui qui est sur le point de s'évanouir, on donne vite à respirer quelque chose de fort pour que sous le choc l'air passe à nouveau et qu'il se ressaisisse. À celui qui est axphysié par un manque d'air, on lui insuffle par la respiration artificielle un nouveau souffle de vie. À celui qui est en train de mourir d'une crise de cœur, on le conduit de force aux soins intensifs, ou on lui donne un massage cardiaque à grands coups et qu'advienne que pourra. Voilà ce qu'il coûte parfois pour être réanimé. C'est à ce prix seulement, au prix de son corps, que souvent quelqu'un revit.

Ainsi à celui qui est en train de se laisser aller et d'abandonner la lutte, il faut offrir de nouveaux motifs d'espérer. Pour qu'il se réanime et reprenne des forces neuves, lui montrer qu'il existe de nouvelles possibilités s'impose souvent. Oui notre monde d'aujourd'hui a besoin de se faire tirer du lit, et de se faire réveiller à chaque matin, de force s'il le faut. Parfois même il faut l'inviter fortement, le secouer, lui crier. «Si un homme dans sa maison en feu est en train de dormir, on ne le réveille pas au son de la petite sérénade nocture de Mozart» a bien fait remarquer le Frère Untel; on le secoue, on lui crie, on le réveille de force.

Qu'un germe d'espérance renaisse dans le cœur d'un être humain et un miracle se produit. Même si rien n'est changé en apparence tout devient autre. Qu'au cœur d'une famille religieuse, d'une communauté, d'une paroisse refleurisse l'espérance: les voilà réanimées. Elles recommenceront alors à attirer de nouvelles vocations. Pas de propagande qui ne puisse faire réaliser ce qui réussit à provoquer l'espérance.

Au sein de nos familles, il en est ainsi: on y vit, on y respire, on y revient volontiers si on trouve en elle l'espérance. Si non, on les déserte. C'est l'espérance qui fait agir les jeunes.

Qu'est-ce que les jeunes pourraient reprocher aux adultes? Si on leur donnait le droit de parole jusqu'au bout, que nous feraient-ils remarquer? De ne plus être volcan. Le volcan n'est plus dangereux; la lave s'est refroidie. «Trop rares sont ceux qui laissent paraître au-dessus quelque chose de cette puissance volcanique, effervercente et incandescente, qui est tenue en réserve, sous clef, au plus profond d'eux-mêmes. Le feu qui est au centre de la terre n'apparaît que rarement au sommet des volcans». Ils nous reprochent aussi d'avoir des discours sans souffle et sans vie, à dix mille lieues de la brûlante trace laissée par Jésus Christ.

Les jeunes voudraient nous voir nous faire mentir sur le proverbe: «On naît incendiaire, on meurt pompier». Ils aimeraient découvrir plus de parents fous de leurs enfants. Ils attendraient des prophètes qui savent lire leur avenir à partir de leur présent, discerner leurs richesses cachées. Que d'enfants n'avons-nous pas vus être transfigurés sous le regard guérissant d'adultes «espérant contre toute espérance»! Alors sous leur regard transformé, l'enfant s'est mis à se métamorphoser de jour en jour.

Bernadette était une petite paysanne bien humble. Elle ne savait ni lire ni écrire. C'est elle que la Vierge Marie choisit pour porter un message d'espoir au monde. Un jour, la Vierge lui assure qu'il y aura une source guérissante à Lourdes. Mais la petite Bernadette de répliquer: «Mais, madame sainte Marie, il n'y a pas de source ici à Lourdes, tout est en pierres...» Et la Vierge doucement de la reprendre: «Mettez-vous à genoux, là sous vos pieds, sous la terre durcie, se cache la source miraculeuse. Enlevez les pierres; et creusez, vous trouverez...» Et la petite Bernadette de se mettre à genoux et de creuser. Et jaillit l'eau miraculeuse de Lourdes...

Quelle source de résurrection sont ces êtres au regard pénétrant qui découvrent la source cachée qui sommeille derrière les pierres qui la recouvrent. Mes parents, mes frères et sœurs ont rendu ce fier service à un de mes frères handicapé. Par leur attention continuelle, leur présence remplie d'amour, ils lui ont permis d'être un être heureux d'une telle dignité et d'une telle beauté. En les voyant ainsi traiter ce frère plus fragile, ils ont été pour moi une révélation de la manière dont on ressuscite quelqu'un. Aujourd'hui encore, en contemplant de tels exemples, la foi me remplit. Moi-même, je confesse leur devoir davantage qu'à des livres entiers sur l'amour, sur l'accueil et le respect. Ils sont des révélateurs «haut en couleurs». Alors se lève le voile qui nous met en contact avec la réalité invisible.

LES MESSAGERS APOCALYPTIQUES: DES SORTS OU DES PROPHÉTIES?

Les apparitions de la Vierge, en particulier, ont été spécialement nombreuses, depuis un siècle: Fatima, Lourdes, La Salette, Garabandal, Medugorje... pour ne parler que des plus connus. Mais il y a aussi d'autres messagers qui ne sont pas sans émouvoir l'opinion publique: en particulier les révélations reçues par Vassula, Mirna Nazzour...

Remarquez que nous vivons à une époque qui ressemble étrangement à ces temps de la fin où les messages apocalyptiques à la manière de Jean-Baptiste ne manquent pas. Cela remonte à quel moment de l'histoire où des messagers célestes auront été envoyés en aussi grand nombre à notre terre pour nous avertir de la fin possible?

Qu'ont-ils en commun tous ces messages? «Faites pénitence, veillez et priez, jeûnez; retournez à l'église, convertissez-vous, confessez-vous...». Oui le message ne peut pas être plus clair:«Nous sommes dans les derniers temps; la fin est proche; les temps se font courts; le monde est au bord de la catastrophe; nous marchons vers la faillite...». Alors plus de temps à perdre: «Faites demi-tour! Cela ne peut plus durer. Changez vos habitudes de vie. Revenez sur vos pas. Autrement le pire peut arriver».

Mais si la fin est suspendue sur nos têtes pour bientôt comme une épée de Damoclès,alors nous n'aurions qu'à lever les bras vers le ciel, puis surveiller les derniers indices et attendre la fin... Attention! Ce sont là des prophéties de messagers envoyés du ciel: donc elles sont à prendre au sérieux. Mais ce ne sont pas des sorts qui nous sont jetés. À nous d'être vigilants et de faire les discernements nécessaires, de faire les nuances.

Si la Vierge nous annonce la fin de monde pour bientôt, ce n'est pas que cela doit arriver sans faute, et qu'il n'y a plus rien à faire. Au contraire! Ces prophéties nous sont données justement pour que cela ne se passe pas ainsi et qu'on puisse changer le cours normal des événements. Si ces prophéties nous sont données, c'est pour que, l'Esprit aidant, nous changions le cours des événements et que nous retardions l'échéancier du monde. Pour qu'en donnant un sérieux coup de barre par la prière, le jeûne, le partage avec les pauvres, nous puissions changer et infléchir carrément le cours des événements. C'est entre nos mains.

Une prophétie en effet n'est pas une prédiction, ni un sort qui nous est jeté. C'est un avertissement ou une promesse; c'est la catastrophe de façon certaine qui s'en vient, à moins que nous ne changions et ne fassions tourner le vent de bord. Prenons l'exemple où la Vierge à Fatima nous annonce prophétiquement la conversion de la Russie. C'est une promesse: «la Russie se convertira»; mais la promesse est conditionnelle: si les peuples prient pour cette conversion et si le peuple Russe se tourne vers de meilleurs sentiments. La promesse et le jugement restent donc conditionnels. Cela va se passer ainsi..., à moins que les cœurs changent et que nous faisions ainsi faire demi tour au cours des événements.

Jésus s'est vu confronté au même problème en son temps. Sa mission débute dans des circonstances extrêmement dramatiques. Son pays se trouvait dans une situation de crise permanente. Son peuple vivait sa crise d'identité la plus profonde. Le leadership politique et religieux était divisé. Plutôt que d'être le pilier traditionnel sur lequel reposait toute société, la religion était devenue une source de division. Le peuple était comme un troupeau sans berger.

Jésus vivait à une époque où le monde touchait littéralement à sa fin. C'était une société au bord du désespoir. La pauvreté était omniprésente à la campagne et dans les villes. Que le monde se trouvait au bord d'une véritable *catastrophe apocalyptique* était la conviction profonde de ses contemporains. Une solution de rechange s'imposait. Les choses ne devaient plus durer ainsi.

À cette seule pensée d'un avenir si menaçant pour son peuple, Jésus en avait les larmes aux yeux (Lc 19, 41). Devant l'oppression et la souffrance de tout un peuple, ressentir de la compassion, de la sympathie, c'est déjà bien beau... Jésus comme Jérémie, l'évangile nous l'atteste, en fut ému jusqu'aux larmes. Constater qu'il faut faire quelque chose, c'est déjà un grand pas de plus. Mais ressentir et constater ne suffisent pas. Il faut faire quelque chose. Mais que faire?

C'est dans la perspective de cette catastrophe que Jésus s'est engagé dans sa mission. Au beau milieu de ce monde troublé, Jésus s'est levé avec «un incomparable bond d'imagination créatrice». Pour une foule immense de gens «sans avenir», il ouvre des chemins d'avenir. Voilà une «ouverture inespérée»! Cet homme découvre une ouverture et, en fait mieux qu'une ouverture, «la voie pour la libération totale et l'accomplissement de l'humanité».

Comment sauver le monde de la catastrophe? Qu'a donc essayé de faire Jésus? Il entreprit de libérer le peuple de toute forme de souffrance et d'angoisse pour le présent et pour l'avenir. Quel programme propose-t-il pour cela? Quelle était sa stratégie pour libérer le monde des sentiments et des conduites génératrices de haine et de violence? Qu'a donc essayé de faire Jésus? En quoi est-il libérateur? Par où commence-t-il? Quelles seront ses priorités?

UN BOND D'IMAGINATION CRÉATRICE: UNE SOURCE QU'IL SUFFIRAIT DE DÉBLOQUER

Face à l'avenir, que de gens vivent un sentiment très fort d'inutilité, d'inefficacité, de dépassement! «Un profond sentiment d'inutilité pèse lourd sur le cœur de millions de personnes — jeunes surtout — vivant dans cette société orientée vers le succès». Derrière la course à l'excellence, à la performance, à la réussite à tout prix, plusieurs se sentent perdus à l'avance. Se cache là un profond sentiment de désespoir.

Face à l'amour, à l'avenir, le sentiment d'être dépassé, insécure, visite un bon nombre: «Je n'y arriverai jamais!» «C'est pas pour moi!» Le sentiment d'inutilité est beaucoup plus répandu qu'on veut bien nous le laisser croire. Que de jeunes, personnes seules, parents, couples se sentent de moins en moins pertinents et de plus en plus marginaux. Combien nombreux ceux qui se sentent *moins que zéro*, et qui, désespérés, baissent les bras.

L'opposé de la foi, c'est le fatalisme. Pensez-vous que le fatalisme serait une forme de philosophie de la vie dépassée qui aurait existé autrefois, en un coin reculé du globe, chez les primitifs? Allons donc! C'est l'attitude dominante, chez la plupart des gens, la plupart du temps, même chez les chrétiens. Ne nous arrive-t-il pas d'être visités à nos heures par cette idée de la fatalité, du destin?

Voici des expressions courantes qui l'expriment bien: «On ne peut rien y faire»; «Vous ne changerez pas le monde»; «La vie est ainsi faite»; «Il n'y a pas d'espoir»; «Plus ça change, plus c'est pareil»; «Rien de nouveau sous le soleil»; «Il est né sous une mauvaise étoile; les astres ne lui sont pas favorables»; «Ça toujours été comme ça, ça sera toujours comme ça»; «Vous devez être réalistes»...

Ne nous reconnaissons-nous pas tous de quelque façon dans ces attitudes de résignation? Que quelqu'un des nôtres soit emporté par la mort, vite on se sert du destin ou de la fatalité pour expliquer le fait: «Que voulez-vous, on y peut rien!»; «La vie est ainsi faite; le sort en a été jeté»; «Son heure était venue»; «C'était écrit dans le ciel»; «Ainsi Dieu l'a ainsi décidé d'avance: rien à faire, c'est sa volonté. Ainsi-soit-il, Amen, Alléluia!» Autant de pensées dignes des païens! Autant d'affirmations qui montrent qu'on ne croit pas réellement en la puissance de Dieu, qu'on n'espère pas réellement en ses promesses.

Quand on laisse ainsi mener sa vie par le fatalisme, cela donne quoi au bout de la ligne? Des gens oppressées, opprimées, écrasées, résignées... Qui ne connaît pas parmi les siens de ces défaitistes, «perdus-d'avance», «éternelles victimes», «morts en sursis»? On remarquera que lorsque le fatalisme mène les gens, cela conduit très bientôt à l'incroyance et le désespoir qui sont comme l'autre face cachée du fatalisme.

Nous avons deviné quelque chose du fatalisme des pauvres, des pécheurs, des malades du temps de Jésus. Sa vie, son action, ses œuvres doivent être comprises, interprétées comme un triomphe de la foi et de l'espérance sur le fatalisme. Les malades qui s'étaient résignés à leur souffrance — c'était le lot de leur vie — étaient encouragés à croire qu'ils pouvaient s'en sortir, qu'ils seraient guéris. La source de vie bloquée n'était pour autant tarie: il suffisait de la débloquer.

La propre foi de Jésus, ses convictions indéracinables, éveillaient la foi chez ceux qu'il rencontraient. La foi, c'était une attitude que les gens attrapaient auprès de Jésus, à son contact, presque comme une maladie. Avec lui, la foi ne s'enseignait pas, elle «s'attrapait» par contagion: «une force sortait de lui». Ils commencèrent alors à regarder vers lui pour augmenter leur foi (Lc 17,5) et les aider dans leur manque de foi (Mc 9, 24). Jésus devenait l'initiateur, guide de leur foi.

Mais, une fois initiés, ils pouvaient transmettre cette foi à d'autres. La foi de l'un éveillait la foi de l'autre. Les disciples étaient envoyés la susciter chez les autres. *Ça se propageait* comme un feu de poudre, comme des étincelles dans la paille. Et ça prenait...! Et ça faisait boule de neige! Comme des réactions en chaîne! Quelle force de frappe, quel impact cela suscitait chez les siens!

Ses succès, ses miracles démontraient que Dieu était à l'œuvre, libérant son peuple grâce à la foi qu'il avait fait naître en lui. Ce qu'il désirait plus que tout, c'était non seulement de ressusciter la foi mais de faire que tout autour de lui, chacun éveille aussi la foi, de la même façon, autour d'eux. Et l'impossible commençait à arriver... et un mouvement, d'espérance les soulevait et les mettait en marche.

Sa présence elle-même les libérait: «N'aie pas peur, ne t'inquiète pas». En sa compagnie, ils se mettaient à se sentir à l'aise, en sécurité, en joie, loin des tempêtes sur le lac.

Qu'est-ce donc qui se passe quand l'atmosphère de fatalisme est remplacé par une ambiance de foi sur son chemin? L'impossible commence à arriver. Les miracles de la libération apparaissent. Des gens sont guéris, des mauvais esprits chassés, des lépreux purifiés. Le goût d'être des vrais hommes et des femmes debout les envahit. Les gens au lieu d'être les spectateurs de leur vie en deviennent les acteurs; il se produisent.

LA VOLONTÉ DU PÈRE:
QUE VIENNE LE GOÛT DE LA VIE!

«Un jour à l'occason d'une fête juive, Jésus monte à Jérusalem» (Jn 5, 11). Normalement, en arrivant pour la fête, Jésus aurait dû aller directement au Temple pour y rencontrer Dieu. Mais plutôt que de se rendre au centre, Jésus va à la marge. Clairement, Jésus choisit son lieu, non au Temple, mais dans des endroits mal famés parmi des gens mal partis; il va directement parmi les malades et les handicapés.

«Or il existe à Jérusalem, près de la porte des Brebis, une piscine qui s'appelle en hébreu Bethzatha. Elle possède cinq portiques, sous lesquels gisaient une foule de malades, aveugles, boiteux, impotents» (Jn 5, 2-3). Jésus alla d'abord non pas à l'église, mais à la piscine, imaginez donc! Au bain sauna, pour comble de malheur! À un sanctuaire consacré à un dieu guérisseur par dessus le marché! Qui l'aurait cru? À une piscine à plusieurs portes: n'y a-t-il pas bien des manières d'aller à Dieu?

Là sur le bord de cette piscine, se ramassait «sur le carreau», une foule d'indésirables, de supersticieux, de parasites. Là dans cet ancien temple païen, ces oubliés espéraient ce que la religion officielle n'arrivait pas à leur offrir. Non vraiment, les bien portants ne se mêlaient pas à ce monde de basse-classe de peur des jugements: de se faire classer pour des «bons-à-rien» et de se faire foutre à la porte du cercle des bien-pensants.

«Là se trouvait un homme infirme depuis trente-huit ans. Jésus le vit couché et, apprenant qu'il était dans cet état depuis longtemps déjà, il lui dit: «Veux-tu guérir?» (Jn 5, 6). Pourquoi Jésus lui pose-t-il la question: «Veux-tu?». Il n'est pas si sûr que cela que le paralysé veut guérir. Pas si sûr que cela qu'il ait le goût de vivre et qu'il

266

veuille bien marcher. Le poids des habitudes l'a peut-être envahi au point de s'être fait une idée que la vie est ainsi faite et qu'il serait toujours paralysé, au point de s'y enliser.

«*Veux-tu?* Veux-tu guérir? Veux-tu vivre? Veux-tu devenir un vrai vivant? Veux-tu la joie de vivre? Que veux-tu que je fasse pour toi?» Voilà autant de questions souvent posées par Jésus. Veux-tu cette vie qui bondit, jaillit et que rien n'arrête? Veux-tu la «vie éternelle», non pas la vie après la mort, mais la vie avant la mort, la vie tout de suite, pleine, débordante? Ni la vie «plus tard», ni une vie «hors du temps», mais la vie ici et maintenant!

Cette Vie qui fait de chacun un vrai vivant, vivant d'une vie sur laquelle la maladie, la mort même n'a pas de prise. Veux-tu cette joie de vivre, d'être unique au monde, fruit de la parole échangée, avec tout un environnement visible et invisible? Es-tu prêt à ne pas être regardant sur les moyens?

Bien vivant, animé par goût d'une vraie vie, Jésus est la Vie, le débordement de la vie pour chacun. Peut-il alors vouloir autre chose que la vie et la vouloir passionnément à tout prix? Il la voulait en abondance et pour lui-même et pour les autres humains. Il a parlé et agi en conséquences. Dans les paroles, les actes qu'il posait, c'était sa passion de la vie qui s'exprimait.

N'a-t-il pas vécu ainsi comme le digne Fils de son Père. Tel Père, tel Fils! Ne vivait-il pas que pour faire la volonté de son Père. Que veut son Père au fond? Quelle est cette volonté? Une seule. Il est impossible au Père, en tant que Père, de vouloir autre chose que la vie. Alors faire la volonté du Père pour le Fils ne tient qu'à une chose: vouloir la vie et «ne pas pouvoir vouloir autre chose que la vie!» Voilà tout un programme: et pour lui et pour nous!

Alors, pour Jésus, quoi vouloir d'autre que «tous les hommes aient la vie et l'aient en abondance»! Quoi donc faire et que dire de plus? Il ne peut rien faire et dire d'autre qui ne soit au service de la vie que son Père exigeait de lui. Comment passer sa vie autrement que de la consacrer totalement à l'avancée et au triomphe de la vie, de toutes les façons possibles et impossibles, coûte que coûte, au prix même de sa vie?

Tout au long de sa vie, que ne ferait-il pas pour que la vie prenne, se fraie un chemin, se répande, se transmette? Que la vie éloigne les limites, fasse reculer les murs de l'impossible! Que la Vie aie son dernier mot sur la mort: pas de désir plus fort! Pour cela, Jésus guérit le jour du sabbat, chasse les démons, relève les morts, fait parler les muets et entendre les sourds.

Sur son passage, la vie se met à bondir, l'eau fade devient vin pétillant, la source coule abondamment, la vie s'anime dans les corps morts. Les tombeaux s'ouvrent pour laisser passer la résurrection, les prisons tremblent pour faire ouvrir les portes et rendre libres les prisonniers, les murs éclatent pour laisser passer la vie. Toùt cela pour qu'enfin la liberté soit libérée!

Alors qui se surprendrait de le voir lui, le passionné de la vie, vivre et agir autrement qu'avec une telle passion de la vie? Pour que les forces de la vie aient le dernier mot sur les forces de la mort, à quoi n'aurait-il pas été prêt? Puisqu'il a une telle passion de la vie, pas étonnant qu'il ne soit pas regardant sur les moyens de transmettre cette vie! Quel prix n'est-il pas prêt à payer pour que nous ayons la vraie Vie, pour que la vie éclate au delà de nos morts, dans la résurrection! Cette vie qui débordante transfigure tout sur son passage! Qui s'étonnerait alors que sa passion «pour la vie», le conduise à sa Passion!

DES FEMMES COURBÉES:
EN DEHORS DU CERCLE DES VIVANTS

Qui n'a pas connu de ces femmes dépassées par des souffrances inimaginables, indescriptibles? Qui ne les a pas remarquées, écrasées par le poids de la vie, ployant sous leurs charges? Femmes de corvée d'un bout à l'autre de leur vie! *Femmes-bonnes-à-tout-faire,* femmes de devoir, de service. Quelles lourdes charges sur leurs épaules ces femmes ne portent-elle pas! Sous le poids de tels fardeaux qui les suit partout, qui ne plierait pas?

Combien de personnes sont ainsi liées à des conditions de vie étouffantes qui les serrent là, à la gorge, où chaque soubresaut pour s'en sortir peut être fatal. Combien de malheureuses victimes d'un mariage mal assorti se sont ainsi passées «la corde au cœur»? Condamnées à endurer le pire, n'ayant pas connu le meilleur, jusqu'à ce que mort s'en suive. Saisies dans les griffes de la peur, comme une bête prise au collet qui se débat mais dont le nœud coulant se resserre et les étouffe.

Hélas, elles ne sont pas les seules ainsi prisonnières d'une situation sans issue; elles sont à profusion. Femmes qui ont connu le viol, victimes d'inceste, d'abus sexuels, de violences conjugales... On ne les compte plus tellement elles se sont souvent effacées, retirées dans l'ombre, sombrant dans la dissolution. Combien sous l'effet d'une culpabilité malsaine, sous l'effet des démons muets qui les empêchent de parler, se sont enfermées dans un mutisme complet. Elles ne sont plus que l'ombre d'elles-mêmes.

Un jour, voici une de ces femmes courbées par le poids de la vie se présente à un groupe de prière. *«Jésus était en train d'enseigner dans une synagogue un jour de sabbat. Il y avait là une femme possédée d'un esprit qui*

*la rendait infirme depuis dix-huit ans; elle était toute cour-
bée et ne pouvait se redresser complètement»* (Lc 13,10-
11). Dix-huit ans ainsi à endurer son sort, à traîner son
passé de misère, à être empoisonnée par sa honte toxi-
que, sa culpabilité. Dix-huit ans à être classée, rejetée,
maltraitée, ridiculisée. Dix-huit ans à espérer que quelque chose se passe, que justice soit faite, que sa place au
soleil lui soit donnée. Dix-huit ans à attendre l'inespéré...

Cette femme courbée, en manque d'équilibre, que
de questions la tourmentaient: «Qu'est-ce que j'ai donc
fait au Bon Dieu pour que cela m'arrive? Où ai-je bien pu
manquer? Pourquoi ce sont toujours les mêmes? De quoi
suis-je coupable? Quelle est donc ma faute?»

Bien sûr, elle s'était faite accuser: «On est puni par
où on a péché». Plus d'une fois, on l'avait montré du doigt:
«Ça ose encore se montrer en public et venir se pointer à
l'église, moi si j'étais elle...». Peut-être avait-elle essayer
de se consoler à bon compte: «Dieu éprouve ceux qu'il
aime...!». Puis surtout, il y avait les cassettes qui jouaient
dans sa tête: «Que voulez-vous, quand on est né pour un
petit pain...; cela doit être ma destinée...». Et puis quand
tous ses petits démons se mettaient de la partie pour
éveiller la folle du logis, alors elle allait bon train: «... Si
au moins c'était le purgatoire, mais non ce n'est pas une
vie. C'est l'enfer! J'ai donc dû le mériter...».

Toujours est-il qu'un jour cette pauvre femme, écrasée et pliée en deux par le poids de la vie, se rend bon gré
mal gré à la synagogue. Pourtant elle aurait toutes les
bonnes raisons de ne plus y mettre les pieds. Malgré tout,
elle n'en veut pas au bon Dieu; elle pratique sa religion et
va prier,à tous les sabbats. Avait-elle le pressentiment que
Jésus était là au Temple et qu'en lui elle trouverait son
libérateur?

Bien sûr ce n'était pas elle qui dérangeait le monde; elle ne prenait pas grand place. Elle se tenait cachée, en arrière, près des colonnes, derrière la clôture qui séparait les femmes des hommes de ce temps. Ah! ces clôtures! «Maudites soient vos clôtures celles qui vous clôturent par le dedans».

Et c'est ainsi que le temple est fait et de là découle la façon de faire dans les synagogues. Au centre, ceux qui jouissent de tous les avantages: avoir, savoir, pouvoir. Ils font partie du cercle des amis de Dieu, de l'amicale des anciens, de la confréries des parfaits: ce sont les purs. Puis il y a les autres, avec tout le *dégradé de l'impureté*: après les prêtres et les hommes, suivent les femmes, les enfants, les publicains, les malades, les pécheurs, et les pauvres de toute espèce. C'est ainsi que la Loi et la religion distinguent, noir sur blanc, entre les purs et les impurs. Heureusement Jésus est venu tout révolutionner cette conception de la religion de son temps!

Alors vous vous imaginez quand vous êtes une femme, et en plus infirme, chronique, courbée, déséquilibrée, possédée par dessus le marché, vous n'en menez pas large à l'église: vous vous tenez tranquille. Pour celles-là, le silence est de rigueur; votre prière ne vaut rien; vous ne faites pas partie du cercle des proches et amis de Dieu, mais bien du cercle des bannis, exclus et marginalisés.

Bien sûr les temps ont bien changé. Mais imaginez aujourd'hui encore, des femmes qui prennent leur place dans l'Église, quel remue-ménage cela provoque! Imaginez des divorcées qui témoigneraient, des sidatiques qui seraient chargées du baiser de paix, des divorcées qui distribueraient la communion, des marginales qui feraient l'homélie...Quel tollé cela souleverait!

DE LA CONTRAINTE AUX LARGES ESPACES:
QUI AIME, VOLE, COURT AVEC JOIE

Cette femme courbée, qu'est-ce qui l'a donc sauvée? Sa prière bien sûr. N'était-elle pas monter à la synagogue pour prier? Peut-être se souvenait-elle que, petite fille, un rabbin lui avait dit que Dieu écoute toujours la prière de son peuple et surtout des pauvres. Alors ce jour-là, peut-être s'est-elle traînée, chambranlante à la salle de son groupe de prière avec un psaume sur les lèvres: «Des profondeurs je crie vers toi, Seigneur écoute mon appel». Ou encore: «Après toi languit ma chair comme une terre desséchée, crevassée, sans eau».

Elle le savait bien en son cœur comment les pauvres peuvent être sauvés. Par les moyens les plus humbles, dérisoires: un cri, un appel au secours, une main tendue, une tête levée, des yeux baissés, un psaume... Ne les connaissait-elle par coeur tous ces psaumes? Elle les égrenait, comme certaines aujourd'hui — des vieilles bien sûre — égrennent leur chapelet: «Un pauvre a crié, Dieu entend». «Qui sait, murmurait-elle peut-être, si Dieu ne m'accorderait pas son pardon aujourd'hui même, sur le champ?» Peut-être elle aussi, comme les pauvres, les anawin de Yahvé, sera-t-elle entendue?

Et tout à coup, l'inespéré devint réalité. «En la voyant, Jésus lui adressa la parole et lui dit: «Femme, te voilà libérée de ton infirmité. Il lui imposa les mains: aussitôt elle redevient droite et se mit à rendre gloire à Dieu» (Lc 13, 12-13). Que quelqu'un se préoccupe d'elle, et puisse lui témoigner quelque affection et considération, et la voilà libérée! Cela ouvre la perspective d'un monde nouveau, où il est enfin possible de participer vraiment à la vie.

«En la voyant, Jésus»... Elle que personne ne voyait, Jésus la voit! Elle que personne ne touchait, — c'était

strictement interdit pour éviter la contagion de l'impureté —, Jésus la touche. Oh scandale! Elle à qui personne ne s'intéressait, il lui adresse même la parole. *«Femme, te voilà libérée de ton infirmité».* Depuis combien de temps, cette femme courbée n'avait pas entendu quelqu'un lui adresser la parole? Pourtant tout être vit de la parole échangée. Et sans ce libre échange que vaut la vie? «L'homme ne vit pas seulement de pain mais de toute parole sortant de la bouche de Dieu».

Pour celui ou celle qui est enfermé dans le mépris, objet de mépris de la part des autres, objet de mépris pour soi-même à force d'être méprisé et tenu pour rien, comment voulez-vous que le geste, le regard, la parole de Jésus ne soient libérateurs? Perdu définitivement sans espoir de retour, comment voulez-vous que ce regard ou ce geste libérateur ne le délivre pas de ses liens à jamais?

Est-ce une vie que de ployer ainsi sous le fardeau? Elle s'était mise sur les épaules tous les péchés du monde. On lui avait fait sentir le poids de la culpabilité qui l'étouffait, la brimait dans tout son être. Ces fardeaux l'écrasaient, ils étaient trop lourds à porter. Est-ce une vie de courber l'échine comme cela? Ce n'est pas une vie que d'être pliée en deux, éclatée en milles morceaux comme en pièces détachées, tordue, captive et de traîner sa vie comme un boulet.

Jésus se dit: «Cela a assez duré!» Il a pris sur ses épaules le fardeau, les péchés du monde. «Venez à moi vous tous qui ployez sous le fardeau, et je vous soulagerez. Mon fardeau est doux et mon joug léger». Il lui donne une transfusion de vie. Et elle a senti comme une charge énorme glisser de ses épaules. Et ses épaules se sont relevées et elle a aussi redressé la tête. Jésus libère cette femme du poids lourd de ses charges, de ses affaissements, de ses applatissements. *«Aussitôt elle redevient droite et se mit, à rendre gloire à Dieu.»*

Seule la rencontre de Jésus peut nous rendre libre de ces fardeaux. Pas d'endroit plus sûr que le cœur de Jésus et sa communauté, l'Église, pour les déposer et partir dégagé vers la liberté sans être menacé d'être rattrapé par eux. Ayant découvert et libéré son trésor que nul désormais ne pourra lui ravir. Aucun pouvoir extérieur ne pourra désormais avoir aucune emprise sur elle.

Et tout à l'heure, vous allez la voir partir en laissant là le fardeau d'un passé trop lourd, courant avec sa nouvelle liberté. Elle découvre enfin son vrai visage, ce pour quoi elle est faite. Cela lui donne des ailes, de l'élan pour aller témoigner sa foi. «J'ai ôté la charge de tes épaules et tes mains ont déposé le fardeau» (Ps 81, 7).

Qu'elle a donc dû vivre libre cette femme par la suite! Elle devait voler, courir... C'est comme lorsque quelqu'un tombe amoureux: pris par l'amour, il fait tout avec joie, spontanément, non par routine ni par calcul. C'est ainsi que l'auteur de *L'imitation de Jésus-Christ* s'exclame:

> Celui qui aime vole, court avec joie; il est libre, et rien ne le retient... Souvent l'amour ne connaît pas de bornes; mais son ardeur l'emporte au-delà de toute mesure. L'amour ne sent pas sa charge; il ne compte pas le travail; il veut faire plus qu'il ne peut et ne s'excuse point sur l'impossibilité, parce qu'il croit que tout lui est permis et possible. Aussi il est capable de tout; et pendant que celui qui n'aime pas se décourage et se laisse abattre, celui-là exécute bien des choses et les achève.

IL Y A LONTEMPS QUE JE T'AIME: PAS DE TEMPS À PERDRE AVEC LA HAINE

Écoutons le témoignage de cette jeune femme de paysan, ignorante et illettrée, élevée dans les pires conditions, battue, abusée, exploitée: «Personne ne connaît mieux que moi le visage du mal» dit Vyry, dans *Jubilee* de Margaret Walker, en montrant son dos labouré par les coups de fouet reçus autrefois comme esclave noire de riches propriétaires blancs. A-t-elle pour autant la vengance au cœur, l'arme au poing? Écoutons-la.

> *Si un de ces gens qui me traitaient comme de l'ordure quand j'étais esclave, s'il en reviendrait un pour frapper à ma porte, parce qu'il aurait faim, je lui donnerais de quoi manger. Dieu sait que j'ai pas de la haine dans mon cœur pour personne. Et si j'en ai de la haine, et que je le sais pas, je prie Dieu qu'il m'enlève cette haine. J'ai pas du temps à perdre avec la haine.*

Comme d'autres témoins autour de nous, voilà quelqu'un qui nous fait signe. «Signe vivant, elle annonçait l'espérance. Par son pouvoir d'amour et de pardon elle signifiait une victoire éclatante de la vie du Ressuscité en son cœur», confiaient ceux qui l'ont connues. N'aimait-elle pas avec le cœur de Dieu? Le cœur de Jésus ne battait-il pas en son cœur de chair? Comme un volcan longtemps éteint, un bouillement de vie neuve n'atteindait que d'éclater.

Le volcan à première vue, il semble éteint refroidi, sans vie; il nous paraît innoffensif. Mais au cœur du volcan, comme au centre de la terre, il y a le feu. Là, loin au fond, tout est tenu en réserve. Et il n'attend que de faire irruption.

Comment découvre-t-on le feu derrière un volcan en apparence éteint? En s'y approchant de plus près, en se rendant plus attentif, plus présent, plus à l'écoute. On y entend d'abord un léger bouillonnement qui le remue; puis peu à peu, on perçoit toute une vie enfouie, cachée, qui circule en lui. Des forces latentes sont là qui se tissent dans ses entrailles au fil du temps, pour mieux se préparer à surgir, à jaillir, à éclater, à exploser avec vigueur, en forces vives qui seront mises à jour aux yeux de tous ceux qui seront là pour en être témoins.

Jésus-Christ fait aussi penser à un puissant volcan depuis longtemps éteint. Un jour, il a recouvert une grande partie de nos régions de sa lave. Avec le temps, celle-ci s'est refroidie. Aujourd'hui, dans tout événement, toute personne, derrière la couche froide, sèche et en apparence inoffensive, il y a le feu qui couve. Derrière des blessures et des injustices qui nous ont été faites, un pardon n'attend que desurgir. Là se trouvent cachées les énergies de Jésus ressuscité et de son Esprit qui n'attendent que de se manifester.

Son Esprit n'attend que de sauter sur l'occasion favorable pour nous visiter et renverser des situations depuis longtemps intolérables. Quand nous n'arrivons pas à passer par la grande porte pour arriver à vivre les exigences de Dieu, alors il vient nous visiter par d'autres portes d'à côté.

Je pense à cette prostituée, assassinée chez elle, sans raison, par un client. Son jeune de treize ans, en rentrant le soir, la trouve étranglée dans son lit... Quelqu'un téléphone à sa meilleure amie, prostituée, très liée à la victime, pour lui annoncer la triste nouvelle. Cette dernière, à l'autre bout du fil, répondit brièvement: «Je ne suis pas libre de te parler; je te rappelerai...»

Un quart d'heure plus tard, effectivement, elle rappelait, et c'était pour annoncer: «Voilà, je quitte la prostitution; c'est décidé, je n'y retournerai plus jamais...; c'est bel et bien fini pour toujours. Tout à l'heure, quand tu m'as annoncé la chose, il y avait mon fils à côté de moi, mon petit garçon qui jouait, et je me suis dit: «Je n'ai pas le droit de faire vivre cela à mon fils. Pourquoi est-ce ma collègue qui a été assassinée? Ç'aurait bien pu être moi, nous étions si proches... Pourquoi elle et pas moi? Alors j'ai regardé mon fils qui continuait à jouer avec ses petites voitures, je l'ai regardé, dans les yeux, et j'ai juré: «C'est fini, j'arrête. Ta mère est plus que cela. Toi aussi tu mérites mieux». Cet enfant saura-t-il jamais de quel poids il a pesé ce jour-là dans la décision de sa mère?

«Quelle amoureuse force de frappe, à la fois douce et ferme du Seigneur, quelle amoureuse fidélité avec laquelle il veille sur ses enfants les plus blessés», réfléchit plus tard cette ancienne prostituée. Voici ce que depuis tant de jours le Seigneur déclare: «Il y a si longtemps que je prête l'oreille, et que je cherche la brèche pour venir à toi, pour te rejoindre et t'arracher à l'enfer!» Lui aussi depuis lontemps tentait vainement de lui chanter au creux de l'oreille: «Il y a lontemps que je t'aime, jamais je ne t'oublierai».

Éperdument, vingt-quatre heures sur vingt-quatre, il cherche un passage. De toute sa tendresse il se démène, comme un sauveteur fébrile au milieu des décombres et des éboulis, lui qui n'a de force que sa tendresse, lui qui n'est que tendresse et pitié, mais volonté de tendresse, mais volonté de pitié... De tout son cœur, éperdument il supplie: «Comment t'atteindre, ma toute-belle, comment saisir ta main, je sais bien que tu es vivante...»

On demandait à une juive des pays de l'est, très blessée: «Mais comment arrivez-vous à vivre dans les épreuves que vous traversez?» Sa réponse: «En regardant toujours en avant et en attendant...» Voilà ce que nous vous invitons tout au long de la lecture de ce chapitre: regarder toujours en avant et en attendant!

LA RÉSURRECTION, SOURCE DE NOTRE ESPÉRANCE: PAS DE DIMANCHE SANS VENDREDI.

Le vendredi 7 avril de l'an 30, le prophète Jésus de Nazareth s'est tû. Reconnu par dérision comme un agitateur politique par l'occupant romain. Condamné à mort par le peuple juif qui le reniait à cause de ses idées qu'il avait sur Dieu. Mis à mort aussi pour des raisons politiques. Crucifié sous Ponce Pilate. Au dessus de la tête du crucifié, un écriteau: «Jésus le Nazaréen, Roi des Juifs». On espérait que toute cette histoire serait vite oubliée.

Finie et enterrée, la grande espérance qui avait soulevé ses disciples: celle de la délivrance du peuple d'Israël débarassé de tous ses ennemis. Cela aura été un beau rêve. Un grand rêve qui avait pris corps vient d'avorter. C'était une affaire réglée: qu'on en parle plus! Tout était bel et bien mort: ne réveillons pas les morts! Et avec lui, mort et inanimé son groupe qui le suivait.

Il n'y a plus rien à attendre, rien à espérer: les hommes de Galilée rentrent chez eux. Déçus, désespérés, paralysés de peur. Chacun retourne à son travail, à la pêche, au bureau de la douane, à sa famille, à sa charrue, à sa tannerie. Jésus qui se prétendait Fils de Dieu, s'est bel et bien tû et ses disciples aussi. Mais Dieu allait-il continuer à se faire ainsi silencieux?

Et pourtant que constatons-nous? Au bout d'un certain temps, eux qui étaient dispersés aux quatre vents, les voilà se retrouvant à nouveau rassemblés. Pour les disciples qui l'avaient abandonné, Jésus se fait rassembleur. Eux qui avaient fui par peur des Juifs, les voilà qui se mettent à annoncer: Jésus est vivant. Eux qui étaient paralysés de peur, enfermés, les voilà qui passent à travers le mur de la honte. Quelques jours se sont à peine passés qu'un revirement inattendu s'est produit. Ce qu'on n'attendait pas le moins du monde s'est passé. Un choc, un bouleversement, un cri: «Nous avons vu le Seigneur». Ce qui arrive dépasse l'imaginaire: «Le Seigneur est ressuscité!».

On les croyait arrêtés, finis, morts de peur, on les retrouve en mouvement, prêts à courir. La Parole de celui qu'on avait mis au tombeau se mettait à parler par leur bouche. L'histoire de Jésus ne s'est pas achevée un certain vendredi, elle a surgi à nouveau parmi les disciples, un certain dimanche. Et depuis ce jour, pas de dimanche sans vendredi.

Comment est re-née l'espérance de ces croyants au delà de la mort? Que s'est-il donc passé? Pour qu'ils découvrent que celui qu'ils ont abandonné ne les a pas abandonnés, qu'est-il donc arrivé? Pour passer de l'abandon au pardon? De l'isolement à la communion. De l'enfermement au partage. De la peur à la force. Du silence à la parole. De la mésaventure à l'aventure. De la timidité à l'audace. De la pusillanimité à la magnanimité. Que s'est-il donc passé?

Pour que ceux qui n'étaient jamais sortis de la Palestine, de leur coin de pays, sortent ainsi aussi sûrs d'eux-mêmes. Pour qu'ils passent du repliement sur soi et d'une communauté où on est au chaud, au déploiement et à une communauté ouverte où on risque les vents et les courants d'air froid. Pour que l'aventure du prophète de Galilée ait ressurgi avec une force nouvelle parmi les siens qui se mettent à l'annoncer jusqu'à Rome, cœur de l'Empire, capitale de toutes les nations... Que s'est-il donc passé? Un événement inouï a bien dû se passer.

Comment expliquer un tel bouleversement que rien ne laissait prévoir? Comment s'est opéré cette transformation des disciples? Comment une telle désespérance peut-elle être suivie d'une si nouvelle naissance? Comment se fait-il que de morts qu'ils étaient, ils soient redevenus des vivants? Comment, d'enfermés dans leurs tombeaux, les portes de leurs tombeaux se sont-elles mises à s'ouvrir et laisser passer l'air libre? Quelque chose a donc dû se passer.

Que s'est-il réellement passé? Oui, un événement a eu lieu; il s'est passé «quelque chose» de nouveau. Ce «quelque chose», venu de Dieu, les a ressuscités. «Encore un peu et le monde ne me verra plus; vous, vous me *verrez* vivant, et vous vivrez aussi» (Jn 14, 19). Ils ont vu et ils ont cru. Et depuis, ces disciples n'ont pu se taire. De quoi sont-ils véritablement témoins? «Il est ressuscité!». «Nous avons vu le Seigneur»...

Le jour de Pâques, Jésus ressuscite. Mais il ne ressuscite pas seul, son groupe ressuscite avec lui. *Pâques* c'est la résurrection du Christ. *Pentecôte* est celle des disciples. Ce que le soleil du plein midi est au lever du jour, voilà ce qu'est la Pentecôte par rapport à Pâques. Peut-on en dire davantage? Encore aujourd'hui seuls ceux qui sont témoins de sa résurrection peuvent en témoigner. Ceux qui l'on vu, touché, adoré, peuvent en parler.

C'est la définition d'un apôtre: un témoin de la Résurrection. Quand nous ne témoignons pas de la Résurrection, quels que soient notre travail ou les services que nous rendons, nous ne sommes pas des apôtres. D'un autre côté, quand nous rayonnons de la joie et de la foi dans le Seigneur resssuscité, nous sommes de vrais apôtres; quoi que nous fassions, le cœur de l'apostolat est le témoignage de la Résurrection. Tout le reste est secondaire.

MESSAGER DE BONNE NOUVELLE:
POURQUOI PAS TOI?

«Qui enverrai-je?» se demande Dieu. Mon peuple est inquiet; mille et une sectes et croyances le sollicitent, déformant ma Parole. Ils s'inventent d'incessantes réincarnations. Quel apôtre, quel témoin vais-je déléguer pour redire, en termes neufs, l'espérance inouïe qu'ouvre pour tous la Résurrection de mon Fils bien-aimé?

«Qui enverrai-je?» se demande Dieu. Partout les foules se pressent à la recherche d'une parole de bonheur. Tant de personnes gisent au large, au fond d'une mer de solitude et de misère. Qui vais-je déléguer pour repêcher ces vies perdues? Qui ira enseigner mon peuple, le nourrir du bon pain de la Bonne Nouvelle?

Qui enverrais-je comme messager de la Bonne Nouvelle? Et pourquoi pas toi? Pourquoi ne connaîtrais-tu pas ces joies indescriptibles?

Le prophète Esaïe (encore tout jeune peut-être!) priant dans le temple, avait entendu l'appel du Seigneur de plus près: «J'entendis alors la voix du Seigneur qui disait: «Qui enverrai-je? Qui enverrai-je? Qui sera notre messager?». Et j'ai répondu: «Me voici, envoie-moi!». «Va, me dit-il, et parle à ce peuple» (Es 6, 8-9).

Qui, comme Esaïe, répondra à ces appels: «Envoie-moi!»? Qui, comme Pierre, se jettera à l'eau: «Sur ton ordre, j'y vais!»? Qui, comme Marie, s'exclamera: «Je suis la servante du Seigneur»? Ou encore, qui comme les premiers à rencontrer Jésus se mettront à courir pour annoncer: «Nous avons trouvé!»?

Qui a fait une telle trouvaille ne s'arrête plus! C'est un bonheur immense qui explose d'allégresse, tel un feu de joie aux mille étincelles qui pétille en leurs yeux. Comme la fiancée qui se dépêche pour aller dire à ses compagnes: «J'ai découvert le Prince Charmant». Comme la Samaritaine qui oublie sa cruche et court proclamer à toute la ville: «Venez donc voir un homme qui m'a dit tout ce que j'ai fait? Ne serait-ce-il pas le Christ? (Jn 4,29)» Comme André se précipitant chercher son frère Simon: «Nous avons trouver le Messie!».

Pour le présent et l'avenir, Dieu embauche des volontaires pour les envoyer en mission. «Pourquoi restez-vous là à rien faire?» En ce moment magnifique de l'histoire, il n'est permis à personne de rester à rien faire. Qui veut le faire rencontrer aux autres? Pourquoi pas toi? On fait appel à des témoins. Qui va se présenter à la barre? Ne viens pas me dire que tu es le dernier venu. Les derniers venus sont tout aussi bienvenus.

Il y a tant de gens qui ne croient plus, ni à la fraternité humaine, ni à la paternité de Dieu. Et tel est bien le message que nous avons à transmettre au monde, une bonne nouvelle stupéfiante: «J'ai vu le Seigneur, je l'ai entendu, je l'ai touché, je l'ai expérimenté dans ma foi... Voilà ce qu'il m'a dit pour vous: «Dieu vous aime, vous êtes tous frères. Il vous aime à la folie...».

C'est Jean-Paul II qui nous y convie tous et chacun, au nom du Christ Jésus, et en particulier les jeunes dans sa lettre sur *la Mission du Rédempteur:*

> *Je demande aux jeunes eux-mêmes d'écouter la parole du Christ qui leur dit, de même qu'à Simon-Pierre et à André au bord du lac: «Venez à ma suite, et je vous ferai pêcheurs d'hommes» (Mt 4, 19). Qu'ils osent répondre, comme autrefois Esaïe: «Me voici, Seigneur, je suis prêt. Envoie-moi» (Es 6, 8)! Ils auront devant eux une vie fascinante; ils connaîtront le bonheur vrai d'annoncer la Bonne Nouvelle à des frères et sœurs qu'ils entraîneront sur la route du salut.*

Et que chacun puisse répondre à l'appel si urgent: «Me voici, Seigneur, je suis prêt. Envoie-moi!» À vos marques! Prêts! Partez... nous lance sans cesse Jean-Paul II.

Nous ne pouvons pas avoir l'esprit tranquille en pensant aux millions de nos frères et sœurs, rachetés eux aussi par le sang du Christ, qui vivent dans l'ignorance de l'amour de Dieu. Pour le chrétien individuel, comme pour l'Église entière, la cause missionnaire doit avoir la première place, car elle concerne le destin éternel des hommes et répond au dessein mystérieux et miséricordieux de Dieu.

Seigneur Jésus Christ,
je te donne mes mains,
pour que tu travailles avec elles;
je te donne mes pieds
pour que tu marches avec eux.
Je te donne mes yeux
pour que tu regardes à travers eux;
je te donne ma langue pour que tu parles par elle;
je te donne mes pensées
pour que tu penses en moi,
je te donne mon esprit pour que tu pries en moi.
Je te donne surtout mon coeur
pour que tu puisses aimer en moi
ton Père et toute l'humanité.
Je me donne à Toi entièrement
afin que tu grandisses en moi,
afin que tu puisses vivre, agir et prier en moi.
Amen.

EST-CE AIMER LA VIE...?

Est-ce aimer la vie *que de réduire un enfant au silence ou à l'immobilité, que ce soit en classe ou chez soi, pour «avoir la paix»...?*
Est-ce aimer la vie *que de multiplier égoïstement pour soi, dans un gaspillage honteux, des gadgets coûteux sans tenir compte d'un tiers et d'un quart monde, et qu'on fait chèrement payer à celui qui a tant besoin...?*
Est-ce aimer la vie *que de faire l'amour, «comme on boit son lait, «quand ça nous plaît», en se disant que c'est «franchement meilleur», «qu'on serait bien fou de s'en passer», mais sans pour autant songer à cet enfant qui pourrait naître d'une telle rencontre...?* ·
Est-ce aimer la vie *que de prendre tous les moyens possibles pour se protéger contre l'autre, contre ses maladies transmises sexuellement, — «l'amour ça se protège» —, au risque de se donner des maladies de l'âme, pires que celles du corps...?*
Est-ce aimer la vie *que de décider la vie au nom des autres... en particulier au nom des plus fragiles, à qui nous ne demandons d'aucune façon leur avis?*
Est-ce aimer la vie *que d'accélérer la mise en application de toutes les découvertes scientifiques sans songer où cela nous conduira, et sans refuser de renoncer aux pratiques qui pourraient êtres coûteuses à la longue...?*

Est-ce aimer la vie *tout en se disant passionné de la vie, de se griser de vitesse au volant, en s'exposant à faire sur sa route des morts et des estropiés et en mettant la vie des autres en danger...?*

Est-ce aimer la vie *que d'être incapable de renoncer à nos envies de voir, de savoir, et de faire «tout et tout de suite» en matière d'expériences scientifiques, sexuelles, de drogues hallucinogènes, et faire ainsi œuvre de mort...?*

Est-ce aimer la vie *que de revendiquer ses droits quand ils lèsent ou même privent les autres de leurs droits...?*

Est-ce aimer la vie *que de ne jamais se mettre à l'écoute de cette parole venue d'ailleurs, celle qui surgit de son propre cœur, dans la méditation chrétienne, de peur que la voix de l'Esprit nous conduise dans des chemins inconnus ou de peur que la voix des tués de l'histoire ne remonte à la mémoire...?*

ENVOIE-NOUS DES FOUS

Ô Dieu, envoie-nous des fous
qui s'engagent à fond,
qui oublient,
qui aiment autrement qu'en paroles,
qui se donnent pour de vrai et jusqu'au bout.
Il nous faut des fous,
des déraisonnables,
des passionnés,
capables de sauter dans l'insécurité:
l'inconnu toujours plus béant de la pauvreté.
Il nous faut des fous du présent,
épris de vie simple,
amants de la paix,
purs de la compromission,
décidés à ne jamais trahir,
méprisants leur propre vie,
capables d'accepter n'importe quelle tâche,
de partir n'importe où:
à la fois obéissants,
spontanés et tenaces, doux et forts.
Ô Dieu, envoie-nous des fous.

Joseph Folliet

286

Table des matières

Achevé d'imprimer
en mars 1994 sur les presses
de l'Imprimerie Le Renouveau inc.